JN437533

신학이 역사의 산물이라 함은, 단지 시간에 종속적이라는 뜻은 아닐 것이다. 오히려 그것은 신학자가 당면한 시대의 물음들에 응답하려는 의지의 산물이며, 과거와 현재의 역사를 반추하고 구성해냄으로써 보다 책임 있게 미래를 맞이하고자 하는 신앙의 결과물이라는 뜻이다. 역사신학을 가르치고 있는 저자는 이러한 신학의 역사성과 책무를 이 책을 통해 유감없이 보여주었다. 저자가 서문에서 밝혔듯이, 그는 21세기 한국사회와 교회가 직면한 변화의 격랑 속에서 "낯설고도 모호한" 각종 문제들을 신학적으로 해명하고자 하였다. 무엇보다, 이 책은 역사신학서로서 오늘의 문제들을 배태하고 있는 신학적 유산들을 조명하고 있을 뿐만 아니라, 재난, 평화, 통일, 생명, 난민 등 최근 국내외적으로 관심이 집중되고 있는 동시대의 과제들을 다루고 있다. 한국 신학계의 담론을 확장시키는 매우 중요한 저작으로 기록될 것이 분명하다. 널리 읽히고 소개되어 우리 시대의 역사적 소명을 감당하는 한국 교회와 신학의 장이 더욱 널리 펼쳐지길 간절히 기대한다.

임성빈(장로회신학대학교 총장)

역사신학의 과제를 객관적 사실의 복원과 서술 및 평가라는 1차적 과제에 집중해 있는 한국신학계에 역사는 과거와 현재와 미래를 잇는 신학적 "해석"임을 천명한 최초의 모노그라피라고 감히 평가한다. 이 역사와 신학을 잇는 치열한 통섭의 결과물을 일독할 것을 강력히 추천한다. 현재의 한국교회의 문제와 신학의 과제들을 극복할 수 있는 꼭 필요한 주제들이 엄선하여 깊이 있게 연구되었고 이는 필자의 오랜 역사, 문화, 신학, 선교, 에큐메니즘의 활동과 성찰의 결과물들이 신학적 대안으로 집대성되어 있다.

금주섭(세계교회협의회 세계선교와전도위원회 총무)

한국사회에 복음의 씨앗이 떨어진 것은 민족사에서 가장 어두운 시기였다. 1894년 청일전쟁으로 시작되어 1953년에 한국전쟁이 끝날 때까지 60년 동안 일곱 차례의 국제전이 한반도를 휩쓸었다. 나라를 잃고 일제의 식민지 백성 노릇까지 했다. 정의와 평화는커녕, 생명까지 위협을 받았다. 일상의 행복과 평안을 구할 곳이 없었다. 캄캄한 어둠 속에 앉아 있는 한민족에게 복음은 생명의 촛불이요, 정의와 평화의 오솔길이었다. 복음은 소소한 일상에서 누리는 평안의 약속이었다. 민족의 고난 속에서 복음의 싹이 자라서 우람한 나무가 되었다. 풍성한 열매를 맺어서 하나님의 사랑을 온 세상에 증거한 것이다.

이 책은 한국교회가 고난을 이기며 맺은 열매요, 믿음의 증거이다. 한민족이 만난 하나님은 생명의 하나님이시라는 고백이다. 삶의 문제를 하나님 앞에 내어 놓으니 하늘 뜻을 깨닫게 하셨다는 은혜의 기록이다. 재난 속에서, 분단 속에서, 디아스포라가 되어 살면서 하늘 뜻을 구할 때 하나님께서 들으셨다는 기쁨이 담겨있다. 믿음으로 인하여 아시아인의 정체성을 깨닫게 되었다는 자책도 그려져 있다. 이 책은 하나님께서 보여주신 정의와 평화의 깨우침이며, 선교 공동체의 길로 향한 부름이다. 하나님의 뜻을 찾는 이들에게 신학과 성찰의 이정표가 될 것이다.

변창배(대한예수교장로회[통합] 총회 사무총장서리)

우리는 세계 기독교인의 거의 2/3가 남반구(또는 "비서구")에 있는 새로운 때에 살고 있다. 새로운 글로벌 환경에서 기독교가 소수인 사회가 의외로 많고 그래서 목소리를 낼 수 없는 나라들이 참 많다. 비록 기독교의 목소리가 세미하더라도 사회가 겪는 모든 이슈들을 향해 하나님의 분명한 해답이 있고, 교회가 그 해답을 사회에 드릴 책무가 있다. 이를 통해 사회가 하나님에 대해 알게 되고, 그 분의 통치하심을 받아들이는 개인이나 공동체가 하나님의 품으로 돌아온다. 이것이 새롭게 떠오르는 "선교"의 이해이다.

이런 새로운 시각에서 안교성 교수의 책은 우리는 물론 세계 기독교에 시사하는 바가 매우 중대하다. 교회는 세월호를 비롯해 통일, 생명 등 우리 사회가 봉착한 문제들을 우리의 것 그리고 하나님의 과제로 끌어안아야 한다. 우리가 "세상에 보냄을 받은" 선교의 첫 걸음인 것이다. 그래서 교회는 하나님의 가르침과 그 분의 해답을 제시할 부르심이 있다. 이런 하나님의 음성을 모색해내는 것이 모두의 신학이고 "공적신학"(public theology)이다. 바로 이 책이 우리에게 도전하고자 하는 바닥에 깔린 메시지이다. 이런 점에서 이 책이 제시하는 십여 가지의 현안은 공적신학과 선교의 예(例)라고 봐야 하고, 새로 생겨나는 이슈들도 신학의 생각과 선교의 행동의 주제가 되어야 한다.

이 시대에 한국교회에게 주어진 글로벌 리더십이 이런 건지 모른다. 서구가 기독교제국의 기득권적인 패러다임을 과감히 떨치고, 비서구가 서구에서 베끼던 신학에서 벗어나 그들의 몸에 맞는 신학의 길을 가도록, 한국교회가 이런 길을 보여줘야 한다. 우리가 받은 시대적인 역할이 있다고 믿는 이유이다. 이런 점에서 이 책은 한국교회가 세계교회를 위해 섬길 수 있는 중대한 분야를 보여 주고 있다. 그래서 난 이 책이 우선 영문으로 빠른 시일 내에 발간되어야 한다고 생각한다.

마원석(미국 오랄로버츠대학교 교수)

오늘날 한국교회와 사회에서 가장 당면한 문제는 양극화의 문제라고 볼 수 있다. 서로의 의견이 다른 것은 우리가 생활하는 사회에서는 당연한 일이고, 또한 상대방에 대한 건전한 토론과 비평은 보다 성숙된 교회와 사회를 위해서 필요한 것이라 본다. 하지만 견해가 다른 이들을 경시하거나 무시하고 심지어 적으로 간주하는 것이 일상화 된 것은 크게 우려할 사실이라고 보며, 신학은 이점에 대해서 교회와 사회에 끊임없이 도전하고 자성해야 한다고 본다. 그런 의미에서 이 책은 날카롭고 신선한 신학적 안목과 통전적인 대안을 독자들에게 제공한다. 저자는 역사학자로서 깊이 있는 학문적인 통찰력을 바탕으로 현재 한국사회가 당면한 큰 주제인 생명, 통일, 사회, 교회를 다루며 여러 가지 신학적인 대안을 제시하는데, 교회만이 아닌 일반사회에도 적용되는 공적신학으로 이 책은 다양한 독자층에게 크게 도움이 되리라 본다.

한국에서 대두되는 여러 주제들에 대해서 현재 토의되는 내용과 문제점들을 깊이 있게 분석하여 독자들로 하여금 학문적인 이해를 제공할 뿐 아니라, 더 나아가서 통전적 혹은 통합적인 신학적 입장에서 교회와 사회에 대안을 제시해주는 의미에서 이 책은 매우 중요하다고 본다. 더 나아가 한국에서의 토론과 자료에 국한하지 않고 세계의 학자들이나 사례를 비교 연구하여 독자들에게 보다 넓은 안목을 제시해주며, 특히 후기재난신학, 생명신학, 통일신학, 디아스포라신학, 에큐메니칼신학을 다루면서 한국사회와 교회가 세계의 여러 단체들과 더불어 할 수 있는 장을 제안하고 있다. 이 책은 신학자와 신학생들은 물론, 교회지도자, 평신도 그리고 기독교단체에서 사역하는 모두에게 필독서로 권하는 바이다.

김창환(미국 풀러신학대학교 교수)

어제와 오늘과 내일을 꿰뚫을 수 있는 안목을 지닐 수 있을까? 나무 한 그루를 보면서 숲을 그릴 수 있고, 숲을 관조하면서 각 나무의 섬세함에 접근할 수 있을까? 늘 모든 해석자의 고뇌이다. 안교성 교수는 이 시대의 아픔과 다양한 현실 문제(평화, 통일, 생명, 난민 등)를 직시하면서 역사신학적인 고찰을 통해서 한국교회를 향해 새로운 과제를 제시한다. 안교수의 역사신학적인 혜안이 풍성하게 드러나는 글을 함께 읽어볼 것을 권한다.

김지철(소망교회 담임목사)

출렁이는 파도처럼 쉴 새 없이 밀려오는 충격적인 재난과 여러 문제들은 삶의 모든 것을 휩쓸어 버린다. 자세를 추스를 틈도 없이 우리는 그 소용돌이 속에 빠져들고, 방향을 잃고 허우적댄다. 이런 휘청거림 속에 오늘의 고뇌를 해결하지 못한 채 살아가는 우리에게 이 책은 성능 좋은 GPS를 장착한 네비게이션처럼 다가온다. 탁월한 역사신학자 안교성 교수의 통찰력 있는 신학적 성찰과 그가 제시하는 이 시대의 논제는 우리가 가야할 방향을 다시 찾게 할 것을 기대하며 "한국 교회와 최근의 신학적 도전 - 생명의 하나님, 한국 교회를 정의와 평화로 이끄소서", 이 책을 적극 추천한다.

신 정(광양대광교회 담임목사)

후기재난신학, 통일신학, 디아스포라신학 그리고
선교적 교회론 신학이 나에겐 좀 더 살가웠다.
초고를 훽 읽고 나니, 내 가슴에 눌러 붙어 있던
상처딱지들이 하나 둘 떨어져 나가는 느낌이 들었다.

우리네 고단한 현대사 한복판에서
상한 심령으로 고뇌하는 신앙인들에게 이 책은
역사연구의 옷을 입은 치유서적이 될 것 같다.
안식월 끝 무렵 글로 만난 안교성 교수가 고맙다.

주현신(과천교회 담임목사)

교회는 빠르게 변화하는 시대와 일어나는 여러 사회현상에 대해 효율적으로 대응해야 하는 믿음의 공동체이다. 세월호 사건과 북한의 핵 위협, 그리고 이민자의 급증과 빈부 격차의 확대와 같은 사회 문제들을 해결하기 위해 교회는 어떤 공적 역할을 감당해야 하는가? 이 책은 한국교회가 당면하고 있는 여러 도전들에 어떻게 목회적으로 대응해야 하는가에 대한 신학적 통찰을 담고 있다. 세상의 빛과 소금의 역할을 감당해야 하는 교회의 지도자들과 교인들에게 밝은 지혜의 빛을 비추어주는 등대와 같은 신학 지침서라 확신한다.

천세종(대구삼덕교회 담임목사)

한국 교회와 최근의 신학적 도전

생명의 하나님, 한국 교회를 정의와 평화로 이끄소서

한국 교회와 최근의 신학적 도전

생명의 하나님, 한국 교회를 정의와 평화로 이끄소서

초판 1쇄 인쇄 | 2017년 9월 4일
초판 1쇄 발행 | 2017년 9월 8일

지은이 안교성
펴낸이 임성빈
펴낸곳 장로회신학대학교 출판부

등록 제1979-2호
주소 04965 서울시 광진구 광장로5길 25-1(광장동 353)
전화 02-450-0795
팩스 02-450-0797
이메일 ptpress@puts.ac.kr
홈페이지 http://www.puts.ac.kr

값 17,000원
ISBN 978-89-7369-421-1 93230

*이 도서의 국립중앙도서관 출판예정도서목록(CIP)은
서지정보유통지원시스템 홈페이지(http://seoji.nl.go.kr)와
국가자료공동목록시스템(http://www.nl.go.kr/kolisnet)에서
이용하실 수 있습니다. (CIP제어번호 : CIP2017022226)

한국 교회와 최근의 신학적 도전

생명의 하나님, 한국 교회를 정의와 평화로 이끄소서

안교성

장로회신학대학교출판부

머리말

기독교 신앙은 지성을 추구하는 신앙(faith seeking knowledge)이다. 기독교 가운데 이런 지적 측면을 책임지는 것이 바로 신학이다. 신앙이 알고자 하는 지식은 크게 3가지, 즉 신앙의 뿌리에 대한 과거적 지식, 당면한 문제에 대한 현재적 지식, 앞으로의 삶에 대한 미래적 지식으로 요약할 수 있다. 필자는 역사신학자로서 기독교 특히 한국 교회의 과거를 우선적인 관심영역으로 삼고 있다. 그러나 과거와 현재와 미래는 구분할 수 있지만 분리할 수 없다는 점에서 전 역사를 망라하는 시각은 매우 중요하다고 본다. 따라서 필자는 과거를 현재 및 미래에 연결하는 작업과 과거가 현재 및 미래에 대해 지니는 함의를 추적하는 작업을 중요시한다.

오늘날 한국 사회에서 역사에 대한 관심이 높아지고 있다. 이런 현상은 한편으로는 역사 전공자로서 반가운 일이지만, 다른 한편으로는 현재가 답답하고 미래가 불투명할 때 과거로 눈을 돌리는 법이라는 우려 때문에 마냥 기뻐할 수만은 없다. 더구나 한국 사회는 엄청난 변화의 물결에 끊임없이 휩쓸리고 있다. 한국 사회가 낯설고도 모호한 각종 문제에 봉착하고 있는 만큼, 신학자는 한국 사회 특히 한국 교회의 문제들이 제기하는 질문에 대하여 신학적으로 해명해야 할 책임이 있다.

필자는 이런 맥락에서 신학자로서 특히 역사신학자로서 다음과 같은 노력을 하였고, 그 결과가 바로 이 책이다. 첫째, 오늘날 한국 사회와 한국 교회가 직면하고 있는 새로운 문제들은 무엇이고, 이런 시대적 도전에 신학적으로 응전하는 최근의 신학(혹은 첨단 신학)들은 어떤 것인지를 짚어보려고 했다. 둘째, 새로운 도전이라고는 하지만 전혀 새롭기보다는 이미 과거에 그 씨가 배태한 경우가 많다. 따라서 비록 최근 신학 역사는 짧지만 관련된 선행 연구가 있을 경우, 그것들을 정리하는 연구사를 서술하여 일종의 길라잡이를 제공하고자 했다. 흔히 문제가 생기면 밖으로 시선을 돌리기 마련인데, 사실은 해답이 안에 있는 경우가 많다. 꼼꼼히 들여다보면 한국 교회가 최근의 신학들에 대하여 이미 여러모로 궁리하고 모색한 노력들이 결코 적다고 할 수 없다. 필자는 역사신학자로서 이것들을 정리하여 독자들에게 소개할 수 있는 것을 매우 큰 보람으로 여긴다. 셋째, 최근의 신학이 아직 초보 단계에 있을 경우, 본격적인 신학 구성을 위한 신학적 서설을 제공하고자 했다. 그리하여 보다 성숙한 신학을 위한 작은 디딤돌이 되고자 했다.

이 책의 주제들은 크게 정의, 평화, 생명이라고 요약할 수 있다. 이것들은 오늘날 전 세계가 직면한 당면과제인 동시에, 특히 지난 2013년 부산에서 개최되었던 세계교회협의회 10차 총회가 채택했던 주제이기도 하다. 책 제목을 『한국 교회와 최근의 신학적 도전 - 생명의 하나님, 한국 교회를 정의와 평화로 이끄소서』로 정한 것도 바로 이런 맥락에서이다. 이것들은 관심의 차원에서 보면, 보편적이고 광범위한 교회외적인 관심에서 한국 교회와 직접적으로 관련된 교회내적인 관심에 이른다. 또한 지역적 차원에서 보면, 세계적인 차원, 동북아시아 내지 한반도적인 차원, 한국 사회적인 차원, 한국 교회적인 차원이라고도 말할 수 있다.

이 책에서 다룬 최근의 신학들은 총 10개로, 후기재난신학, 평화신학, 생명신학, 통일신학, 후기공산주의신학, 난민신학, 디아스포라신학, 선교적 교회론 신학, 에큐메니칼신학, 자기신학화 신학(혹은 자신학화 신학) 등이다. 물론 이 책에서 미처 다루지 못한 주제들도 많다. 가령 4차 산업혁명과 신학, 장애인신학, 노인신학, 종교 갈등과 신학, 차별과 신학, 반핵과 신학, 새로운 교회론과 신학 등을 들 수 있는데, 이것은 필자의 차후 연구과제이기도 하다.

이 책에 수록된 글들은 원래 최근 학술지에 발표된 논문들이다. 일부는 그 이전에 학술대회 등에서 발표된 것을 발효과정을 거쳐 다듬은 것들도 있지만, 대부분 최근 몇 년 내에 작성된 것들이다. 원 논문들을 다듬었지만 당초에 독자적인 논문으로 구상되었던 것이라서 한 권으로 묶다보니 중복되는 면도 없지 않은데 독자 여러분의 혜량을 바란다. 그러나 최근의 신학에 관한 글들이라서 너무 늦기 전에 독자들에게 내놓아야 할 필요성도 고려하지 않을 수 없었다. 부디 이 책이 한국 교회의 최근의 신학 담론에 있어서 온고지신(溫故知新)의 작은 기회가 되길 바란다.

아울러 이 책에 수록된 논문들의 출처는 각 장의 첫 부분에서 밝혀 두었다.

2017년
아차산에서
안 교 성

목차

제 1 장 · 후기재난신학

: 한국적 재난 세월호 사건이 한국 교회에 던진 신학적 질문

출처 "후기 세월호신학 혹은 한국적 후기 재난신학 구성에 관한 한 소고 — 9·11, 쓰나미, 세월호 사건을 중심으로", 「장신논단」 48-1 (2016.3), 59-83.

Ⅰ. 서론

울리히 벡(Ulrich Beck)은 현대 사회를 '위험사회'로 규정하였다.[1] 그러나 세계는 21세기에 들어서서 기존의 위험뿐 아니라 새로운 위험에 노출됨에 따라, '위험사회'를 넘어서서 '재난사회'라는 용어를 사용해야 할 지경에 이르고 있다. 대한민국은 2014년 4월 16일 한국역사상 전대미문의 재난인 '세월호 사건'을 경험하였다. 그 충격과 여파가 너무도 커서 한국 사회는 세월호 사건 '이전'과 '이후'로 구분된다는 말까지 나온 형편이다.[2] 사실 한국 사회 특히 근현대기의 한국 사회는 격동의 역사를 겪어왔기 때문에, 수많은 위험과 재난에 노출되었고 따라서 언제나 위험사회요 재난사회였다고 할 수 있다. 그러나 세월호 사건은 유별났다. 이에 대하여 아래에서 재론하겠지만, 세월호 사건은 정보기술사회(IT 사회)로 손꼽히는 한국 사회의 특징에 따라, 전 국민의 눈앞에서 아무도 외면할 수 없는 상황 가운데 마치 생생하게 중계방송되는 가운데 벌어졌던 끔찍한 사건이었다.

더구나 한국 기독교로 말하자면, 세월호 사건이 벌어진 4월 16일이 기독교 최대 명절인 부활절을 앞둔 수난주간의 한중간이었기 때문에, 그 신앙적·역사적 아이러니는 감당하기 힘들었다.

---

1 Ulrich Beck, *Risikogesellschaft*, 홍성태 역, 『위험사회-새로운 근대(성)을 향하여』 (새물결플러스, 1997); *Die Erfindung des politischen*, 문순홍 역, 『정치의 재발견: 위험사회 그 이후-재귀적 근대사회』 (거름, 1998); *Weltrisikogesellschaft*, 박미애·이진우 역, 『글로벌 위험사회』 (길, 2010); 김영욱, 『위험, 위기, 그리고 커뮤니케이션: 현대 사회의 위험, 위기, 갈등에 대한 해석과 대응』 (이화여자대학교출판부, 2008); 노진철, 『불확실성 시대의 위험사회학』 (한울, 2010); 유현정 외, 『위험사회를 사는 소비자와 생활안전』 (대영문화사, 2011).

2 조석민 외, 『세월호와 역사의 고통에 신학이 답하다』 (대장간, 2014), 26.

기독교 신앙이 '지식을 추구하는 신앙'(faith seeking knowledge)이고 그것에 응답하는 것이 신학이라면, 이 사건은 신앙적 사건이요 신학적 사건이라고 할 수 있다. 만일 세월호 사건이 한국사 전체에서 최대 사건은 아니라고 하더라고 적어도 당대의 최대 사건이라고 한다면, 한국 기독교는 세월호 사건에 대해 신학적 응답을 해야 할 필요성을 직면하고 있다. 그 필요성은 양면적인데, 내부적으로는 한국 교회 자체에 대하여 설득력 있는 신학적 답변을 모색하는 것이고, 외부적으로는 함께 고통 받는 한국 사회의 일원으로서 세월호 사건에 대해 공동대처하기 위한 공공신학의 토대를 마련하는 것이다.

사실 세월호 사건 이후 다양한 신학적 언표들이 있었다. 2014년에는 성명서 등 현장성 있는 발언,[3] 기민하게 대처한 신학적 모색,[4] 신학적 단상[5] 등이 나왔다. 2015년에도 지속적으로 현장의 목소리를 담는 역사기록이 나왔고,[6] 점차 본격적인 신학 저술들도 나왔다.[7] 그리고 2014년말에서 2015년초에 걸쳐 학술지들이 특집으로 다룬 바 있다.[8] 또한 신학 저술 가운데는 세월호 사건에 집중하지 않지만 그 문제를 언급한 것들도 있다.[9] 더구나 세월호

---

3 세월호의 아픔을 함께하는 이 땅의 신학자들·NCCK 세월호참사대책위원회, 『곁에 머물다』 (대한기독교서회, 2014), 222-24, 225-32.

4 조석민 외, 『세월호와 역사의 고통에 신학이 답하다』; 김진호 외, 『사회적 영성: 세월호 이후에도 '삶'은 가능한가』 (현암사, 2014).

5 세월호의 아픔을 함께하는 이 땅의 신학자들, 『곁에 머물다』.

6 4·16 세월호 참사 시민기록위원회 작가기록단, 『금요일엔 돌아오렴: 240일간의 세월호 유가족 육성기록』 (창비, 2015).

7 박영식, 『그날, 하나님은 어디 계셨는가: 세월호와 기독교 신앙의 과제』 (새물결플러스, 2015); 한국문화신학회 편, 『세월호 이후 신학: 우는 자들과 함께 울라』 (모시는사람들, 2015).

8 "특집: 세월호 참사 이후의 신학과 교회의 방향", 「세계와신학」 220 (2014), 28-68; "특집: '우는 자들과 함께 울라!' 세월호 아픔과 함께 하는 그리스도인들", 「한국여성신학」 79 (2014), 11-71; "특집: 세월호 이후의 한국 사회와 신앙, 여성이 말하다", 「한국여성신학」 80 (2015), 11-85; "특집: 세월호 이후의 신학", 「신학논단」 79 (2015), 11-124.

9 문병길, 『정상적인 그리스도인의 생활과 믿음』 (쿰란, 2014).

사건 이후 전개된 정치적 행보 가운데서, 기독교인의 발언이 문제가 되어 신학적 논쟁을 불붙인 경우까지 있었다. 소위 '문창극 사태'[10] 혹은 '문창극 발언 소동'에 대해 신학자들이 공동연구물을 내놓았다.[11] 그러나 세월호 사건에 대한 대응은—신학을 포함하여—기민하고 즉각적인 대응도 필요하지만, 반성적이고 장기적인 대응도 필요하다.

바로 이런 맥락에서, 후기세월호신학 혹은 한국적 후기재난신학을 본격화하기 위하여, 그 신학의 구성을 위한 시론적 연구 내지 신학적 서설을 시도하려고 한다. 이 목적을 이루기 위하여 다음과 같은 질문들에 답하고자 한다. 첫째, 재난과 신학의 관계를 살펴보기 위하여 21세기의 중요한 재난 가운데 한국과 관계가 깊은 세 가지 재난, 즉 9·11 사건, 쓰나미 사건, 세월호 사건을 비교하고자 한다. 특히 세월호 사건의 특징에 주목하고자 한다. 이런 비교연구를 하는 이유는 후기재난신학은 세계적인 차원이 있는데, 그동안의 세월호 관련 연구는 세월호를 주로 국내 사건으로만 집중할 뿐 이 사건의 세계적인 차원을 간과했기 때문이다. 둘째, 후기세월호신학 혹은 한국적 후기재난신학의 구성에 대한 본격적인 신학적 분석을 시도하고자 한다. 특히 세월호 사건에 앞서 벌어졌던 9·11 사건과 쓰나미 사건에 대한 선행적인 신학적 노력들과 더불어, 세월호 사건 이후 대두되었던 후기세월호신학과 관련된 신학적 노력들을 살펴보고, 이밖에도 필요한 경우 한국의 다양한 재난에 대한 신학적 성찰들을 검토할 것이다. 이런 분석에 기초하여 후기세월호신학의 구성의 실마리를 제시하고자

10 조석민 외, 『세월호와 역사의 고통에 신학이 답하다』, 105.

11 위의 책.

한다. 한 가지 부언할 것은 지난 2년간 '세월호 이후 신학' 혹은 '세월호 이후의 신학' 등의 다양한 용어가 등장하였는데, 본 논문은 후기재난신학의 하나로 세월호 사건을 다루기 위하여 '후기세월호신학'이란 용어를 채택한다. 물론 추후의 광범위한 연구와 학문적 공감대를 통하여 관련 용어가 확정될 것으로 기대한다.

Ⅱ. 재난과 신학: 후기9·11신학, 후기쓰나미신학, 후기세월호신학의 비교

1. 재난과 신학의 뿌리 깊은 관계

재난과 신학의 관계는 전통적으로 '신정론'(神正論, theodicy)의 범위에서 다뤄졌다. 신정론은 신학의 한 분야인 동시에 신학 전체에 영향을 준다. 그 이유는 신정론이 실존적인 문제를 다루는 절실한 신학적 노력이기 때문이다. 신정론은 고난이 있는 곳에서는 어디서나 나타나는데, 좁게는 장애인신학,[12] 넓게는 본 논문이 다루고자 하는 후기재난신학을 들 수 있다.

후기재난신학의 역사는 뿌리가 깊다. 대표적인 것은 아우구스티누스(Aurelius Augustinus)의 걸작 『신국론』(De Civitate Dei)이

12 안교성, 『장애인을 잃어버린 교회』 (홍성사, 2003); Stanley Hauerwas, *Suffering Presence: Theological Reflections on Medicine, the Mentally Handicapped, and the Church* (Notre Dame: Notre Dame University Press, 1986).

다.[13] 『신국론』은 기독교가 공인된 세계 종교로 발돋움하는데 결정적인 역할을 했던 로마제국의 멸망을 계기로 집필되었다. 로마제국의 멸망은 엄청난 질문을 던졌고 그에 걸 맞는 위대한 답변을 했기에, 『신국론』은 대표적인 신학 작품으로 자타가 공인하고 있다. 그 질문은 내부적으로는 신앙적 회의이고, 외부적으로는 이방인의 조롱이다. 다시 말해 신정론의 주제가 되는 고난은 신앙적 문제일 뿐 아니라 사회적 문제였다.[14] 아우구스티누스 자신이 『신국론』 서문에서 사용한 표현에 의하면, "나는 그들[곧 불경한 자들]에 대항해야만"(debito defendere aduersus eos[impios]) 하지만, "하나님은 우리의 도움이시다"(sed Deus adiutor noster est).[15] 즉 성염이 요약하듯이, 『신국론』은 "300년 박해에도 소멸하지 않고 새로이 유럽 문화의 축으로 등장한 그리스도교에 여전히 적대감을 품고 있던 외교인들(이방인, Pagani)과 이미 그리스도교 문화를 수용한 그리스도인들을 상대로 쓴 책으로 이중 목적을 가진다."[16] 특히 기독교인들을 상대해서는 "외교인들이 자행하는 부당한 공격과 이론에 응수하는 이론적 무기들을 제공함과 동시에 구원의 역사라는 고고한 시선으로 인간 역사 전체를 바라보는 안목을 제시하고자" 하였던 것이다.[17] 그러나 우리는 한편에서 아우구스티누스가 이 같은 노력을 기울였다면, 다른 한편에서 "이방인 저자들은 역사적 사건을 하나님의 섭리적 손[곧 통치하심]을 나타내는 것으로 보는 이 같은 해석에 대하여 지속적으로 이의를 제기

---

13 Aurelius Augustinus, *De Civitate Dei*, 성염 역주, 『신국론, 제1-10권』 (분도출판사, 2004).

14 이런 관점에서 오늘날 소위 '세월호 담론'이라고 할 정도로 학문 전반에 걸친 광범위한 관심과 연구가 존재한다.

15 Augustinus, 『신국론, 제1-10권』, 108. 필자의 번역.

16 위의 책, 17.

17 위의 책.

했다"는 사실을 주목할 필요가 있다.[18] 다시 말해 신정론은 이방인의 비난 속에서 태어났으며, 이방인의 역사 해석과 지속적으로 경쟁해야 하는 상황에 놓여 있었다. 이런 상황을 염두에 두고, 21세기의 대표적인 재난들과 관련된 후기재난신학들을 살펴보자.

2. 21세기의 대표적인 재난들과 후기재난신학 구성

1) 9·11 사건과 신학

9·11 사건은 재난과 거리가 멀어 보이는 시·공간에서 발생했기 때문에 충격이 컸다. 9·11 사건에 대한 우선적인 반응은 전통적인 신정론이었다. 신정론의 대표적인 질문은 크게 두 가지인데, 하나는 '신은 어디에 있는가?' 혹은 '신은 과연 있는가?'라는 '신의 부재' 내지 '악의 존재'라는 질문이고, 다른 하나는 '정의로운 신이라면 왜 [어떻게] 이런 일이 벌어지게 하는가?' 혹은 '신이 왜 [어떻게] 이런 일을 허용하는가?'라는 '신의 뜻'이라는 질문이다.[19] 9·11 사건을 신학적 관점에서 살펴보자. 일반적으로 후기재난신학을 포함하여, 재난을 이해하려는 노력은 크게 세 가지로 요약

---

18 Augustine Casiday & Frederick W. Norris, eds., *Constantine to c. 600*, vol. 2 of *The Cambridge History of Christianity* (Cambridge: Cambridge University Press, 2007), 332.

19 Bruce Lincoln, *Holy Terrors: Thinking about Religion after September 11*, 김윤석 역, 『거룩한 테러: 9·11 이후 종교와 폭력에 관한 성찰』 (돌베개, 2005); Donald B. Kraybill & Linda Gehman Peachey, *Where Was God on Sept. 11? Seeds of Faith and Hope* (Scottdale: Herald Press, 2002); Nick Solly Megoran, *The War on Terror: How Should Christians Respond?* (Downers Grove: InterVarsity Press, 2007); Jon Sobrino, *Where Is God? Earthquake, Terrorism, Barbarity, and Hope,* trans. Margaret Wilde (Maryknoll: Orbis Books, 2004).

할 수 있다. 곧 사건의 진실 규명, 사건의 해석, 사건의 해결이다.

9·11 사건의 특징은 무엇보다 테러리즘에 의한 재난이라는 점이며, 따라서 정치적 재난의 성격이 강하다. 다시 말해 인재(人災)의 성격이 강했다. 이런 특징은 후기9·11신학을 구성하는데도 영향을 미쳤다. 첫째, 9·11 사건은 비난의 대상이 분명하고 더구나 그 비난의 대상이 적(敵)으로 간주되었기 때문에 사건의 진실 파악과 해석이 다소 용이하게 이뤄지는 양상을 보였다. 물론 9·11 사건에 대한 음모론이 제기되는 등, 아직까지 9·11 사건에 대한 완벽한 진실 규명은 불가능하다. 사실 어떤 사건도 완벽한 진실 규명은 불가능하다. 둘째, 9·11 사건은 정치적 재난이란 성격으로 인해 사건의 해결 과정 역시 주로 정치적으로 전개되었다. 먼저 테러리즘(terrorism)이 중요 주제로 부상하였다. 이 사건은 냉전 시대 갈등 담론이 문명 충돌 담론으로 바뀌어 나가는 과정에서 발생했으며 사무엘 헌팅턴(Samuel P. Huntington)의 '문명충돌론'에 힘을 실어주는 사례가 되었다.[20] 셋째, 위에서도 언급하였듯이, 가해자 혹은 적이 분명한 재난이다 보니 재난 및 재난 극복이 애국주의와 결부되었으며 담론 구성자 간에 갈등의 소지가 상대적으로 적게 나타났다. 이런 가운데 미국 기독교의 전통적인 '호전적인 종교성' 혹은 '전쟁과 종교'라는 문제가 재현되었다.

2) 쓰나미 사건과 신학

쓰나미 사건도 충격적이긴 마찬가지였다. 일본 동북부 특히

---

20 Samuel P. Huntington, *The Clash of Civilizations and the Remaking of World Order*, 이희재 역, 『문명의 충돌』(김영사, 1997).

후쿠시마 지역을 강타한 이 사건은 지진, 쓰나미 등 단순한 자연재해(自然災害)에 그치지 않고 원자력발전소 붕괴 및 방사능 오염이라는 환경재해(環境災害)로 확산되었다. 뿐만 아니라 자연재해가 환경재해로 확산됨에 따라 궁극적으로 인재라고 말할 수 있는 여지가 있다. 방사능 오염에 대한 불투명하고 의심스러운 대처 과정, 특히 정부의 무책임한 태도로 인하여 추가 재해가 이어졌기 때문에 인재의 성격이 점차 강해졌다. 20세기 후반 방사능 관련 4대 사건 중 3가지가 일본에서 벌어진 것도 역사적 역설이지만,[21] '클린 에너지'(clean energy)의 대표인 원자력발전이 가장 가공할 만한 '오염원'(contamination source)이 된다는 것도 과학적 아이러니이다. 최근 지구촌의 사회적 관심, 특히 신학적 관심이 환경이라는 주제로 수렴하는 이때, 이 사건의 의의는 매우 크다고 볼 수 있다.[22]

쓰나미 사건에 대한 일본 기독교의 대표적인 대응은 일본 기독교가 20세기 후반 일본 내 소수 종교로서 사회 참여에 적극적이었던 전통을 잇는 모습이었다. 첫째, 재난 구조에 있어서, 현장을 찾아가 구조에 나서는 등 적극적인 대응을 보였고, 그 과정에서 에큐메니칼적인 양상을 보였다. 일본 기독교 내의 연합은 물론이고, 기독교와 타종교 특히 불교와의 공동작업, 교회와 사회

---

21 즉 히로시마 및 나가사키 원폭투하사건, 체르노빌 사건 및 후쿠시마 사건이다. 참고로, 일본 자체는 아니지만, 일본 어선이 피해를 본 적도 있다. 미국이 1954년 3월 1일, 비키니 환초에서 수소폭탄 공중폭파실험을 했을 때, 인근에서 조업하던 일본 어선 다이고후쿠류마루호의 선원들이 방사능 낙진을 뒤집어썼다. 함규진, 『조약의 세계사: 역사의 흐름을 바꾼 결정적 조약』(미래의 창, 2014), 311.

22 그런 면에서 '정의·평화·창조질서의 보전'(Justice, Peace and the Integrity of Creation, JPIC)이라는 큰 신학적 틀 안에서 '생명의 하나님, 우리를 정의와 평화로 인도하소서'(God of Life, Lead Us to Justice and Peace)라는 주제로 열린 2013년 세계교회협의회 부산 총회가 후기쓰나미신학을 포함한 아시아적 후기재난신학을 본격적으로 도출하지 못한 것은 매우 아쉬운 일이다. 이것은 부산 총회가 아시아에서 개최되었지만, 아시아적 맥락을 충분히 반영하지 못한 소치와 무관하지 않다.

의 협력, 나아가 국제적인 에큐메니칼 연대 등 다양한 모습을 보였다. 둘째, 문제의 심각성을 인식하여 중장기적 신학 프로젝트를 진행하였다.[23] 셋째, 이런 신학 구성이 현장의 재난 구조와의 연계성을 갖도록 하는 노력을 경주하였다. 넷째, 신학 구성을 위하여 다양한 목소리를 수렴하려고 하였다. 즉 해외 신학자들과의 교류는 물론이고, 사건의 피해자인 당사자들의 목소리도 고려하려고 하였다. 다시 말해, 현장신학, 아래로부터의 신학, 대리적 신학이 아닌 당사자의 신학 등의 면모를 갖추려고 노력하였다. 다만 소수 종교인 일본 기독교의 이런 신학적 노력의 성과와 영향력이 장차 어떻게 나타날 것인가는 아직 미지수이다.

3) 세월호 사건과 신학

세월호 사건은 세계적으로 보도되어 세계적인 사건이 되었지만, 특히 한국인에게 의미심장한 사건이었다. 아직까지 진실 규명도 제대로 이뤄지지 못한 단계라, 이 사건에 대하여 단정짓기

---

23 가령 세이가쿠인 대학교(聖學院大學)는 쓰나미 사건 이듬해인 2012년부터 2014년까지 3년 기간으로 후기쓰나미신학 구성을 위한 신학 세미나를 미국의 풀러신학교(Fuller Theological Seminary, 2012-2013년) 및 휘튼칼리지(Wheaton College, 2014년)와 공동 개최하였고 결과물을 계속 출간하고 있다. 특히 이 세미나의 부제를 '후기재난기의 일본을 위한 백년 비전'(Centurial Vision for Post-disaster Japan)이라고 정하면서, 단기가 아닌 장기적인 문제 인식과 해결책을 염두에 두고 모색하는 적극적인 자세를 보였다. Atsuyoshi Fujiwara & Brian Byrd, eds., *Post-disaster Theology from Japan: How Can We Start Again? Centurial Vision for Post-disaster Japan: The Great East Japan Earthquake Theological Symposium* (Tokyo: Seigakuin University Press, 2013); *The Church Embracing the Sufferers, Moving Forward. Centurial Vision for Post-disaster Japan: Ecumenical Voices* (Tokyo: Seigakuin University Press, 2014). 최근 내부 사정으로 해당 프로젝트가 지속될 지는 불투명한 상태이지만, 대신 세이가쿠인대학교 총장인 미츠하루 아쿠도(Mitsuharu Akudo) 박사가 최근 저서에서 연속적으로 쓰나미 사건의 전개 과정을 일본사회의 재건이라는 본질적인 문제와 연결시켰다. 가령 일본사회의 경쟁사회 나아가 격차사회(格差社會)적 측면을 비판한 바 있다. 阿久戶光晴(아쿠도 미츠하루), 『專制と偏狹を永遠に除去するために: 主權者であるあなたへ』 (전제와 편협을 영원히 제거하기 위하여: 주권자인 당신에게) (上尾市: 聖學院大學出版會, 2015), 197.

는 어렵지만 전혀 불가능한 것도 아니다. 이 사건은 현 단계에서 우선적으로 인재로 파악되고 있다. 상세한 내용은 추후 밝혀지겠지만, 이 사건은 인재적인 측면이 강하고, 무엇보다 대한민국의 민낯을 적나라하게 폭로한 사건이었다. 다시 말해 이 사건은 한국 사회의 문제와 밀접하게 연관된 재난이라는 점에서 대표적인 '사회적 재난'이라고 말할 수 있다. 우선 직접적인 책임 당사자인 선장과 선원을 넘어서서, 해운회사, 해경, 해당부처, 심지어 대통령에 이르기까지 한국 사회 전반의 통제 기능에 대한 회의를 가져왔고, 이와 연관하여 부패, 무능, 무책임이라는 주제가 부각되었다. 한국 사회는 말 그대로 위험사회인데, 위험의 소지가 있는 위험사회이고, 위험 대응 능력이 없는 위험사회이며, 심지어 사회 자체가 위험사회라는 가공할 만한 현실을 직면하게 되었다.

뿐만 아니라 세월호 사건은 매우 '한국적인 재난'이라는 특징도 보였다. 첫째, 한국 사회는 대표적인 정보기술사회인데, 그로 인하여 전 국민이 이 사건을 생중계하듯 지켜보았다. 물론 이전의 사건들도 실시간으로 생중계된 바 있지만, 이 사건은 사건의 외부뿐 아니라 내부까지 속속들이 들여다보게 되는 상상 밖의 참극이었다. 그 사건으로 말미암아, 첨단정보기술사회요 선진국 진입을 앞둔 한국의 후진성이 적나라하게 드러났고, 한국 사회의 무능 앞에서 전 국민이 자괴감을 맛보았으며, 특히 파국을 목도하면서도 아무것도 할 수 없다는 무력감과 죄의식을 모두가 경험하였다. 둘째, 이 사건은 '민간적 재난'으로서, 재난의 보편성 혹은 편재성을 다시금 상기시켰다. 다시 말해, 재난은 언제 어디서나 누구에게도 일어날 수 있고, 바로 내가 당사자가 될 수 있다는 점을 확인시키는 계기가 되었다. 그리고 이런 극단적인 경험을 통하여, 한국에서 이전에 수없이 벌어진 사건들의 진면목을 재확인하는 계기도 되었다. 셋째, 한국은 정치적으로 민감한 사회인데, 이 사건도 사회적 이슈에서 점차 정치적 이슈로 번져나갔다. 이런 정치과열 현상 속에서 막상 이 사건이 가진 사회적 재난으로서의 측면은 제대로 조명받지 못했다. 다시 말해 가해자와 피해자라는 기본적인 구조도 진영논리에 파묻혀버리고 말았다.

이런 상황은 신학계에서도 거의 마찬가지였다. 아래에서 상술하겠지만, 그동안의 추세를 세 가지로 요약할 수 있다. 첫째, 사건의 진실 규명은 아직 재판도 종료되지 않은 상황에서 신학계를 포함한 한국 사회가 뭐라고 단정하기 어렵다. 심지어 진실 규명 자체가 문제가 되었고 아직까지 부진한 상태이다. 둘째, 사건의 해석은 신학계 안에서도 사회적 측면보다는 정치적 측면이 대세를 이뤘다. 그 이유는 한편으로는 한국 기독교가 한국 사회의 남남 갈등 구도에서 자유롭지 못했기 때문이고, 다른 한편으로는 한국 사회의 남남 갈등이 오히려 한국 교회의 남남교회갈등으로 재생산되는 상황이 되풀이되었기 때문이다. 즉 통일 문제, 선거 문제 등에서 벌어졌던 갈등 양상이 세월호 사건에도 거의 그대로 재생산되었다. 특히 세월호 사건과 관련한 총리 선임과정에서 빚어진 소위 '문창극 사태'는 한국 기독교의 역사의식과 사회인식에 대한 한국 사회의 부정적 반응을 촉발하는 계기가 되었다. 셋째, 그 결과 세월호 사건의 사회적 재난으로서의 측면에 대한 전반적인 대응이 미흡하였다. 한국 기독교는 재난 구조 등 긴급상황 대처는 물론이고, 이에 대한 사회적 공감대 형성에도 기여하지 못하였고, 세월호 사건 담론이 정치화되는 전반적인 구조를 타개하지 못하였을 뿐 아니라, 한국 교회 스스로 갈등의 당사자가 됨으로써 에큐메니칼적 연대를 이루는데 실패하였다.

이와는 대조적으로, 한국 가톨릭교회는 교황 방문을 계기로 세월호 사건에 대한 일사불란한 태도와 대응조치를 보임으로써 종교기관으로서의 역할을 탁월하게 과시했을 뿐 아니라 가톨릭교회의 위상을 다시 한 번 높이는 계기를 마련했다. 다시 말해 교황을 필두로 한 한국가톨릭교회는 세월호 사건의 당사자들과의 연대에 대한 분명한 메시지를 전달함으로써 종교기관으로서의 이미지는 물론 사회기관으로서의 이미지까지 고취할 수 있었다. 물론 한국가톨릭교회 내에 일부 지도층 인사 간의 상이한 태도 노출 및 갈등 등의 문제가 없지 않았지만, 전반적으로 우호적인 이미지에는 큰 지장을 초래하지 않았다.

Ⅲ. 후기세월호신학의 구성

1. 세월호 사건 이후 대두된 후기세월호신학의 신학적 시도들

이제 세월호 사건 이후, 이 사건과 관련하여 대두된 신학적 시도들을 구체적으로 살펴볼 차례이다. 크게 말해 이 신학적 시도들은 사건의 진실 규명, 사건의 해석, 사건의 해결 등 세 가지 모두에 관련되었지만, 주로 사건의 해석에 집중되는 양상을 보였다. 그렇다면 그동안의 신학적 시도들이 강조한 문제들은 무엇이었고, 이런 담론들의 기여와 한계는 무엇이었을까?

1) 신정론에서 인정론으로

세월호 사건의 특징 가운데 하나는 '하나님의 뜻'이란 신학적 주제가 정치·사회적 문제로 비화된 것이다. 재난이 신정론적 질문을 제기하고, 그 과정에서 '하나님의 뜻'이 언급된 것 자체는 하등 이상할 것이 없다. 그러나 세월호 사건은 '하나님의 뜻'을 언급하는 것이 얼마나 성찰을 요구하는 일인가를 상기시켰다. '하나님의 뜻'에 대한 성급하고, 무책임하며, 신중하지 않은 언급이 얼마나 큰 문제를 불러일으키는가를 너무나도 명백하게 보여주었기 때문이다. 특히 하나님의 뜻을 하나님의 심판으로 볼 경우, 그것을 '우리에 대한 심판'보다는 '그들에 대한 심판'으로 보면서 피해자를 정죄하는 경향이 많고, 이로 인하여 논란이 빚어지기도 하였다.[24] 가령 미국의 경우는 아이티 참사에 대한 팻 로버츠슨(Pat Robertson)의 발언, 한국의 경우는 쓰나미 참사에 대한 김홍도의 발언 등이 거론된 바 있다.

세월호 사건과 관련한 가장 대표적인 사건은 역시 '문창극 사태'였다. 이 사태가 얼마나 심각했으면, 아예 단행본 한 권 전체가 이에 대한 신학적 해명에 몰두하였다. 바로『세월호와 역사의 고통에 신학이 답하다』라는 책이다. 이 책은 "세월호 참사와 문창극 사태에 비추어 본 한국 교회와 신학"이란 제하의 긴급 포럼 발제문을 엮은 것이다. 심지어 표지 설명이 "이 땅에 사는 수많은 문창극(M), 청산하지 못한 역사의 낙서"라는 것을 보면, 문창극 사

24 Juan Francisco Martinez, "Christian Responses in Times of Disaster Learning from Church History", in *Post-disaster Theology from Japan*, 22.

태가 긴급 포럼에 참여한 신학자들에게 큰 충격을 준 것으로 보인다.[25] 이 책의 공저자들은 문창극 사태에 대하여 성서학적, 교회사적, 윤리적 측면에서 분석을 시도하면서, 각각 하나님의 뜻, 사관, 자본주의와 복음주의의 사회 참여 실패 등의 주제에 천착하였다.

먼저 권연경은 "모든 고통은 하나님의 뜻인가?: 악과 정의에 대한 하나님의 섭리"라는 논문에서 모든 역사를 하나님의 뜻이라고 섣불리 해석하는 오류를 피하기 위하여, "'조명' 이미지"를 빌어 하나님의 뜻을 설명하는 독창적인 시도를 한다. 원론적으로 모든 역사는 하나님의 뜻이요 하나님의 역사인데, 이런 관점을 전체 조명에 비견하고 있다. 이런 점에서 하나님의 뜻은 사실상 하나님의 섭리와 다르지 않다. 그러나 포괄적 조명이 우리 삶의 모든 구석을 밝혀주지 못하기에, 복잡한 도덕적 굴곡, 곧 특정 부분을 제대로 이해하려면 그 굴곡의 속내를 파고들 수 있는 국지적이지만 보다 집중된 조명, 즉 집중조명 혹은 부분조명이 필요하다는 것이다.[26] 그러나 신정론이 하나님에 대한 언표인 이상, 어떤 경우에도 완벽한 설명은 불가능하다. 즉 신정론도 신학의 일부이고, 신비의 영역을 담고 있으며, 따라서 '부정의 신학'(theologia negativa)이라는 신학방법도 도입된다. 신정론에 있어서, 신비의 영역은 결국 신의 이해할 수 없는 부분을 신에 대한 신뢰와 연결하는 신앙으로 이어진다는 점을 염두에 두어야 할 것이다.

한편 배덕만은 "문창극 장로의 역사관의 실체; 식민사관인가 신앙적 민족사관인가?"라는 논문에서 사관 문제를 다루고 있다.

---

25 조석민 외, 『세월호와 역사의 고통에 신학이 답하다』, 겉표지 앞날개.

26 위의 책, 45-46.

식민사관과 민족사관의 대립은 일반사학은 물론이고 기독교사학에서도 주요한 담론으로 자리잡고 있다. 만일 형식논리상 대립 개념을 균형 있게 표현한다면, 제목은 "문창극 장로의 역사관의 실체: 신앙적 식민사관인가 신앙적 민족사관인가?"가 되어야 할 것이다. 이런 제목변경은 우리에게 다음과 같은 점을 시사해준다. 즉 신앙적 식민사관이 비록 왜곡된 것이기는 하나 존재할 수 있고, 바로 이점이 이 책의 공저자들이 말하고 싶은 내용일 것이다. 그렇다면 신앙과 역사의 관계에 대한 보다 정교하고 세련된 인식이 필요하다. 특히 보수 진영의 세월호 관련 발언이 거듭 문제된 바 있는데,[27] 이에 대한 진보 진영의 반론도 중요하지만, 보수 진영 자체의 발전된 담론도 제시되어야 상호 교류를 통한 건전한 기독교 사관의 발전이 가능할 것이다.

마지막으로 김동춘, 박득훈, 김형원은 세월호 사건과 관련하여, 한국 교회 특히 복음주의 진영의 자기반성을 요청하였다. 이들이 보수 진영의 배경과 무관하지 않다는 점에서, 이런 비판은 일종의 자성적 비판이라고 할 수 있다. 이들의 주장을 한 마디로 요약한다면 "'공적 신앙'(public faith)의 부재와 결핍"인데,[28] 구체적으로 말해 한국 교회의 사사성과 사유성, 친자본주의성, 사회 문제에 대한 소극성 등이다.

신정론이 결국 인간에 대한 질문으로 돌아간다는 것은 신정론이 인정론(人正論, anthropodicy)으로 이어진다는 것을 의미한다. 왜냐하면 신정론이 중시하는 고통과 관련하여, 우리가 하나님께 드리는 질문이 "하나님 어디 계십니까?"라면, 하나님이 우리에게

27 위의 책, 10.
28 위의 책, 80.

하는 질문은 "내가 곧 내 형제 중에 지극히 작은 자 하나가, 주릴 때에, 목마를 때에, 나그네 되었을 때에, 헐벗었을 때에, 병들었을 때에, 옥에 갇혔을 때에 너희는 어디에 있는가?"(마 25:35-40)이기 때문이다. 이런 맥락에서 박영식의 『그날, 하나님은 어디 계셨는가?: 세월호와 기독교 신앙의 과제』가 그 부제에서 '과제'라는 단어를 언급하는 것은 신정론이 결국 인정론으로 이어질 수밖에 없음을 다시 한 번 확인해주고 있다.[29]

뿐만 아니라 후기재난신학은 고난 자체를 신학화하는 작업을 발전시킬 수 있다. 첫째, 재난 자체의 의미를 신학화할 필요가 있다. 가령 마르티네즈(Juan Francisco Martinez)는 재난의 의미를 5가지로 분석하였는데, 기독교인의 응답에 대한 요청으로서의 재난, 심판으로서의 재난, 혼란으로서의 재난, 새로움을 여는 일로서의 재난, 신학적 패러다임 전환으로서의 재난 등이다.[30] 둘째, 애통의 신학(theology of lamentation)을 발전시킬 수 있다. 애통의 신학은 성경의 주요 주제이며, 성경 가운데 『예레미야애가』라는 한 책을 구성할 정도이다.[31]

2) 사회 비판에서 사회적 영성으로

『세월호와 역사의 고통에 신학이 답하다』가 한국 교회의 공적 신앙의 부재와 결핍에 대한 비판으로 끝을 맺었다면, 『사회적 영성』은 아예 그 문제를 전면에 내세웠다. 이제 사회 문제는 기독교

---

29 박영식, 『그날, 하나님은 어디 계셨는가: 세월호와 기독교 신앙의 과제』.

30 Martinez, "Christian Responses in Times of Disaster", 20-25.

31 위의 논문, 18.

의 하나의 과제가 아니라, 기독교의 본질 곧 존재양상이어야 한다는 주장인 셈이다. 특히 김진호는 서론 격인 "사회적 영성 시론"에서 세월호 사건의 배후가 구원파와 관련되어 있다는 점을 중시한다.[32] 한국 교회에서 구원파가 기독교 이단으로 인정받고는 있으나, 세월호 사건을 대하는 일반 사회로부터는 기독교 전체가 의혹의 시선을 받게 되었다. 구원파가 기독교 신앙 중에서 극단적인 칭의론자라는 점에서, 이 책이 주장하는 '사회적 영성'과 거리가 먼 것은 능히 짐작할 수 있다. 그런데 문제는, 김진호가 지적하듯이, 이단이 아닌 정통신앙 범주에 드는 한국 교회 특히 대형교회도 비사회적 영성이라는 문제에서 별 차이를 보이지 않는다는 점이다.

『사회적 영성』은 한국 교회와 한국 사회의 문제로 감성적인 면도 다루고 있다. 한국 교회의 신앙이 증오를 위시로 한 "과잉 감성적 요소"와 연관되었다면,[33] 한국 사회의 기질은 "격노사회"라는 표현처럼 격노와 연관되어 있다는 것이다.[34] 또한 『사회적 영성』이, 다른 비판들과 마찬가지로, 거듭 강조하는 것은 한국 사회와 한국 교회의 지나친 친자본주의적 성향이다.[35] '한국 교회와 자본주의'라는 주제는 거대 담론인 동시에 구체적인 사례 연구가 필요하기에 이 자리에서 상술할 수는 없지만, 적어도 한 가지는 밝힐 수 있다. 그것은 한국 사회가 안고 있는 자본주의의 역기능, 특히 신자유주의의 문제에 대해서는, 한국 교회가 이론적으로나 실천적으로 비판과 대안 제시에 있어서 매우 무력하다는 점이다.

---

32 김진호 외, 『사회적 영성』, 9-29.

33 위의 책, 10.

34 위의 책, 223-43.

35 위의 책.

그러나 복지 사회, 경제민주화, 정의로운 경제 등의 주제는 한국 교회가 위치한 한국 사회의 당면 과제인 만큼 신학계도 결코 외면할 수 없는 주제이다.[36] 심지어 세월호 사건 처리과정까지 소위 보상과 복지라는 관점에서 소용돌이쳤던 사실을 우리는 잘 알고 있다. 그러나 후기세월호신학과 관련된 사회 비판이 한국 교회와 자본주의의 관계의 건전성을 확보하기 위한 계기가 될 가능성도 배제할 수는 없다.

이런 맥락에서 한국문화신학회의 『세월호 이후 신학: 우는 자들과 함께 울라』는 몇 가지 중요한 문제를 부각시켰다. 첫째, 부제에 나타난 '함께'라는 단어는 교회와 사회의 거리 내지 단절을 강력하게 암시한다. 둘째, 이정배는 "아우슈비츠 '이후'(以後) 신학에서 세월호 '이후'(以後) 신학을 보다"라는 논문에서, 세월호 이후 신학을 역사적으로 고찰하는 시도를 하였다. 특히 이런 재난이 모든 세계에서 일어날 수 있기 때문에, 신학적 관점을 기독론에서 성령론으로 넓혀야 할 것을 제안한다.[37] 이런 제안은 『세월호 이후 신학: 우는 자들과 함께 울라』의 마지막 단원인 6부가 타종교 및 일상으로까지 관점을 확대하는 시도로 이어진다.[38]

3) 공공신학에서 사회신학으로

세월호 사건과 관련하여 가장 먼저 특집을 낸 학술지는 「한국여성신학」이었다.[39] 세월호 사건이 4월이었고 해당 학술지의 여

---

36 최근 장하성은 '경제민주화' 담론에서 '정의로운 경제' 담론으로 나가야 한다는 주장을 한 바 있다. 장하성, 『한국자본주의: 경제민주화를 넘어 정의로운 경제로』 (헤이북스, 2014).

37 한국문화신학회 편, 『세월호 이후 신학: 우는 자들과 함께 울라』, 46-47.

38 위의 책, 299-365.

름호가 출간된 것이 8월이었는데, 집필 및 편집 등의 과정을 생각한다면, 기고자들은 거의 사고 직후부터 집필한 것으로 여겨진다. 특집 제목은 "'우는 자들과 함께 울라!' - 세월호 아픔과 함께하는 그리스도인들"이었다. 이런 시도는 시기적절하면서도, 특히 정서적 측면에서 신학 분야에 기여해왔던 여성신학자들의 고유한 연구결과였다고 볼 수 있다. 사실 한국 교회는 발전을 거듭해오는 동안, 낮은 자들의 교회로부터 지도자들의 교회로 변신해왔고, 그런 가운데 교회 안팎으로 공감능력의 상실에 대해 지적받아왔다.

이와 유사한 맥락에서 단행본도 출간되었다. 『곁에 머물다』라는 신학적 단상 모음집이 의미심장하게도 2014년 한 해를 넘기기 직전인 12월 25일 성탄절에 출간되었다. 편집자들은 그 이유를 "편집후기"에서 다음과 같이 밝힌다.

> 이 모든 것이 국가의 무능과 교회 역할의 부재라는 불의한 시대 속에서 신학적 정체성을 바로 세워야 한다는 마음이 공감, 공명했기 때문일 것이다. 이제 그 여정의 한 열매로서 한 권의 책 『곁에 머물다』가 세상에 모습을 드러내게 되었다. '슬픈' 부활절과 '고통스런' 감사절을 보내고, 성탄의 계절에 이르러서 말이다.
>
> 지난 4월 16일 이래로 여러 단체에서 저마다의 특색을 담은 관련 서적이 쏟아져 나왔으나 기독교 입장을 담은 것이 없어서 안타까웠다. 이 책을 통해 그 빚은 조금이나마 갚을 수 있게 되어 마음이 다소 가볍다. 그동안 기독교에 섭섭한 감정을 지녔던 유

39 각주 8번을 참고하라.

족들에게 이 책이 작은 위로가 될 수 있다면 더없이 기쁘겠다.[40]

그러나 이 책의 출간 시기가 성탄절이라는 사실의 의의는 단순히 해를 넘기지 않았다는 것을 넘어서, 성탄절이 '성육신', '임마누엘', 곧 '함께 있음'의 신앙 절기라는 점에 있다.[41] 책 제목인 『곁에 머물다』도 암시하듯이, 후기세월호신학의 특징은 무엇보다도 함께 있기, 함께 하기이다.

『곁에 머물다』는 총 6부로 구성되었는데, 그 제목은 각각 다음과 같다. "성탄절에", "고통당하는 우리", "곁으로 내려오신", "하나님을 기억하며", "우는 자들과 함께 울며", "이 아픔을 잊지 않겠습니다" 등. 그 내용 중 가장 두드러지게 나타나는 주제는 '기억'과 '함께 있음'이다. 먼저 기억은 사실을 이해하고, 보존하고, 재현하는 기능을 한다. 장신근은 이런 맥락에서 기억의 되풀이 작업의 중요성을 강조하면서, 쓰나미 사건과 관련된 요시다 유사쿠라의 목비 프로젝트를 소개하였다.

기자가 왜 돌로 된 비석이 아닌 나무로 된 비를 세우느냐고 묻자 그는 다음과 같이 대답했습니다. "돌로 만든 비석은 한번 세우면 그걸로 끝이에요! 그 다음부터는 아무도 보지 않아요. 하지만 나무로 된 비를 세우면 비바람에 풍화가 되어 썩기 때문에 다시 세워야 해요. 저는 쓰나미 재난을 잊지 않기 위해 4년마다 썩은 목비를 새것으로 교체할 것입니다. 목비 프로젝트를 계속할 거예요."[42]

---

40 세월호의 아픔을 함께하는 이 땅의 신학자들, 『곁에 머물다』, 238-39. 물론 기독교 관련 서적도 적지 않게 출간되고 있다.

41 재난과 성육신에 대해서는 다음을 보라. Richard J. Mouw, "Serving a Suffering Savior in 'the Time of God's Patience'", in *The Church Embracing the Sufferers*, 24.

또한 세월호 사건은 함께 있기, 함께 하기의 중요성을 다시금 부각시킨 사건이다. 즉, 위에서도 언급하였듯이, 재난의 보편성, 재난의 편재성을 부각시킨 사건이다. 고난이 모두의 문제라면, 고난의 해결도 모두의 과제이다. 바로 이런 맥락에서 이제 기독교의 모든 신학과 실천을 공공성이란 맥락에서 해석하고 구현해야 할 필요성이 제기된다. 사실 재난이 후기재난신학에 요청하는 바도 이런 공적 신앙이고, 허호익도 같은 맥락에서 세월호 이후의 신학을 공공신학의 모색과 연계했다.[43] 한국 교회에 이미 공공신학이 대두되었지만, 세월호 사건이 공공신학의 본격화를 가져오는 계기가 될지 주목된다.

바로 이런 의미에서『곁에 머물다』가 세월호 사건과 관련된 수많은, 다양한 당사자들을 불러낸 것은 매우 고무적인 일이라고 평가할 수 있다. 희생자들, 생존자들, 유족들, 소속된 학교, 교회 및 지역 사회 등 다양한 당사자들에게 관심을 표현하고, 그들의 목소리가 들리게 하는 작업을 하고 있다. 그러나 아직 충분하다고는 할 수 없다. 왜냐하면 세월호 사건의 특징 가운데 하나는 이 사건이 과(過)정치화됨에 따라 "우는 자들과 함께 우는"(롬 12: 15) 일조차 정치적으로 해석되고 심지어 조직적인 반대 행동까지 벌어졌기 때문이다. 따라서 소위 재난의 '골든타임'(golden time)뿐 아니라 재난 이후의 행동도 위축되고 제한되었는데, 그 이유 가운데 하나는 이를 극복할 수 있는 기독교 담론이 활발하게 개진되지 못했기 때문이다. 가령 생존 학생에 대한 상담과 상처극복

42 세월호의 아픔을 함께하는 이 땅의 신학자들,『곁에 머물다』, 24.

43 위의 책, 203-205.

프로그램 등도 비공개로 진행된 경우가 없지 않다.

이런 맥락에서 한 가지 염두에 둘 점이 있다. 최근 기독교의 대사회적인 신학의 발전에서 정치신학이 상당한 성과를 이뤘지만, 사회신학은 여전히 미진한 상태이다. 사회신학이 교회의 보다 직접적인 사안을 다루는 신학이고 사회적 이슈와 신학의 관계에 대한 많은 논의가 있어왔음에도 불구하고, 사회신학은 여전히 발전 여지가 많다. 세월호 사건이 한국 교회의 사회신학이 정치신학에 종속되지 않으면서, 독자 영역을 개발하고 발전하는 계기가 될지 주목된다.

2. 후기세월호신학의 구성을 위한 제안

1) 과거와 후기세월호신학

후기세월호신학을 시도하는 사람들은 과거가 과거로 끝나서는 안 된다는 점을 강조하였다. 먼저『세월호와 역사의 고통에 신학이 답하다』의 공저자들은 신학적 시도를 하는 이유를 다음과 같이 요약했다.

> 우리는 대한민국의 현대사 속에서 이미 세월호 사건과 유사한 사건들, 서해 훼리호 침몰(1993년), 성수대교의 붕괴(1994년), 삼풍백화점의 붕괴(1995년), 대구 지하철 화재 참사(2003[년]), 경주 리조트 붕괴(2014년), 등등 수많은 사건 사고들을 목격했고 경험

했지만 크게 달라진 것이 없다는 것을 잘 알고 있습니다. 부끄럽고 참담한 우리의 현실입니다. 하지만 이제는 세월호 참사 이전과 이후가 달라져야 할 것입니다.[44]

신익상도 『곁에 머물다』에 수록된 "'이후' 있는 '이후' 사회"라는 글에서 같은 주장을 하였다.

한 사회가 그 사회 안에서 일어난 사건을 어떻게 극복하느냐에 따라서 그 사건 이후 사회가 더 건강하고 성숙한 사회로 거듭날 수 있는 계기가 되느냐, 마느냐가 결정되겠지요. … 사실 우리 사회는 지난 한 세기만 하더라도 수없이 많은 '이후'를 겪어왔습니다. 해방 '이후', 한국 전쟁 '이후', 4·19혁명 '이후', 5·16쿠데타 '이후', 5·18광주민주화 운동 '이후', 민주화 '이후', IMF '이후' 등 수많은 '이후'가 쌓여 있습니다. 최근만 하더라도 노무현 전 대통령 죽음 '이후', 천안함 침몰 '이후', 국정원 및 군 사이버사령부 대선 불법 개입 '이후', 세 모녀 죽음 '이후' 등 '이후'의 삶이 우리 앞에 명확하게 해결되지 않은 채 놓여 있습니다. … 이런 사회는 '이후'의 삶을 어떻게 새롭게 고쳐서 살 수 있을까를 고민하지 않는 사회, 미래를 짊어지고 살아야 할 사람들을 염두에 두지 않는 사회, '이후'가 주어졌지만 '이후'를 고민하지 않는, '이후' 없는 '이후' 사회입니다.[45]

재난 자체가 후기재난신학을 가져오지는 않지만, 후기재난신

44 조석민 외, 『세월호와 역사의 고통에 신학이 답하다』, 26.
45 세월호의 아픔을 함께하는 이 땅의 신학자들, 『곁에 머물다』, 95-97.

학 없이는 진정한 재난도 없는 것이다. 그런 점에서 20세기 최대 재난 가운데 하나인 유대인 대학살(Holocaust) 관련 담론의 발전 과정은 후기세월호신학 구성에 시사점을 던지고 있다. 첫째, 유대인 대학살 문제는 1960년대 초까지만 해도 여러 가지 이유로 인하여 거의 주목받지 못했으나, 아이히만(Adolf Eichmann)의 체포를 기점으로 활발해졌다.[46] 이것은 세월호 사건 담론 발전도 자동적으로, 중립적으로 발전하지 않는다는 것을 시사한다. 둘째, 다양한 담론들이 대두되었다. 따라서 세월호 사건 담론도 다양한 담론의 대두를 염두에 두고, 이런 담론간의 경쟁과 조화의 상승효과를 도모해야 할 것이다. 셋째, 여러 사관 가운데는 심지어 유대인 대학살을 부정하는 부류, 곧 '유대인 대학살 부정자'(Holocaust deniers)도 대두된 바 있다는 것을 염두에 두어야 한다.[47] 학자들은 이런 주장을 고려하지 않지만, 극단적 인종차별주의가 고개를 들 때 얼마든지 나타날 수 있다. 따라서 세월호 사건 담론도 이런 극단적 주장의 도전도 예상해야 할 것이다. 넷째, 한국 사회에서 과거사 정리 등 역사적 진실 규명에 있어서 당파성이 계속 문제가 되고 있다. 그런 점에서 한국 교회가 보다 객관적이고 공신력 있는 담론 주체로 인식되고 인정되는 것도 후기재난신학의 첫 단추를 여는 중요한 일이 될 것이다.

2) 현재와 후기세월호신학

재난에 있어서 중요한 사안은 바로 재난 구조이다.[48] 재난 구

46 Peter Neville, *The Holocaust* (Cambridge: Cambridge University Press, 1999), 1.
47 위의 책, 2.

조는 단기적인 응급조치가 있고, 중장기적인 재난 복구가 있다. 후기재난신학은 전자와 후자 모두를 위한 사회신학을 개발할 필요가 있다. 특히 전자와 후자 모두에 있어서 중요한 것이 바로 자원봉사자이다. 재난의 가해자와 피해자 이외에도 여타 당사자들이 많은데, 그중 중요한 집단이 바로 이 자원봉사자이다. 가령 세이카구인대학교의 신학포럼은 기독교대학교의 재난 자원봉사자에 대한 연구와 신학을 연계한 바 있다. 특히 청년기에 자원봉사자 경험이 이후의 삶에 긍정적인 영향을 미친다는 연구 결과를 보고하였다.[49] 이것이 바로 기독교 가정, 교회, 교육기관 등이 유의할 일이다. 특히 세월호 사건의 경우, 재난자원봉사자 가운데 젊은층이 많지 않으나, 오히려 반대 행동에 젊은층이 참여하는 경우가 목격되었다. 젊은층의 재난에 대한 인식과 태도는 후기재난신학에 중대한 영향을 미칠 것이다. 아울러 재난과 관련된 차세대 교육과 훈련 등도 후기재난신학이 염두에 둘 일이다. 이런 면에서 오현선이 "기독교 생명과 정의의 도보순례의 신학 교육적 성찰"이라는 논문에서 세월호 관련 순례를 기독교교육 나아가 신학 교육적 관점에서 성찰한 것은 주목할 만하다.[50] 오현선은 순례의 의미를 "세계 교회와의 연대로서의 순례", "신학 교육의 장으로서의 순례", "치유공간으로서의 순례" 등으로 분석하였다. 특히 "신학 교육의 장으로서의 순례" 부분에서 "예배를 통한 예전교육", "환대경험을 통한 교회론의 사유", "'침묵'이 이끄는 영성교

---

48 이와 유사한 맥락에서 아프가니스탄 단기선교팀 피납사건이 계기가 되어 한국세계선교협의회(KWMA)가 위기관리기구를 결성한 바 있다.

49 Naoki Okamura, "Earthquake Volunteer Work and the Religious Education of College Students", in *The Church Embracing the Sufferers*, 52.

50 오현선, "기독교 생명과 정의의 도보순례의 신학 교육적 성찰", 「한국여성신학」 80 (2015), 61-85.

육" 등을 강조하였다.[51] 사실 고난과 현장을 경험하는 신앙교육은 이스라엘의 절기인 '장막절'을 비롯하여 유구한 전통을 지니고 있다. 이외에도 후기재난신학은 상담가, 심리학자, 사회사업가, 지역개발 등 다양한 실천 분야와 연계하는 일을 발전시켜나갈 과제를 가지고 있다.

3) 미래와 후기세월호신학

불과 일이 년 사이에 적지 않은 신학적 시도가 있었다는 사실은 매우 고무적이다. 그러나 이것도 용두사미 격이 될 가능성이 있다. 위에서도 언급하였듯이, 한국 사회만큼 재난에 수없이 노출된 사회가 많지 않을 텐데, 우리는 아직까지 후기재난신학을 제대로 구성하지 못했고, 오히려 재난의 부정적인 유산에서 자유롭지 못하다. 그런 점에서 중장기적이고, 진보·보수 진영과 국내외 신학계와 신학자 및 당사자들을 아우르는 본격적인 후기세월호신학 혹은 한국적 후기재난신학 포럼을 기대해본다. 그리고 이런 신학은 에큐메닉스(ecumenics), 혹은 선교학(missiology) 등의 구체적 분야에도 확산될 필요성이 있다.[52]

후기재난신학의 구성은 시급하다. 왜냐하면 현대 사회는 엄청난 규모의 재난에 노출된 위험사회요, 재난사회요, "시민들의 고통이 사회구조적으로 고착되는 고난사회"이다.[53] "경험이 가장

---

51 위의 논문, 70-78.

52 안교성, "선교 현장의 생명 살리기: 생명살리미(vivifier) 혹은 생명지기(life-keeper)로서의 선교사", 대한예수교장로회총회교육부 편, 『성령님이 교통하시는 하나님의 나라와 생명』 (한국장로교출판사, 2001), 118-31.

53 세월호의 아픔을 함께하는 이 땅의 신학자들, 『곁에 머물다』, 97.

비싼 교육"이라는 속담이 있는데, 재난은 그 충격과 여파가 너무 커서, 경험을 통해 배우기에는 너무도 대가가 크다. 따라서 후기 재난신학의 구성이야말로 재난을 선제적으로(물론 가능한 범위에서) 최소화하고 재난을 의미 있게 만들며, 재난을 재기의 계기로 삼게 하는 가장 좋은 재난대책 가운데 하나가 될 것이다.

Ⅳ. 결론

필자는 세월호 사건이 한국 기독교에게 신학적 응답을 요청한다고 주장하면서, 그동안 다양한 신학적 시도들이 있었지만, 이제는 본격적인 후기세월호신학 혹은 한국적 후기재난신학의 구성의 필요성을 강조하였다. 이를 위하여, 최근의 주요 재난과 신학의 관계를 살펴보았다. 그리고 세월호 사건 이후의 신학적 시도들을 검토하면서, 후기재난신학의 구성에 필요한 점들을 살펴보았다.

이제까지 한국은 엄청난 재난을 당하였고, 따라서 후기재난신학을 만들 수 있는 가능성과 만들어야 하는 필요성이 너무도 많았지만, 그것을 성취하지 못했다. 그러나 만일 후기재난신학이 없다면, 되풀이되는 재난은 막거나, 그 의미를 찾거나, 그것을 재기의 계기로 삼는데 큰 제약을 받을 수밖에 없다. 따라서 후기재난신학의 구성은 시급하다.

이를 위하여 중장기적이고, 진보·보수 진영과 국내외 신학계와 신학자 및 당사자들을 아우르는 본격적인 후기세월호신학 혹은 한국적 후기재난신학 포럼이 후속 조치로 이뤄지기를 기대해 본다. 아울러 재난에 봉착하고 있는 다양한 국가와 사회들의 재난 경험과 후기재난신학의 교류와 협력을 통하여, 또 다른 세방화적인(glocal) 신학을 구축할 수 있을 것이다.[54]

54 Mouw, "Serving a Suffering Savior", 21.

제2장 • 평화신학

: 새로운 화약고가 된 동북아시아 속의 한국 교회와 평화담론의 변천

Ⅰ. 서론

Ⅱ. 제국주의와 평화

Ⅲ. 냉전과 평화

Ⅳ. 세계화와 평화

Ⅴ. 결론

출처 "한국 기독교의 평화 담론의 유형과 발전에 관한 연구: 동북아시아의 지역적 맥락을 중심으로", 「장신논단」 49-1 (2017.3), 197-223.

Ⅰ. 서론

동북아시아가 국내외적인 갈등이 첨예한 지역(region)으로 급부상하고 있다. 지역 내 각국은 경제적 양극화 등 국내 문제에 봉착할 뿐 아니라, 핵무기와 영토 분쟁 등 국제 문제에 직면하고 있다.[1] 특히 한국은 분단이라는 남북 대치 현상까지 나타남에 따라, '정의·평화·창조질서의 보전'(Justice, Peace and the Integrity of Creation)을 주제로 한 대회가 1989년부터 연속해서 개최될 정도로 전 세계적으로 긴장이 최고로 고조된 지역이다.[2] 게다가 북한이 핵보유를 주장하고 나서, 지역 내 각국은 지역의 안전과 발전을 위하여 평화를 도모해야 될 절대적 사명을 안고 있다. 이를 감당하기 위해서는, 동북아시아를 둘러싼 역사를 이해하고, 공감대를 형성하며, 구체적인 해결 방안을 마련하는 일이 시급하다.

필자는 이를 위하여 동북아시아의 지역적 맥락에서 지난 100여 년간 평화의 문제를 살펴보고자 한다. 특히 평화와 관련된 개별 사건보다 평화를 이해하는 방식인 평화 담론에 주목하려고 한다.[3] 그런데 지역 내 각국이 밀접하게 연결되어 있지만, 한 논문에서 각국의 평화 담론의 역사를 모두 검토하는 것은 불가능하다. 따라서 평화 문제가 가장 심각하게 나타났던 한국의 경우를

---

1 여기에서는 학계의 통례에 따라, 한국은 해방 이전에는 한국 전체를, 해방 이후에는 남한을 가리킨다. 한편 조선민주주의인민공화국 혹은 북조선은 북한으로 칭한다.

2 1989년 세계개혁교회연맹 서울대회, 1990년 세계교회협의회 '정의·평화·창조질서의 보전' 세계대회, 2013년 세계교회협의회 부산총회 등이 모두 '정의·평화·창조질서의 보전'을 주제로 개최되었다.

3 필자는 다음 논문에서 한반도의 평화와 관련된 대표적인 사건을 다룬 바 있다. 안교성, "정의로운 평화와 한국 교회: 한일강제병합, 한국 전쟁, 4·19혁명, 세계교회협의회 부산총회를 중심으로", 「교회와신학」 79 (2015), 137-61.

집중적으로 분석하되, 지역적 맥락을 고려할 것이다. 즉 본 논문은 동북아시아의 지역적 관점에서 본 평화 담론에 관한 한국에 대한 국가별 사례 연구이다. 장차 후속 연구로서 중국, 일본 등에 대한 국가별 연구와, 이에 기초한 동북아시아 전체를 조망하는 지역별 연구가 필요하다.

기독교는 "평화를 만드는 자"(마태 5:9)라는 정체성이 있기 때문에, 동북아시아의 평화 문제에 있어서 특별한 역할이 기대된다. 따라서 지난 100여 년간 한국 기독교를 둘러싼 평화의 도전과 응전이 무엇이었는지를 살펴보고자 한다. 그리고 이런 도전과 응전의 배후에 있는 평화 담론의 유형과 발전 단계를 검토하고자 한다. 지난 100여 년간 한국의 역사를 세 가지 중요한 정치사회적 변화에 따라 시대 구분을 하고자 한다. 바로 제국주의, 냉전, 세계화이다. 각 시대에 평화 담론이 어떻게 전개되었는지를 살펴보되, 특히 전쟁과 평화와 관련한 기존 담론, 즉 성전(holy war) 이론, 정의로운 전쟁(정당전쟁, just war) 이론, 평화주의(pacifism)와 기존 담론의 한계를 극복하고자 대두된 새로운 담론인 '정의로운 평화'(just peace) 이론의 추세를 살펴보고자 한다.[4] 정의로운 평화론은 평화가 소극적인 전쟁의 부재가 아니라 샬롬(shalom)이라는 온전하고 적극적인 상태를 가리키는 것으로 여기며, 전쟁의 개시와 수행에 관한 정당성(jus ad bellum, jus in bello)은 물론 발발 요인까지 검토하는 것으로, 사회 전반의 '반평화'(反平和)를 점검하는 폭

---

4 기존 담론은 성전, 정의로운 전쟁, 평화주의로 나누는 3분법도 있고, 정의로운 전쟁과 평화주의로 나누는 2분법도 있다. 그리고 정의로운 전쟁은 정당전쟁이라고도 부르지만, 본 논문에서는 정의로운 전쟁으로 통일한다. 정의로운 전쟁이라는 용어를 사용하는 이유는 정의로운 평화란 용어와 대구를 만들기 위한 것이다. Roland Bainton, *Christian Attitudes Toward War and Peace* (Nashville: Abingdon Press, 1960); Jimmy R. Watson, "An Analysis of the Emerging Concept of Just Peace" (Unpublished Ph.D. diss., Baylor University, 1996).

넓은 평화 담론이다.[5]

Ⅱ. 제국주의와 평화

한국의 개국은 서구 제국주의의 절정기에 이뤄졌다. 개국과 더불어 가톨릭교회는 공식적으로 활동을 재개했고, 개신교도 본격적으로 국내에 정착하기 시작했다. 당시는 제국주의의 침략 등 국내외적인 갈등 요소가 많았던 시기였고, 그만큼 평화의 필요성이 절실했다. 이때 한국 기독교의 대응에는 어떤 담론이 담겨졌고 역사적 맥락은 무엇이었을까? 이를 구체적으로 살펴보고자, 아래와 같은 사건들을 주목하고자 한다.

1. 안중근의 동양평화론

안중근은 1909년 10월 26일 중국 하얼빈에서 일본 제국주의의 아이콘이었던 이토 히로부미(伊藤博文)를 저격했다. 당시 안중근을 체포하고 재판하고 처형했던 일본 제국주의는 그를 테러리스트로 규정하였다. 그러나 안중근은 자신을 한국의 군인으로서 전쟁 행위를 단독으로 감행하였다고 주장하였다. 이런 상반된 이

---

5 Watson, “An Analysis of the Emerging Concept of Just Peace”, 1-3; 안교성, “정의로운 평화와 한국 교회”, 139, 주4.

해는 어떤 배경에서 나왔을까? 또한 안중근은 애국지사였을 뿐 아니라 가톨릭 신앙을 가졌던 교인이었다. 그는 자신의 행위를 어떻게 신앙적으로 해석하였을까? 한국가톨릭교회는 당시 어떻게 대응하였고, 이후 어떤 변화를 보였을까?

일본은 근대 국가로 부상하면서 한국을 침략의 대상으로 삼았다. 이에 대한 다양한 입장을 통틀어 '정한론'(征韓論, せいかんろん)이라고 할 수 있지만, 그 내용과 발전 과정은 유구하고 다양하다. 그것이 본격화된 것은 적어도 청일 전쟁부터라고 볼 수 있다.[6] 안중근은 다음과 같은 이유에서 이토 히로부미를 저격해야만 한다고 생각했다.[7] 이에 대해서는 안중근의 『동양평화론』에서 살펴볼 수 있다. 비록 『동양평화론』은 짧고 미완성 작품이지만, 그의 기본 입장을 이해하기에 충분하다.[8]

첫째, 일본은 근대 국가를 형성하면서 서양과 아시아의 관계를 염두에 두었는데, 일본의 태도는 이중적이었다. 한편으로 일본은 서양을 침략세력으로 보면서도 서양과 동일시하고자 하는 태도를 보였는데, 이것은 탈아(脫亞)라고 할 수 있다. 다른 한편으로 일본은 서양과 대립하면서 이를 위하여 아시아가 대동단결해야 한다는 태도를 보였는데, 나중에 태도를 바꿔 아시아를 침략하는 모순을 드러냈다. 이런 일본의 태도의 복잡성이 일본과 이웃 국가 간의 관계에 혼란을 초래했다. 한국의 경우 아시아가 단결해서 서양과 대립하는 것에 대하여 동조하였지만, 이 논리가

---

6 原朗(하라 아키라), 『日淸·日露戰争をどう見るか: 近代日本と朝鮮半島·中國』, 김연옥 역, 『청일·러일 전쟁 어떻게 볼 것인가: 동아시아 50년 전쟁 1894-1945 다시 보기』 (살림, 2015); 中野泰雄(나가노 야스오), 김영광 역, 『일본의 지성이 본 안중근』 (경운출판사, 1984).

7 안중근평화 연구원, 『안중근 유고-안응칠역사·동양평화론·기서』 (채륜, 2016).

8 이태진 외 안중근·하얼빈학회, 『영원히 타오르는 불꽃』 (지식산업사, 2010).

결국 일본의 아시아 침략으로 귀착된다는 사실을 깨닫기까지 상당한 세월과 인식변화가 필요했다. 안중근도 마찬가지였다.

둘째, 두 번째 이유는 첫 번째 이유에서 파생되는데, 안중근이 일본 정부와 이토 히로부미의 역할 분담에 대해 오해했다. 안중근은 일본 정부는 아시아의 단결을 주장하는데 반해, 이토 히로부미가 아시아 특히 한국의 침략을 주도했다고 생각했다. 바로 이런 이유로 해서, 안중근은 이토 히로부미가 일본 천황에게도 잘못을 저질렀다고 고발했다. 물론 이런 인식은 오늘날의 시점에서 보면, 잘못된 것임이 분명하다. 여하튼 안중근은 그의 『동양평화론』에서 동양의 평화를 위해서 아시아의 단결이 필수적이고, 이를 와해하는 주범인 이토 히로부미는 용서받을 수 없는 범죄자라고 주장했다. 아래에서 재론하겠지만, 이런 일본과 아시아 각국 간의 관계에 대한 오해는 일본이 침략의 범위를 동북아시아를 넘어 아시아 전역으로 확대하는 과정에서 '대동아공영권'(大東亞共榮圈)이란 주장으로 재현되었다. 안중근의 『동양평화론』이 작성된 역사적 맥락은 오늘날 동북아시아의 상황에 대한 함의가 크다. 동북아시아는 100여 년 전과 상당히 유사한 상황인데, 중동과 더불어 세계에서 국제적 긴장이 가장 고조된 지역이요, 특히 한중일 간의 영토 분쟁이 해결될 전망이 희박하다. 그렇다면 동북아시아는 동북아시아의 현안에 있어서 단결할 것인지 대적할 것인지에 대해 역사적 교훈을 얻어야 할 것이다.

이제는 안중근의 사건과 신앙에 대해 살펴보자. 안중근은 그의 행동을 하나님의 뜻에 맞는 정의로운 것으로 파악했다. 황종렬은 이에 대하여 '천명' 인식이라고 표현했다.[9] 안중근은 전쟁과 평화에 대해 전체적으로 평화를 주장하지만, 그것을 구현하기 위한 행동은 정의로운 전쟁론과 연계되었다고 볼 수 있다. 특히 안중근이 자신의 행동을 신앙적 행동이라고 본 점에서는 성전론의 측면도 나타난다. 그런데 안중근이 전쟁의 개시와 수행만이 아니라, 전쟁의 발발 요인까지 주목했다는 점에서 20세기 후반에 대두된 정의로운 평화론이 예기된다.

안중근 사건에 대한 한국가톨릭교회의 입장은 변화하였다. 사건 당시 한국가톨릭교회의 대표적 지도자는 외국인 선교사 뮈텔(민덕효, Mutel) 주교였다. 그는 안중근이 가톨릭교인이라는 사실조차 인정하려 하지 않았고 성사까지 금지하였다. 그러나 안중근과 친밀한 관계에 있었던 빌렘(홍석구, J. Wilhelm) 신부는 주교의 명령에도 불구하고 그의 마지막 자리를 함께 하다가 결국 주교의 징계를 받았다. 한편 20세기 후반인 1997년 1월 11일에 한국가톨릭교회의 상징이었던 한국인 김수환 추기경은 안중근·안명근 세례 100주년 기념 미사를 드리면서, 이 사건에 대하여 "개인적인 미움의 표출이 아니라, 나라와 민족의 유린된 존엄성과 자유를 되찾기 위한 의거"라고 민족주의적 관점에서 재해석했다.[10] 서명훈은 김수환의 또 다른 언급과 관련하여, "순국한 지 83년 만에 천주교신자로서의 권리를 되찾게 되었다"고 표현했다.[11] 이런 움직임들은 20세기 후반 한국가톨릭교회 내에서 안중근 사건을 민족주의적 관점에서 보려던 노력이었다. 한편 일본 기독교

9 황종렬, 『신앙과 민족의식이 만날 때: 안중근 토마스의 이토 히로부미 저격에 대한 신학적 응답』 (분도, 2000), 93-114.

10 김수환추기경전집편찬위원회, "안중근 의사의 삶", 『김수환 추기경 전집 8권』 (가톨릭출판사, 2001), 563-65. 인용은 564.

11 서명훈, 『안중근의사 하얼빈에서의 열하루(安重根在哈尔滨的11天)』 (하얼빈: 흑룡강미술출판사, 2005), 263. 이로 보아, 김수환이 1993년에도 안중근에 대하여 유사한 언급을 했을 것으로 보이는데, 서명훈은 구체적인 전거는 들지 않는다.

는 일본의 한국 침략 과정에 있어서 전반적으로 친정부적인 자세를 드러냈고, 심지어 이 과정을 이스라엘의 가나안 점령과 같은 기회로 간주하였다.

2. 제1차 세계 대전과 선교사의 참전

제1차 세계 대전은 주로 유럽에서 벌어진 전쟁이지만 전 세계에 걸쳐 큰 영향을 미친 세계사적 사건이었다.[12] 특히 일본은 청일 전쟁, 러일 전쟁에 이어 제1차 세계 대전을 통하여 세계의 5대 강국으로 발돋움하였다. 특히 주목할 것은 제1차 세계 대전에 선교사들이 참전했다는 사실이다. 선교사의 참전 상황은 각국에 따라 다양하게 나타났다. 가령 프랑스는 모든 선교사들이 전쟁 발발과 동시에 징집되었고, 영미권 국가들은 전반적으로는 징집으로 나갔지만 국가별로 구체적인 양상은 달랐다.[13] 그리고 선교부 내부의 구체적인 참전 과정을 들여다보면 복잡한 측면이 없지 않았다. 가령 정병준은 호주장로교의 경우 선교부 총무와 재한 선교사들 중 일부가 참전한 이유에 대하여 다음과 같이 추정하였다. 한편으로는 선교사가 개인적 차원에서 의무를 다해 애국심을 보일 때 선교에 긍정적인 이미지를 줄 수 있었고, 다른 한편으로는 선교 현장의 인력 부족을 가중시켜 선교 전선을 약화시킬 수 있었다.[14] 이런 맥락에서 선교부 총무인 패튼(F. H. L. Paton)은 상

---

12 안교성, "재한서구개신교선교사와 제1차 세계 대전", 「신학연구」 65 (2014), 195-227.

13 위의 논문, 198.

징적인 의미에서 군목으로 복무하였다.[15] 그러나 전반적으로 말해, 선교사들은 전쟁에 적극 참여하였고 승전을 위하여 기도하는 모습을 그들이 선교하던 동북아시아의 기독교인들에게 보여주었다. 이것은 정의로운 전쟁론을 웅변적으로 홍보하는 결과를 낳았다. 당시 서구에서는 전쟁 중과 전후에 반전을 주창하는 평화주의가 대두되기 시작하였지만, 그 내용은 동북아시아에는 상대적으로 상세하게 전파되지 못했다. 따라서 동북아시아에서 기독교인을 비롯한 국민들이 전쟁에 임할 때, 그들이 전거로 삼을 수 있는 것은 정의로운 전쟁론이 될 것은 당연한 일이었다. 더구나 성전론과 정의로운 전쟁론 간의 경계는 미묘해서, 전쟁이 격화될수록 정의로운 전쟁론은 쉽사리 성전론으로 비화되었다. 제1차 세계 대전 종전에 즈음하여 이미 성전론이 강력하게 대두되었고, 제2차 세계 대전에서는 더욱 강화되었다. 특히 일본은 제2차 세계 대전에 참전하면서, 그 전쟁을 성전으로 규정하여 일본 본토는 물론 식민지까지 성전에 동원하였다. 이런 태도는 오늘날까지 야스쿠니 신사 참배라는 동북아시아의 민감한 정치외교적 문제로 이어지고 있다.

3. 3·1 독립운동과 비폭력 저항

14 정병준, 『호주장로회선교사들의 신학사상과 한국선교, 1889-1942』 (한국기독교역사연구소, 2007), 235-36.

15 위의 책, 236.

기독교가 한국의 대표적인 사건인 3·1 독립운동에 참여함으로써 몇 가지 중대한 결과를 낳았다. 첫째, 민족사적인 사건에 종교간 연대가 이뤄졌다. 둘째, 기독교가 3·1 독립운동의 정신에 비폭력 저항(non-violent resistance)의 정신이 포함되게 했다.[16] 비폭력주의는 제1차 세계 대전을 중심으로 본격적인 평화주의가 대두되기 전부터, 톨스토이 등을 통해 확산되기 시작하였다. 비폭력주의의 대표적인 흐름은 톨스토이, 간디, 마틴 루터 킹 등으로 이어진다.[17] 그런데 영국인의 양심을 자극하여 상당한 성과를 거두었던 인도의 경우와는 달리, 한국의 경우는 일본 제국주의의 무자비한 탄압을 받았고 이로 인하여 일본 제국주의의 폭력성이 노출되는 계기가 되었다. 비폭력주의는 3·1 독립운동과 그 정신에 큰 족적을 남겼음에도 불구하고, 이후 격동의 한국 근현대사 속에서 제대로 자리잡지 못했다.

3·1 독립운동과 관련하여 몇 가지 더 생각할 것이 있다. 첫째, 1919년 베르사유 평화회의는 명칭과는 달리 강대국이요 승전국인 소수 국가 중심의 평화만이 보장된 회의였다. 이 회의는 한편으로는 막연한 기대를 통해 3·1 독립운동을 촉발하였으나, 다른 한편으로는 회의에 대한 실망감으로 인해 중국의 5·4 운동을 초래하였다. 5·4 운동은 중국 기독교의 역할이 제한적이었고, 3·1 독립운동보다 더 과격한 양상을 나타냈다고 볼 수 있다.

---

16 3·1 독립운동에 참여했던 타종교도 비폭력을 강조하였다. 가령 천도교는 1919년 "1월 20일에는 독립운동을 대중화, 일원화, 비폭력의 3대 노선에 입각해서 추진한다는 방침을 결정했다." 남시욱, 『한국보수세력연구』 (증보판; 청미디어, 2011), 110. 또한 다음 논문을 참조할 것. 이덕주, "3·1만세운동과 기독교: 준비단계에서 이루어진 종교연대를 중심으로", 『3·1운동 100주년 기념준비 학술심포지움: "3·1만세운동과 종교계"』 (자료집; 서울 태화빌딩 지하 대강당, 2017.02.23.), 112.

17 John Howard Yoder, *Nonviolence: A Brief History* (Waco: Baylor University Press, 2010).

둘째, 3·1 독립운동과 비슷한 시기에 발생한 러시아의 10월 혁명은 전 세계 특히 식민지의 지성인과 민중을 자극했다. 서구는 19세기 중반부터 공산주의와 사회주의가 대두되었고, 이런 도전에 대하여 기독교는 사회복음운동(기독교사회주의 혹은 종교사회주의)이라는 온건한 응전을 하였다. 한국기독교에 대한 영향이 컸던 미국 기독교는 20세기 초 사회 문제를 다룬 신조들을 내놓았고, 한국에도 1930년대에 유사한 움직임이 있었다. 가령 1931년 미국의 사회복음주의자 월터 라우쉔부쉬(Walter Rauschenbusch)의 『기독교와 사회 위기』(Christianity and the Social Crisis)가 번역되는 등 움직임이 있었지만, 일본의 반공 정책과 한국 기독교의 신학 논쟁으로 인하여 활성화되지 못했다. 그 결과 노동 문제를 제대로 해결하지 못했고, 공산주의에 대한 온건한 응전인 사회복음운동을 활용하는 기회를 놓쳤다. 이와는 대조적으로, 일본은 가가와 도요히코(賀川豊彦)라는 걸출한 기독교사회주의자를 배출하였다. 그는 운동을 전개하면서 비폭력 저항을 채택하였다. 그러나 한국에는 그런 인물이 나올 수 있는 상황이 아니었다. 왜냐하면 제국주의의 맥락에서, 일본의 공산주의자나 사회주의자는 반사회사범으로 취급되었지만, 식민지 한국에서는 반사회사범을 넘어서 반국가사범 즉 정치범으로 취급되었기 때문이다.[18]

18 이런 점에서 최근 한국 기독교에서 협동조합과 관련하여 가가와에 대한 관심이 재연되는 것은 금석지감이라고 하겠다.

4. 일본 제국주의와 대동아공영권

일본 제국주의는 아시아로 본격적으로 진출하면서 제국주의에 대한 독특한 논리를 내놓았다. 곧 서구 제국주의는 침략이지만 일본 제국주의는 해방이라는 논리다. 즉 일본은 서구 특히 미국의 침략에 대하여 아시아의 대동단결을 주장하였고, 일본의 아시아 침략을 해방으로 미화하였으며, 일본의 아시아에 대한 패권을 대동아공영권이란 말로 호도하였다. 일본이 주장한 대동아공영권은 결국 전쟁을 통해 제국의 평온을 가져왔던 '로마의 평화'(Pax Romana)의 일본판인 '일본의 평화'(Pax Japonica)라고 할 수 있다. 이런 점에서 패전 이후 일본의 전쟁을 원천적으로 봉쇄한 헌법을 '평화헌법'이라고 부른 것은, 같은 단어를 쓰면서도 정반대의 상황을 지시한다는 점에서 아이러니가 아닐 수 없다.

일본은 서구 제국주의의 식민지였던 곳을 침략하면서 동시에 친일 정부를 형성하였다. 그리고 일본과 이런 친일 정부들을 포괄한 범(凡)아시아적 기구를 결성하는 등 대동아공영권을 과시하려고 하였다. 그러나 위에서도 언급하였듯이, 이런 평화는 평화 개념 자체를 전도시키는 것이다. 즉 이런 조치는 침략 행위의 미화를 넘어서서 평화 개념 자체를 혼돈에 빠뜨림으로써 평화 담론의 발전을 크게 저해했다. 이런 맥락에서 당시 일본 제국주의의 중심이라고 할 수 있는 일본 본토의 일본 기독교는 평화 담론을 계발하거나 지지하지 못했고, 오히려 성전론의 대표적인 주창자가 되었다. 일본 식민지의 기독교의 형편은 말할 것도 없었다. 일본 기독교는 스스로는 물론이고 식민지 기독교를 전쟁에 동원할 뿐 아니라, 나아가 일본의 영토로 새롭게 편입되는 아시아 각국에 선교단을 보냄으로써 침략 및 전쟁 동원에 앞장섰다. 이런 선교단들은 일본 제국주의의 지원을 받았을 뿐 아니라 많은 경우는 일본 제국주의의 침략 도구가 되기도 하였다. 이것은 전형적인 제국주의적 선교였을 뿐 아니라, 가장 폭력적인 선교 형태 가운데 하나였다. 이것은 기독교와 선교가 정치적으로 이용될 수 있다는 중요한 역사적 교훈을 남겼고, 전후 교회의 전쟁 책임이란 문제를 제기하였다.[19]

5. 세계평화기도회와 태평양전쟁

제2차세계 대전과 평화의 역설적인 관계를 극명하게 보여주는 또 하나의 사례가 있는데 그것은 세계평화기도회 중단 및 선교사 추방이다. 사건의 전개는 다음과 같았다. 세계 기독교인들은 전 세계 교회의 일치와 인류의 평화를 위하여 오랫동안 세계평화기도회라는 형식의 연례기도회를 이어왔다. 이 기도회는 오랜 관행이었음에도 불구하고 극한으로 치닫는 전쟁 상황 속에서 새로운 의미로 해석되었다. 즉 일본 본토 및 식민지를 전쟁으로 몰아넣던 일본 제국주의의 관점에서 평화를 위한 기도는 곧 반전 행위였다. 물론 일본 제국주의가 이 기도회에 대하여 익히 알고 있었기 때문에, 이 사건은 선교사를 추방하기 위한 빌미로 작용

19 韓晳曦(한석희), 『日本の滿洲支配と滿洲傳道會』 (일본의 만주지배와 만주전도회) (東京: 日本基督教団出版局, 1999).

하였다. 그러나 이 사건은 평화가 반전으로 이해되고 나아가 박해받는 사례인 셈이다. 이것은 평화가 평화로운 상태보다는 고난과 박해 가운데 진행된다는 것을 단적으로 보여준 대표적인 사건이다.

일본은 세계평화기도회의 내용을 검토하면서 평화를 위해 기도하였다는 이유로 당시 기도회를 주도했던 선교사를 검거했다. 이런 검거는 재한 서구 선교사들의 검거 및 추방으로 이어졌다. 선교사의 추방은 몇 차례에 걸쳐 나눠졌고, 선교 재산을 지키기 위한 최소한의 인원이 마지막까지 남았지만 결국 모두 추방되고 말았다. 당시 추방되었던 선교사들 중 참전이 가능했던 선교사들은 제2차세계 대전에 참전하였다. 제2차세계 대전은 일본 제국주의의 멸망을 가져왔고, 그 결과 한국의 해방을 가져왔다. 따라서 한국인들과 직접적인 관련성이 적었던 제1차 세계 대전과는 달리, 제2차세계 대전과 선교사의 참전은 대체적으로 긍정적으로 평가되어왔다. 그러나 이것은 평화 담론의 관점에서는 긍정적이라고만 평가하기 어렵다.

Ⅲ. 냉전과 평화

제2차세계 대전은 전 세계의 판도를 바꿔놓는 획기적인 사건이었다. 무엇보다도 제국주의의 종식을 가져왔다. 제국주의의 종식은 연합군의 경우는 다소 지연되었지만, 패전국의 경우는 종전과 더불어 급격하게 진행되었다. 이것은 새로운 정치 지형의 도래를 의미하기도 하였으니, 곧 냉전의 대두였다.[20] 따라서 20세기 후반은 냉전이라고 하는 거대한 맥락 가운데 진행되었고, 이것은 평화 담론의 발전과 해석에 있어서도 마찬가지이다.

1. 전쟁과 폭력

냉전은 그 말 자체가 상징하듯이 전쟁이다. 따라서 냉전은 기본적으로 전쟁의 관점에서 세계를 보고 행동하는 논리라고 할 수 있다. 냉전 시대의 대표적인 사건들은 전쟁과 혁명이다. 특히 제국주의 치하에 있었던 식민지 국가들은 종전과 더불어 여러 가지 과제를 안게 되었다. 곧 정치적 독립을 이루는 정치적 해방, 민주사회를 형성하는 사회적 해방, 산업화와 복지를 추구하는 경제적 해방이었다. 이것을 추진하는 과정이 급속도로 진행됨에 따라 구(舊)식민지 국가들은 전쟁이나 혁명, 혹은 두 가지 모두를 경험하였다. 따라서 구식민지 기독교는 기독교를 전파한 서구 기독교의 평화 담론을 비판하던 입장에서 스스로의 평화 담론을 구성해야 하는 과제를 안게 되었다. 그렇다면 동북아시아의 기독교, 특히 한국 기독교는 어떤 담론을 형성했을까?

1) 한국 전쟁과 평화

20 Owen Chadwick, *The Christian Church in the Cold War* (London: Penguin Books, 1992).

미국은 한국의 독립과 더불어 이중적으로 해방군의 모습으로 나타났다. 미군은 일본의 패망과 더불어 한국에 진주하면서 해방군의 모습을 과시하였고, 한국 전쟁에 참전해 수많은 사상자를 배출함으로써 혈맹의 모습까지 드러냈다.[21] 당시 해방, 분단, 전쟁 등으로 이어지는 국가적 혼란 가운데 평화 담론이 발전하기에는 한국 상황은 매우 척박하였다. 해방 정국에서 이데올로기 갈등은 비등했고, 마침내 한국 전쟁이 발발했다. 따라서 이데올로기 갈등을 폭력으로 해결하려는 태도가 만연했다. 전전, 전쟁 중, 전후에 벌어졌던 수많은 폭력적 사건들 가운데 아직까지 진상규명이나 기억의 화해가 제대로 이뤄지지 않은 것이 상당수이다.

더구나 전선이 한반도 전역에 걸쳐 남단에서 북단까지 오가는 동안 전쟁 피해자는 군인뿐 아니라 민간인을 포함하게 되었다. 이에 따라 한국 전쟁은 단순한 군사적 사건을 넘어 민간인의 의식까지 바꿔 놓은 복합적인 사건이었다. 소위 '전쟁 심리'를 한 민족의 뇌리에 깊게 새겼다. 이것은 전쟁에 대한 극도의 불안과 갈등 상황 속에서 상대방을 적으로 보는 심리라고 요약할 수 있을 것이다. 남북한은 전전에도 각각 북진통일과 적화통일이라는 무력통일방안을 고집했고, 전쟁 중과 전후에도 그런 입장을 고수했으며, 그 결과 전쟁이 평화협정이 아닌 정전협정으로 마무리되어 전시 상태가 현재도 유지되고 있다.

전쟁과 관련하여 한국 기독교가 전쟁과 평화에 관한 담론에 남긴 역사적 유산이 다양하다. 첫째, 미군의 이미지는 기독교와 중첩되었다. 전쟁구호를 담당했던 주된 세력들도 바로 국내외의

---

21 일부 선교사와 선교사 자녀들은 직접 참전하였다. H. G. Underwood, *Korea in War, Revolution and Peace*, 주장돈 역, 『한국 전쟁, 혁명 그리고 평화』(연세대학교출판부, 2002).

기독교였다. 따라서 기독교는 전쟁의 참상을 위로하는 반전적인 양상도 있었지만 전쟁을 극복하려는 적극적인 모습을 보였다. 둘째, 선교사들이 군목이 되어 한국 전쟁에 참여하였고 특히 포로 선교를 주도하였다. 포로 선교는 포로들에게 신앙의 기회를 주는 등 인도적인 측면도 있었지만, 북한과 중국의 적지 않은 포로들이 한국과 대만을 택하는 반공 포로가 됨으로써 공산주의에 대한 자본주의 내지 기독교의 우월성에 대한 선전의 효과가 컸다. 한국 기독교는 공산주의가 소개된 이래 선악 이원론 및 악마론의 관점에서 해석하였다. 그 결과 공산주의에 대한 전투적 자세가 강화되었다. 이런 맥락에서 한국의 반공주의는 매우 호전적인 성격을 띠게 되었다. 셋째, 한국 기독교는 군목 제도를 실시하였다. 군목 제도란 원래 국가교회가 존재하거나 기독교전통이 사회의 주류를 이룰 경우에 가능한 제도이다. 당시 한국은 기독교 보급률이 낮았으나 군목 제도를 실시하였다. 최초에는 자원봉사 형태로 시작되었다가 점차 정식 군목이 되었다. 평화 담론과의 연관성 가운데 언급할 것은 군목 제도는 원칙적으로 정의로운 전쟁론을 기정사실화하는 제도라는 점이다. 따라서 이 제도는 한국 기독교의 정의로운 전쟁론을 더욱 공고히 하는 계기가 되었다. 이후 한국이 베트남 전쟁에 참전할 때는 정의로운 전쟁론을 넘어 성전론이 나타나기 시작했다. 한 가지 증거는 백마부대 산하 임마누엘부대가 지휘관과 병사 등 전 부대원을 기독교인으로 구성한 경우이다.[22] 당시 한국 기독교는 세계의 반전·평화운동에 강한 거부감을 엿보였다.[23]

---

22 류대영, 『한국근현대사와 기독교』 (푸른역사, 2009), 277.

23 위의 책, 281-96.

한국 전쟁과 관련하여 동북아시아의 지역적 맥락에서 언급할 것이 있다. 중국은 항미원조(抗美援朝)라는 기본 노선에 따라, 의용군의 형식으로 한국 전쟁에 참전하였다. 참전은 중국 내의 지지 여론과 더불어 진행될 수밖에 없었다. 당시 중국 기독교는 중국의 공산화 이후 새로운 변모를 꾀해야만 했다. 중국 기독교는 삼자애국교회라는 형태를 취했는데, 삼자(三自)는 이미 오랜 역사를 가지고 있었지만, 애국(愛國)을 새롭게 강조할 필요가 있었다. 그런 애국을 발휘할 수 있는 중요한 계기가 바로 한국 전쟁에 대한 지지였다. 이 자리에서 중국 기독교와 참전의 관계에 대한 정치사회적인 평가는 제외하고, 평화 담론과 연관하여 강조할 사실은 현대 중국 기독교의 재출발이 전쟁 지지와 밀접하게 연관될 수밖에 없었다는 것이다.

2) 핵과 평화

핵 문제는 주로 제1세계와 제2세계인 서구와 동구 간의 대립 형태로 나타난 유럽형 갈등이었다. 그러나 핵확산에 따라, 핵 문제는 전 세계적인 문제가 되었다. 핵 문제는 두 가지로 요약할 수 있다. 곧 핵무기와 핵오염이다. 핵오염은 주로 원자력 발전과 관련되지만, 원자력 발전 기술과 핵무기 기술은 연속선상에 있다는 점에서 궁극적으로 양자는 밀접하게 연결되어 있다.

핵 문제를 다룰 때 일본을 제외할 수 없다. 일본은 핵이 개발된 이후, 세계적으로 발생된 핵 관련 참사의 대부분과 연관되어 있다. 핵무기 투하로 인한 일본 히로시마 및 나가사키 피폭, 미국 비키니제도에서 벌어진 핵실험에 의한 일본 어선 오염, 우크라이나 체르노빌처럼 일본 후쿠시마에서 벌어진 핵발전소 붕괴로 인한 핵오염 등이다.[24] 따라서 일본 정부 및 일본 기독교는 핵 문제에 대해 민감한 반응을 보였다. 특히 일본 기독교는 동북아시아에서 거의 예외적이라고 할 정도로, 핵 문제 곧 반핵 및 비핵화에 대하여 적극적인 입장을 취해왔다. 이런 예외성이야말로 동북아시아의 기독교가 얼마나 당면 과제를 제대로 인식하거나 대처하지 못했는가를 단적으로 말해주고 있다. 가령 한국 기독교에서도 베트남 전쟁 당시 핵 문제에 대한 논의도 있었으나, 전반적인 영향을 미치지는 못했다.[25]

한국은 최근 들어 핵 문제에 관심을 갖고 있다. 한국은 이미 핵발전소를 다수 보유한 국가이지만, 최근 북핵 문제로 인하여 매우 예민한 상황이다. 그런데 한국과 핵 문제의 관계는 훨씬 이전으로 소급된다. 한국은 일본과 더불어 히로시마와 나가사키 피폭의 피해 당사국이다. 그러나 일본 잔재 청산이 미흡하고 재일교포 환국이 미비함으로 인하여, 이 문제는 제대로 조명받지 못했다. 따라서 관련 사실에 대한 역사 규명이 필요하고, 한국의 핵 문제가 최근의 일이 아님을 환기시킬 필요가 있다. 여하튼 한국 기독교의 핵관련 담론은 초보 단계에 머물러 있다. 한편 중국 기독교도 아직은 핵 문제에 대해 적극 발언하는 단계는 아니다. 따라서 동북아시아의 핵관련 평화 담론은 전반적으로 매우 부진하다.

그렇다면 핵 문제에 특별히 관심을 가져야 할 이유는 무엇일

---

24 안교성, "후기세월호신학 혹은 한국적 후기재난신학 구성에 관한 한 소고-9·11, 쓰나미, 세월호 사건을 중심으로", 「장신논단」 48-1 (2016. 3), 66, 주21.

25 류대영, 『한국근현대사와 기독교』, 296.

까? 위에서도 언급했듯이, 정의로운 전쟁론은 전쟁 개시와 전쟁 수행의 정당성이 확보되어야 한다. 그러나 전면적이고 무차별적인 파괴를 초래하는 핵무기의 등장으로 인해, 더 이상 정의로운 전쟁론은 무색해졌다. 이런 맥락에서 새로운 전쟁과 평화에 관한 담론, 즉 정의로운 평화론이 등장하게 된 것이다.

2. 혁명과 폭력

기본적으로 전쟁이 국가 간의 갈등이라면 혁명은 국내의 갈등이라고 할 수 있다. 제2차 세계 대전 종전 이후 특히 비서구 국가에서 급격한 국가 발전 혹은 국가 재건의 과정에서 폭력적인 해결 방안으로 혁명이 대두되곤 하였다. 혁명이 보편화됨에 따라 아시아에서는 '혁명신학'이 나올 정도였고, 혁명이라는 개념이 정치를 넘어서 다양한 분야의 현상을 설명하는 유행어가 되기도 하였다. 그렇다면 혁명과 평화 담론은 어떤 관계가 있는 것일까?

한국은 1960년대 세계적으로 일어난 급격한 변화가 그 어느 나라보다 두드러지게 나타난 국가였다. 이것은 두 차례의 급격한 정치 변화로 대변될 수 있다. 하나는 1960년 이승만 정부의 독재를 종식시킨 4·19 혁명이고, 다른 하나는 1961년 조국 근대화를 주창하고 나섰지만 또 다른 독재로 마감된 5·16 군사정변이다. 4·19 혁명은 역사적 의의에도 불구하고 단명하였기 때문에 실질적인 영향이 제한적이다. 그러나 5·16 군사정변은 집권 세력이 약 20년간 유지되었기 때문에 다방면에 영향을 미쳤다. 5·16 군사정변은 군사적 사건이었음에도 불구하고 전개 과정에서 큰 인명 피해 없이 이뤄졌지만, 박정희 전 대통령의 일생이 측근의 총격에 의한 시해라는 폭력적 사건으로 종식됨에 따라 군사정변의 근본적인 폭력성이 다시금 부각되었다. 평화 담론의 관점에서, 5·16 군사정변은 한국 사회 전반에 군사 문화와 폭력 성향을 강화시키는 결과를 가져왔다.

20세기 후반의 독재는 한국 사회의 가장 심각한 갈등문제였다. 사회 각층에서 반발이 이어졌지만, 한국 기독교를 제외한 세력들은 대부분 무력화되었다. 한국 기독교는 독자적인 공간을 통해 저항 세력이 존재할 수 있게 하였고, 세계적 연대를 통해 압박을 극복해나가면서 저항 운동을 유지할 수 있게 하였다. 그러나 저항에 나선 것은 다수가 아닌 소수였다. 그렇다면 그 배경은 무엇이었을까? 먼저 독일의 독재자 히틀러에 대한 디트리히 본회퍼(Bonhoeffer)의 저항 사상은 20세기 후반 한국에 소개되어 유행했지만, 실질적인 담론으로 정착하지 못했고 폭력적 저항이 표출된 경우도 거의 없었다. 또한 개혁신학 가운데 독재에 항거하기 위한 무력 사용을 허용하는 저항권 사상이 있는데, 혁명에 있어서 정당한 폭력의 문제를 제기한다. 그러나 한국에서 유럽형 종교개혁 사상의 전달이 상대적으로 부진했던 당시로서는 저항권 사상도 충분히 소개되지 못했다. 한편 함석헌은 평화주의의 주된 전달자 역할을 했다.[26] 함석헌은 다양한 기독교적 배경을 지닌 인물로, 이후에는 퀘이커교도가 되었다. 퀘이커교는 영국기독교 내 소수 종파로, 최초에는 극단적인 비국교도 종파로 두각을 나타냈

---

26 김삼웅, 『저항인 함석헌 평전: '싸우는 평화주의자' 함석헌의 거대한 생애와 사상』 (현암사, 2013).

지만 점차 평화주의의 특징이 두드러졌다. 퀘이커교는 오늘날 메노나이트파와 더불어 기독교 평화 담론의 주요 세력이다. 그러나 한국 기독교는 전통적으로 주류 교단에 관심을 표하는 성향이 있기에, 함석헌의 신학적 영향력은 크지 못했다. 그 결과 함석헌은 개인적으로는 노벨평화상 후보로 추천될 정도로 중요한 인물이었지만, 그의 기독교 평화주의는 크게 유행되지 못했다. 결국 당시 한국 기독교는 저항권 사상도 평화주의도 확고하게 자리잡지 못했던 것이다.

한국의 민주화 운동에 있어서 동북아시아의 지역적 맥락에서 빼놓을 수 없는 것은 바로 일본 기독교의 협력과 연대이다.[27] 핵 문제의 경우, 한국 기독교의 핵 담론이 상대적으로 부진함에 따라, 양국 기독교의 공조는 두드러지지 못했다. 한편 민주화 운동은 양국 기독교의 관심사였기에 양국 기독교의 연대가 괄목할 만하였다. 일본은 제2차 세계 대전 당시의 호전적 기독교의 인상을 불식하고 전쟁 책임 문제를 담당하기 위하여 평화주의자 및 사회적 양심의 정체성을 강조하였다. 이런 정체성이 한국 민주화 운동에 대한 적극적 지원자 역할을 가능하게 했다.[28]

---

27 日本キリスト教団白人町教會(일본그리스도교단백인정교회) 편, 『東アジアの平和とキリスト教: 日韓教會連帶の20年』(동아시아의 평화와 기독교: 일한교회연대의 20년) (東京: 新教出版社, 1999).

28 일본 기독교 및 세계 기독교가 한국 민주화 운동에 기여한 바에 대한 연구는 아직도 미개척 분야이다.

Ⅳ. 세계화와 평화

20세기 말 세계를 규정하는 단어 가운데 대표적인 것은 세계화이다. 한국도 1994년 김영삼 대통령의 세계화 선언에 따라 공식적으로 세계화 담론에 편입되었다. 세계화는 최근 연구 결과에 따르면, 획일적 세계화 혹은 서구적 세계화가 아니라 다양한 세계화가 가능하다. 즉 세계화가 아니라 '세계화들'(globalizations)을 말해야 한다는 것이다.[29] 세계화는 세계를 그 어느 때보다 긴밀한 하나의 사회로 만들었지만, 그 과정에서 갈등도 엄청나게 폭증하였다. 세계화를 보는 담론은 크게 두 가지이다. 하나는 사무엘 헌팅턴의 갈등 모델이고, 다른 하나는 대화 모델이다.[30] 또한 20세기 후반부터 정치보다 정체성 혹은 문화가 사회의 주요 변동 요인이고, 이에 따라 갈등은 다양화하고 있으며, 평화의 요구와 새로운 평화 담론의 필요성은 더욱 커져간다.

정의로운 평화론은 정의와 평화의 관계에 주목하며, 전쟁과 같은 사태가 초래되는 비윤리적인 상황을 폭넓게 주목한다. 정의로운 평화론은 이미 1970년대부터 등장하였지만, 오늘날 각광받기 시작했다. 가령 지미 왓슨(Jimmy R. Watson)에 의하면, 정의로운 평화라는 용어를 가장 먼저 사용한 학자는 맥스 스택하우스(Max

---

29 Grace Davie, *The Sociology of Religion*, rev. ed. (LA: Sage, 2013); 김성건, 『글로벌 사회와 종교』 (서울대학교출판문화원, 2015).

30 세계화 시대를 주도하는 미국 대통령을 비유하면, 부시형의 갈등 모델과 오바마형의 대화 모델이다. Miroslav Volf, *A Public Faith*, 김명윤 역, 『광장에 선 기독교: 공공신학이란 무엇인가?』 (IVP, 2014), 197.

Stackhouse)이고(1971년), 가장 먼저 공식문서로 다룬 교회는 스코틀랜드 장로교회이다(1975년).[31] 한국에서도 존 매쿼리(John Macquarrie)의 『평화의 개념』(The Concept of Peace)이 이미 1980년에 번역되었다.[32] 정의로운 평화론이 다루는 영역은 상당히 넓지만, 그 중에서 동북아시아와 관련된 주요 주제들을 살펴보기로 하자.

1. 동구 공산권의 몰락과 평화(신자유주의의 대두와 평화)

동구 공산권의 몰락은 냉전의 종식을 의미했다. 그러나 이와 동시에 두 가지 큰 변화가 일어났다. 하나는 구공산권 국가의 변화요, 다른 하나는 냉전을 대신한 새로운 분쟁의 대두다. 전자는 구공산권 국가의 회복이 여전히 완전하게 이뤄지지 않았음을 보여주고, 후자는 중동의 이슬람 국가(IS) 등 종교 갈등이 전 세계적인 관심거리가 되고 있음을 보여준다.

동북아시아의 경우, 이데올로기 대립이 여전하다. 한반도 문제를 해결하기 위한 6자 회담의 당사국들까지 고려하면, 정치 지형도는 더욱 복잡하다. 한국은 동구 공산권의 몰락에도 불구하고 건재한 두 개의 공산 국가와 이웃하고 있고, 이 두 공산 국가는 공산주의의 새로운 실험을 계속해 나가고 있다. 그 결과 동북아시아에는 한편으로 중국과 북한이라는 공산 국가의 축이, 다른 한

---

31 Watson, "An Analysis of the Emerging Concept of Just Peace", 108, 174-75.

32 왓슨은 매쿼리의 평화신학이 비록 정의로운 평화라는 용어는 사용하고 있지 않지만 내용상 유관하다는 입장이다. John Macquarrie, *The Concept of Peace*, 조만 역, 『평화의 개념』(대한기독교서회, 1980).

편으로 일본과 한국이라는 자본주의 국가의 축이 마주하면서, 대립과 병존의 관계를 유지하고 있다. 북한 문제는 동북아시아를 넘어 세계적인 분쟁의 소지가 되고 있는데, 한국은 대북 관계에서 경색 국면을 근본적으로 타개하지 못하고 있다. 한국은 남북 대치 속에서, 현실적으로는 평화 담론이 더 절실하지만 이념적으로는 대결 담론이 더 우세한 혼란을 겪고 있다. 물론 이를 불식하기 위한 노력들도 활발하다. 가령 대한예수교장로회(통합측)는 최근 "북한선교 및 평화통일 운동에 관한 지침서"를 마련하였다. 이것은 통일 문제에 있어서, 선교와 더불어 평화의 담론이 확산된다는 증거이다. 한편 러시아와 미국을 살펴보면, 러시아는 여타 구공산권 국가와 마찬가지로 신자유주의적 국가재건 프로그램에 따라 공산 혁명 이상의 극심한 변화를 겪고 있다. 이를 "시장 볼셰비즘"(market bolshevism)이라 부른다.[33] 그런가 하면, 미국의 신자유주의는 강력한 세계적 이데올로기로 지속적인 힘을 발휘하고 있다.

2. 지역 분쟁(영토 분쟁)과 평화

최근 들어 동북아시아 특히 한반도는 제1차 세계 대전 당시의 발칸반도를 연상할 만큼, 세계의 화약고가 되고 있다. 무엇보다 심각한 문제는 국가 간 갈등 중 가장 해결하기 어려운 영토 분쟁

33 Bertram Silverman and Murray Yanowitch, *New Rich, New Poor, New Russia: Winners and Losers on the Russian Road to Capitalism*, expanded ed. (Armonk: M. E. Sharpe, 2000), xx.

이 핵심 문제로 부상하고 있다는 사실이다. 6자회담 당사국들이 한반도 문제뿐 아니라 상호간의 문제로 인하여 이중삼중으로 대립하고 있다. 이런 맥락에서 동북아시아 4개국, 나아가 6자회담 당사국들이 과연 동북아시아의 갈등을 해결할 수 있을지 의문이고, 각국 기독교도 동북아시아 분쟁에 대하여 설득력 있는 평화 담론을 제시하지 못하고 있다.

지역 분쟁과 더불어 생각할 것은 지역 분쟁은 대부분 과거와 관계가 있고, 따라서 역사 분쟁이기도 하다. 역사는 평화의 도구도 되고 갈등의 도구도 된다. 바로 이런 맥락에서 역사가 평화 담론에서 차지하는 위상과 역할에 대하여 깊은 성찰이 필요하다.

3. 다문화(다민족, 다종교)와 평화

동북아시아도 세계적인 이주 현상을 경험하고, 각국이 급속히 다문화 사회로 바뀌고 있다. 다문화 사회는 다민족, 다종교의 양상을 겸하고 있고, 따라서 새로운 다양성을 지닌 사회가 될 가능성이 있지만 갈등의 소지가 많은 사회가 될 위험도 있다.

먼저 동북아시아의 각국은 전반적으로 단일 민족 혹은 주류 민족 위주의 인종정책이 우세하다. 한국은 이민정책이 초미의 과제임에도 불구하고 다문화 사회로 획기적인 전환을 하지 못하고 있다. 한국 기독교는 다문화문제에 있어서 가장 선두적인 그룹이지만 아직까지 한국 기독교 전체의 방향을 돌리기에는 미흡하다. 특히 재외동포인 재중동포(조선족), 재러동포(고려인), 재일동포,

나아가 국내 정착 북한이탈주민 문제도 제대로 풀지 못해 사회적 갈등이 증가하고 있다. 북한은 아직 국제 이주 문제가 심각하게 나타나기에는 폐쇄적인 사회이다. 중국은 소수 민족의 다양성을 인정하면서도 한(漢)족 중심 성향이 엿보인다. 일본은 단일 민족 도그마가 강해, 아이뉴족, 부라크민 등을 거의 거론하지 않고, 재일 한국인 문제를 백안시하며, 심지어 일본인 교포 2세까지 차별 대우하는 형편이다. 따라서 동북아시아 각국 기독교가 이 분야와 관련된 평화 담론을 계발하는 것이 시급하다.[34]

한편 20세기 전반만 해도 종교사회학의 세속화 이론에 따라 종교 쇠퇴를 예상했고, 기독교의 사회적 영향력도 축소될 것으로 예상했다. 그러나 1979년 이란에 이슬람 혁명정부가 들어서고, 폴란드 추기경이 교황이 됨에 따라 종교 부흥이 세계적으로 유행하기 시작했고, 이에 따라 '재성화'(re-sacralization) 혹은 '탈세속화'(de-secularization)라는 담론이 등장했다. 20세기 후반에 종교들이 근본주의적 형태를 띠면서, 종교 부흥과 정치 세력화 현상을 드러냈다.[35] 기독교의 경우, 이런 맥락에서 등장한 것이 바로 미국의 기독교 우파요 한국의 뉴라이트이다.

한국 기독교 중 개신교는 크게 보아, 보수적인 체제 순응적 입장과 진보적인 체제 저항적 입장으로 나뉜다. 민주화 운동에 앞장섰던 진보 진영은 민주화 운동이 성과를 거둔 뒤, 시민사회 형성의 주도권을 시민사회에 넘기는 결과를 맞았다. 진보 진영

---

34 가령 일본기독교교회협의회와 재일대한기독교회, 세계교회협의회가 협력하여 소수자 문제와 선교에 관한 국제회의(International Conference on Minority Issues and Mission)를 개최하고 있고, 작년 11월 16-17일에는 동경 한국YMCA에서 제3차 컨퍼런스를 열고 일본 우익들이 재일 한국인을 향해 가하는 혐오 언어(hate speech) 문제를 다룬 바 있다.

35 Markku Ruotsila, *Fighting Fundamentalist: Carl McIntire and the Politicization of American Fundamentalism* (Oxford: Oxford University Press, 2016).

가운데 박종화 등 일부 학자들은 평화 담론을 국내에 소개하려는 노력을 경주했으나 큰 반향은 없었다. 한편 보수 진영에는 새로운 두 가지 움직임이 나타났다. 하나는 진보적 복음주의 집단으로 이들은 아직 주도적인 지도력을 발휘하지 못하고, 다른 하나는 뉴라이트 집단으로 이들은 강력한 정치색을 띤다.[36] 특이한 것은 보수 진영은 전통적으로 친정부적인 입장을 보였는데, 뉴라이트 집단은 반정부적인 입장을 보이기 시작했다는 점이다. 이런 현상은 당시 정부와 뉴라이트 집단의 정치적 입장이 상이하거나 보수 진영의 사회적 영향력이 전과 같지 않다는 반증으로 해석할 수 있다. 즉 기독교 우파와 뉴라이트의 등장은 기독교의 정치적 호전성이라는 새로운 국면을 드러냈다. 이런 호전적인 집단들이 기독교 평화 담론에 얼마나 기여할 것인가는 의문이다. 이와 더불어 빼놓아서는 안 될 것은 바로 '이슬람포비아'와 연결된 종교 혐오 내지 종교 갈등이다. 이것도 넓은 의미에서 종교 부흥 현상과 세계화의 관점에서 볼 수 있다. 이런 상황이 쉽사리 성전론과 결부될 가능성은 충분히 예상할 수 있다. 결국 전반적으로 말해, 종전 이후 최근까지 상당 기간 동안 한국에서 평화 담론은 크게 진전되지 못했다.

4. 양극화와 평화(민중담론과 평화)

양극화의 문제가 전 세계적인 주제가 되면서 종교의 역할이

---

36 이강일, "한국 개신교 복음주의운동 연구" (미간행 박사학위논문, 한국학중앙연구원, 2015).

다시금 주목받고 있다. 바로 이런 맥락에서 복지와 종교라고 하는 새로운 주제가 대두되기 시작한다. 그런데 이런 주제가 나오는 것도 중요하지만, 전반적으로 기구적 형태의 종교가 쇠퇴하는 마당에 과연 기독교의 역할이 어떻게 전개될 것인가는 귀추가 주목된다.

양극화와 더불어 주목할 것은 사회가 점차 폭력화된다는 사실이다. 이에 따라 세계교회협의회는 1998년 아프리카 짐바브웨 하라레에서 열린 제8차 총회에서 "폭력 극복 10년"(Decade to Overcome Violence, 2001-2010) 프로그램을 추진하기로 결의하였는데, 이것은 유엔 프로그램인 "세계 아동을 위한 평화와 비폭력 문화 육성 10년"(Decade for the Promotion of a Culture of Peace and Non-Violence for the Children of the World)과 보조를 맞춘 것이다. 즉 세계교회협의회는 사회 각층 각 분야에 도사리고 있는 폭력에 대한 관심을 환기시키고, 이런 관심을 생활방식으로 전환시키고자 한다. 오상열에 따르면, 세계교회협의회는 "2011년 5월 17-25일에 자메이카 킹스턴에서 진행된 '국제에큐메니컬평화회의'(IEPC)에서 〈정의로운 평화에 대한 에큐메니컬 선언〉을 발표하고 이 선언문과 함께 사용하기 위해 『정의로운 평화동행』을 집필"하였다.[37] 이 "두 문서를 집필한 목적은 2001년부터 10년까지 세계적으로 진행한 '폭력 극복 10년' 프로그램을 마무리하는 동시에 정의와 평화의 주제를 부산총회까지 연결하여 총회 이후 세계 교회가 정의와 평화의 주제를 더욱 심화·확산하기 위해서이다."[38]

---

37 World Council of Churches, ed., *Just Peace Companion*, 기독교평화센터 역, 『정의로운 평화동행』 (대한기독교서회, 2013), 7.

38 위의 책.

구체적인 실천을 위해서는 연구, 교육 등이 필요하다.[39] 박경순에 의하면, 한국의 평화 교육은 1959년 평화 교육에 관한 저서가 번역, 출간된 바 있지만, 본격화된 것은 1980년대부터라고 한다. 그리고 그는 한국적 상황에서 통일 관련 연구가 주류를 이루지만, 평화 교육은 전 영역에 걸친 만큼 적어도 다음 주제를 다뤄야 한다고 주장한다. 즉 통일, 다문화 혹은 문화다양성 교육, 생태 교육 혹은 환경 교육, 세대 간 갈등, 성차별, 종교 간 갈등 등이다.[40] 한편 대한예수교장로회(통합측) 등의 교회는 평화와 관련된 에큐메니칼 신학을 교단 정책으로 적극 수용하였다.

5. 생태(생명)와 평화

20세기 후반에 세계 기독교가 관심을 갖는 것이 생명이라는 주제이다. 인류는 과학기술 발달로 인하여 최고도의 발전된 사회를 누리면서 동시에 생태 위기와 지구 종말의 위협을 직면하고 있다. 특히 세계 기독교는 1970년대 이후 환경에 대한 관심을 갖게 되었고, 이것이 '정의·평화·창조질서의 보전' 신학으로 집약되었다.[41] 생태 문제는 지구의 보편적인 문제임에도 불구하고, 문제

---

39 Karl Ernst Nipkow, *God, Human Nature and Education for Peace: New Approaches to Moral and Religious Maturity* (London: Ashgate, 2003).

40 박경순, "한국의 기독교 평화 교육의 연구 경향과 미래적 과제", 「기독교교육논총」 40 (2014), 13-46; Julie Andrzejewski, ed., *Social Justice, Peace, and Environmental Education* (New York: Routledge, 2009).

41 세계교회협의회는 1975년 나이로비 총회에서 '정의롭고 참여적이며 지속 가능한 사회를 위한 노력'(The Struggle for a Just, Participatory and Sustainable Society) 프로그램을 전개했고, 세계개혁교회연맹은 1982년 오타와 총회에서 '정의·평화·창조질서의 보전'을 논하였다. 참조,

양상과 해결 방식에 있어서 기존의 국제적 불평등과 양극화가 반영된다. 즉 선진국은 정의와 평화의 문제는 어느 정도 해결되었기 때문에 생태나 생명과 관련된 창조질서의 보전에 더 관심을 갖고, 중진국과 후진국 등 비선진국은 정의와 평화의 문제가 여전히 미해결된 상태라 이것들에 우선적인 관심을 가진다. 그런데 생태 문제는 비선진국에서 더욱 심각하게 나타나기 때문에, 비선진국이 정의와 평화에 몰두하느라 생태에 관심을 소홀히 하면, 생태 문제는 시간이 갈수록 악화되고 선진국과의 격차도 더 벌어진다.

한국 기독교는 한국기독교교회협의회를 중심으로 환경 문제에 대하여 지속적으로 관심을 표명해왔다. 그러나 관련 분야의 지도자들을 배출하는 등 상당한 기여를 하지만, 한국 기독교가 생태 교회(Eco-church)로서 전반적인 인식 전환을 하고 있는가는 미지수이다. 일본 기독교는 후쿠시마 사건에 대해 재난 극복에 힘썼지만, 반핵 담론을 확산하는 데는 한계를 보였다. 중국 기독교는 환경 오염이 심각함에도 불구하고 아직까지 대사회적 발언보다는 교회 신장 등 주로 교회 내적인 문제에 주력하고 있다. 특히 중국의 경우, 교회 인사들과 별도로 학계 인사들이 신학자층을 구성하는 경향이 있어, 이런 구도에서 교회의 대사회적인 담론 계발과 행동이 어느 정도 활성화할 수 있을지 미지수이다. 그러나 동북아시아의 경우, 핵무기뿐 아니라 후쿠시마 핵발전소 폭발로 인한 핵 오염 및 중국의 공해로 인한 미세먼지 분출 등은 이런 문제들이 국내는 물론 지역적 문제라는 사실을 잘 보여주고 있다.

박경수 편, 『에큐메니즘 A에서 Z까지』 (대한기독교서회, 2012), 134.

6. 평화 교회, 평화 시민, 평화 나라로 나아가기

평화를 만드는 사명을 중시하는 교회는 바로 평화 교회(peace church)라고 할 수 있다. 최근 한국 기독교에서는 다양한 평화의 움직임이 일고 있다.[42] 첫째, 평화 연구가 소규모나마 활발해지고 있다. 둘째, 평신도들이 목소리를 내기 시작했다. 그동안 평화주의 운동은 미약했고, 병역 거부 등은 한국 기독교에서 이단으로 인식되는 종파가 이 문제를 대표적으로 주장함에 따라 주류 교회의 호응을 받지 못했다. 그러나 오늘날 '평신도 신학자'라고 할 수 있는 이들이 수준 높은 발언을 하는데, 관심사 가운데 하나가 바로 평화이다. 이것은 교회의 평화 담론이 다변화하고 있음을 시사한다. 가령 김두식은 기독교 법률가의 입장에서 양심적 병역거부 같은 평화주의의 쟁점에 대하여 자신의 저서를 통해 거듭 주장을 펴고 있다.[43] 셋째, 평화 교회의 정체성을 고수해온 메노나이트파가 1952년부터 1971년까지 한국에서 선교 활동을 하다가 중단했는데, 2016년 한국인이 최초로 메노나이트파 목사로 안수받으면서 활동이 본격화될 것으로 전망된다.[44] 넷째, 영성 작가로 잘 알려진 헨리 나웬(Henri Nouwen)이 적극적인 평화 영성가요 평화 운동가라는 사실이 번역서적을 통하여 한국에 많이 소개되고

---

42 안교성, "정의로운 평화와 한국 교회", 151-56.

43 김두식, 『칼을 쳐서 보습을: 양심에 따른 병역거부와 기독교 평화주의』(뉴스앤조이, 2002); 『평화의 얼굴: 총을 들지 않을 자유와 양심의 명령』(교양인, 2007).

44 뉴스앤조이, "한국서 처음 열린 메노나이트 목사 안수식", 2015.3.15, https://www.newsnjoy.or.kr/news/articleView.html?idxno=198675 접속일자 2017.7.19.

있는데, 작가의 대중성을 통해 영성이 평화 담론을 담을 정도로 폭이 넓어질 가능성도 예상할 수 있다.[45] 다섯째, 대한예수교장로회(통합측)을 포함한 몇몇 교단은 교회화평위원회 같은 조직을 구성하고, 평화 교육을 위한 자료집을 번역, 발간하기 시작했다.[46]

평화 교회 운동은 결코 교회론적 문제로 머물러서는 안 되고, 평화 시민(peace citizen) 운동과 평화 나라(peace nation) 운동으로 확산되어야 할 것이다.[47] 평화 문제는 전 역사, 전 사회에 걸친 문제이다. 따라서 한편으로 기억 곧 역사의 문제와 이어지고, 다른 한편으로 분쟁 곧 화해의 문제로 이어진다. 바로 이런 맥락에서 20세기 말부터 진상 규명 및 명예 회복, 역사 바로잡기, 진실과 화해 운동, 화해 신학, 평화 만들기와 평화 지키기 등 다양한 운동이 전개된 것이다. 한국의 경우, 제2차 세계 대전 이후 대표적인 갈등인 제주 4·3 사건과 5·18 민주화 운동조차 최소한의 법적 조치가 이뤄졌지만 여전히 해석과 참여의 문제가 미결된 상태이다. 최근의 문제로는 세월호를 들 수 있다. 장차 통일 이후의 혼란도 예상된다. 이런 상황은 평화 문제가 과거의 문제일 뿐 아니라 현재 진행형의 문제이며 만일 제대로 준비하지 못한다면 미래의 문제가 될 것임을 강력히 상기시켜준다. 비록 상황은 갈등의 연속일지라도, 그 상황에 대응하는 당사자는 평화 시민, 평화 교회, 평화 나라가 되어야 해결의 실마리가 풀릴 것이다.

---

45 Henri Nouwen, *Peacework*, 김정수 역, 『헨리 나웬의 평화의 영성』 (성바오로, 2009); 같은 맥락에서 수도사요 평화운동가인 토마스 머튼(Thomas Merton)도 기억할 필요가 있다.

46 Caritas International, *Peace*, 안종희 역, 『평화건설: 평화교육, 훈련 매뉴얼』 (미간행 자료집; 대한예수교장로회 총회 사회봉사부, 2009).

47 평화 시민과 평화 나라라는 용어는 평화 교회라는 용어와 대구를 만들기 위하여 필자가 제안한다.

V. 결론

우리는 이상에서 한국 기독교의 역사에 나타난 평화 담론의 흐름을 요약했다. 한국에는 성전론, 정의로운 전쟁론, 평화주의가 상황에 따라 교차적으로 혹은 병행적으로 나타난 것을 살펴보았다. 최근에 정의로운 평화론이 등장하는 것도 살펴보았다. 그러나 전반적으로 말해 그 어느 나라보다 평화 문제가 절실함에도 불구하고 한국 사회와 한국 기독교의 평화 담론은 매우 제한적이라고 말할 수 있다. 어쩌면 한국의 근현대사는 정의로운 전쟁론을 언급하는 것조차 어려울 만큼 극단적인 상황의 연속이었다고도 볼 수 있다. 오늘날도 한국은 국내적으로는 북핵 문제로 인하여 남북 대치 상황이 최고도로 긴장된 상태이고, 지역적으로는 남북한, 중국, 일본 나아가 러시아와 미국 등 여러 국가들이 영토분쟁과 역사 분쟁이라고 하는 문제를 직면하고 있다. 뿐만 아니라 동북아시아는 정치적인 관점은 물론 생태적인 관점에서 하나의 지역이다. 생태 문제는 정치와 밀접하게 연관되었고, 협력이 아닌 경쟁으로는 해결하기 어려운 난제이다.

본 논문은 한국 기독교를 중심으로 하였지만 동북아시아의 지역적 맥락에서 한국 기독교, 일본 기독교, 중국 기독교를 살펴보았다. 장차 러시아 기독교와 북한 기독교에 대해서도 후속 연구가 필요할 것이다. 동북아시아의 평화의 과제가 시급한 만큼 각국 기독교는 평화 담론 계발에 힘쓰는 한편 사회적 영향력을 확보하는데 힘써야 할 것이다. 따라서 각국 기독교는 최근에 등장하는 신학적 담론인 공공신학의 틀에서 사회와 파트너로서 공동의 문제를 해결하기 위한 공공선을 추구해야 할 것이다. 전반적으로 말해 동북아시아의 기독교들이 감당해야 할 평화 문제는 너무나 심각하고, 이에 관한 평화 담론은 여전히 영향력이 적다.

제3장 · 생명신학

: 한국 생명신학은 왜, 언제, 어떻게 시작되었고 어디로 향하고 있는가?

Ⅰ. 서론

Ⅱ. 한국 생명신학의 제 유형

1. 민중신학에서 출발한 생명신학: 민중신학에서 토착영성으로, 김지하

2. 에큐메니칼신학에서 출발한 생명신학: JPIC신학에서 토착화 생명신학으로, 이정배

3. 삶의 현장에서 출발한 생명신학: 더 나은 생활의 관심에서 생명에 대한 관심으로, 한경호

4. 한국 생명신학의 현재와 미래

Ⅲ. 결론

출처 "한국 생명신학 유형 소고", 「교회와신학」 78 (2014), 87-114.

I. 서론

생명이 신학의 새로운 화두가 되었다. 생명신학은 이미 20세기 후반부터 초보적인 형태가 나타났고, 오늘날 첨단신학의 하나로서 확고하게 자리 잡았다. 생명신학의 유행은 생명이 위협받고 있는 작금의 현실과 생명이 하나이듯 지구(혹은 자연)도 하나라는 영원한 현실을 생각해볼 때, 불가피하고도 적절한 신학적 대응이라고 할 수 있다. 한국 생명신학에는 다양한 흐름들이 등장하고 있고, 거대한 융합을 이루고 있다. 본 장은 이러한 한국 생명신학이 어떻게 발전해왔는가를 밝히고자 한다. 그러나 한국 생명신학 자체를 설명하려고 시도하지는 않는데, 그것은 제한된 지면에서 다룰 수 있는 범위를 벗어난다. 대신 대표적인 학자들을 통하여 한국에서 생명신학이 어떻게 출발하여 발전해왔는지를 유형별로 살펴보고자 한다. 즉 어떤 질문을 가지고 시작했고, 주된 관심은 무엇이었으며, 지향하는 바는 무엇인가를 밝히고자 한다. 한 가지 언급할 점은 세계는 물론 한국에서 생명신학에 관한 연구가 양산되나, 생명신학의 전반적인 판도에 대한 연구는 거의 이뤄지지 않았다는 것이다. 필자는 바로 이 공백을 메우고자 한다.

Ⅱ. 한국 생명신학의 제 유형

모든 종교, 모든 문화는 생명에 관심이 있다. 생명이 존재해야 모든 것이 존재할 수 있기 때문이다. 따라서 모든 종교, 모든 문화는 생명에 대한 인식과 생명론이 있다. 한국도 마찬가지이다. 한국의 토착 문화, 전통 종교, 토착화된 기독교 등에서 이미 생명론을 찾아볼 수 있고, 이에 대한 연구도 진행되었다.[1] 그러나 한국에서 생명신학을 본격화한 것은 '정의·평화·창조질서의 보전'(JPIC) 신학과 관련 있다. 이 신학은 1975년 세계교회협의회(WCC)에서 '정의롭고 참여적이며 지속가능한 사회를 위한 노력'(the Struggle for a Just, Participatory and Sustainable Society)이란 개념으로 시작하였다가, 1990년 한국에서 JPIC 세계대회를 가졌다. 한편 세계개혁교회연맹(World Communion of Reformed Churches [WCRC]; World Alliance of Reformed Churches [WARC]의 후신)도 1989년 서울 총회를 개최하면서, 이 신학을 중요 의제 가운데 하나로 선정했다. 따라서 한국 학자들이 이 신학과 접하였고, 생명신학에 매진하는 계기가 되었다. 생명신학의 관심이 본격화되면서, 학자들이 '한국적 생명신학'을 구성하기 위하여, 토착 문화 및 전통 종교를 생명신학과 접목하거나, 그것들에 담긴 생명론을 재평가했다. 이 밖에 세계화, 생태학 및 생태신학, 환경운동 등 다양한 요소들이 생명신학 구성에 관련되어, 생명신학은 학문적 홍수 현상과 개념

1 가령 다석 유영모의 '씨올사상'을 들 수 있다. 이 사상은 그동안 오히려 함석헌에 의하여 더 유명해졌다.

상 혼돈을 겪고 있다. 이런 배경을 염두에 두고 제 유형을 살펴보자.

1. 민중신학에서 출발한 생명신학: 민중신학에서 토착 영성으로, 김지하

김지하는 신학자가 아닌 시인이지만, 한국의 민중운동, 민중신학에 크게 기여했다. 민중신학이 서구식 상아탑의 학문이 아닌 민중의 삶에서 비롯된 학문을 추구하기에, 김지하는 오히려 민중신학적 방법론에 걸맞은 신학자라고 할 수 있다. 그는 민중신학적 관심을 생명신학적 관심으로 확대했다. 민중신학자들이 신학작업에서 토착 종교 및 민중 문화를 이용하듯이, 그는 동학 사상에 기초하여 생명신학을 전개했다. 그가 생명에 관심을 갖게 된 계기는 다음과 같다.

> 기실 나는 20대부터 시쓰기를 통해 생명에 대해 천착해왔습니다. 동학과 불교에 대한 관심도 사실은 이때부터였어요. 그러나 그것은 아직도 죽음, 착취, 억압과 독재 등에 대한 단순한 반대명제로서의 생명이나 인간의 삶다운 삶이라는 사회적 사유의 한계 안에 갇혀 있었습니다. … 그러니까 그것은 무슨 철학적 명상의 결과도 아니었고, 외국서적을 보거나 한 결과도 아니었습니다. 바로 실존적 위기 때문이었어요.… 마침 봄이었는데 …. 쇠창살과 시멘트 받침 사이의 틈, 빗발에 패인 작은 홈에 흙먼지가

날아와 쌓이고 또 거기 풀씨가 날아와 앉아서 빗물을 빨아들이며 햇빛을 받아 봄날에 싹이 터서 파랗게 자라 오르는 것, 바로 그것을 보았습니다. 개가죽나무라는 풀이었어요. 새삼스럽게 그것을 발견한 날, 웅크린 채 소리 죽여 얼마나 울었던지! 뚜렷한 이유도 없었어요. 그저 '생명'이라는 말 한마디가 그렇게 신선하게, 그렇게 눈부시게 내 마음을 파고들었습니다. … '만약 이 생명의 끈질긴 소생력과 광대한 파급력, 그 무소부재함을 깨우쳐 그것을 내 몸과 마음에서 체득할 수만 있다면 내게 더 이상 벽도 담장도 감옥도 없는 것이다.' 나는 그때 이렇게 생각하며 이 생명이라는 말 한마디에 매달리기 시작했습니다. 내가 읽어온 모든 종교 경전과 과학 서적의 내용이 다 이 생명이란 한마디에 연결되면서 새로운 의미를 갖기 시작했어요. … 인간은 사회와 함께 지구와 우주의 전 생명계에 연결된 전체적인 생존이므로 자신과 함께 이웃과 자연 생명을 파괴와 죽임, 즉 인위적 살해로부터 살려내야 하고, 또 그것이 도리어 자기 자신을 살리는 길임을 알게 되었던 것입니다.[2]

김지하는 그 뒤 동서양의 다양한 서적, 특히 불교와 동학, 환경 문제, 녹색 문제, 생태학 등을 접하면서,[3] "생명이라는 화두의 시대적 중요성과 함께 생명 사상, 생명 운동의 방향을 구상하기에" 이르렀다.[4] 즉 "그것은 전 문명사적 전환 운동이며 새로운 패러다임이고, 나아가 민초 대중의 구체적이고 일상적인 생활 개혁

2 김지하, 『생명과 자치』 (솔, 1996), 29-32.
3 위의 책, 32-33.
4 위의 책, 33.

운동으로부터 그것을 시작해야 한다는 것, 바로 그 때문에도 동학은 현대의 우리 생명 운동, 생명 사상의 모태가 되어야 하며, 바꿔 말하면 동학의 현대적 재창조가 곧 생명 사상, 생명 운동이라는 결론에" 도달하게 되었다.[5]

김지하는 1980년대부터 '한살림 운동'과 같은 생명 운동을 시작하지만, "실무적 현장 활동보다는 생명 문화와 사상 운동 쪽에 더 깊이 몰두했"고, "생명 운동의 시민적 정치 형식인 지방 자치",[6] 특히 주민 자치 운동에 관심을 가진다.

1) 김지하 생명신학의 출발

김지하는 『일하는 하늘님』이란 책에서 초기 생명신학을 보여준다. 그는 동학의 세 가지 중요한 개념을 통해 생명신학을 전개한다. 첫째, 김지하는 인내천(人乃天), 곧 '사람이 바로 한울님'이란 동학의 핵심 교리를 설명하면서, 일이란 개념을 매개로 민중과 한울님을 일치시킨다. 그는 한울님을 일하는 분으로 정의하고, 일하는 사람, 특히 민중을 한울님과 동일시한다.[7]

둘째, 김지하는 "밥 한 그릇이 만고의 진리다"라는 개념을 설명하면서, 밥이 일의 결과요, 진리요, 생명이라고 주장한다. 즉 노동 혹은 노동의 결과가 생명이라는 것이다.[8]

셋째, 김지하는 "한울이 한울을 먹는다"라는 개념을 설명하면서, 생명의 존재 양식을 '공생'으로 설명한다. 그는 "사람만이 아

---

5 위의 책.

6 위의 책.

7 김지하 외, 『일하는 하늘님』 (일과놀이, 1984), 58.

8 위의 책, 62.

니라 천지 만물이 다 한울님을 자기 안에 모신 존재"라는 동학의 가르침을 제기한다.[9] 그리고 사람이 다른 물건을 먹는 것을 한울이 한울을 먹는 것이라고 설명한다. 한울이 바로 생명이기에, 한울이 한울을 먹는다는 것은 생명이 생명을 먹는 것이라고 설명한다.[10] 그는 이것의 의미를 생명 간의 접촉과, 생명이 다른 생명을 먹는 것으로 설명한다. 전자는 노동의 개념이고, 후자는 생명의 여백(餘白) 개념이다. "〈노동〉이란 곧 어떤 생명이 다른 생명과의 생명적인 접촉을 통해서 어떤 또 하나의 생명을 창조해내는 과정을" 말한다.[11] 그리고 모든 생명은 수많은 여백을 창출하며, 생명이 생명을 먹는 것은 바로 이 여백이다. "타 생명체는 바로 이 생명체의 〈씨앗〉이 아니라 바로 그 〈여백〉에 관여하는 생명적 접촉 활동을 통해서 노동을 하는 것이며, 그 노동을 통해서 그 여백을 자기 먹이로서 획득하는 것입니다."[12] 이런 생명 관계는 "〈약육강식〉이나 〈적자생존〉이나 〈도태〉의 원리가 아니라, 또는 서양인들이 즐겨 사용하는 '정복'의 의미가 아니라, '채취'의 의미가 아니라, 본래 생명의 진리에 따라 자연 속에 주어져 있는 〈먹이 사슬〉의 원리와 공생과 상부상조의 원리"이다.[13] 이것에 반대되는 것이 "혼자 그 여분을 〈독점〉하고 〈독식〉하는 것"이다.[14] 이런 맥락에서 김지하는 최해월의 제사론을 소개한다. 최해월은 '향벽설위'(向壁設位)라는 전통적 개념, 즉 벽을 향해서 제사상을 차리는 것을 피안적 종교의 형태이라고 비판했고, 대신 '향아설위'(向我設

9 위의 책, 63.
10 위의 책, 64.
11 위의 책.
12 위의 책.
13 위의 책, 65.
14 위의 책, 67.

位) 개념, 즉 나를 향해서 살아계신 한울님인 민중 앞에 젯밥을 되돌려 놓을 것을 주창한다. 종교에 대한 과격한 세속화된 해석인 셈이다. 즉 김지하에게 제사와 식사는 같은 것이다.[15]

김지하는 또한 생명신학의 방향을 제시한다. 첫째, 생명을 이해할 수 있는 새로운 이해, 곧 기존의 인간중심주의적인 역사관이나 과학의 영역이 아닌, 새 문화를 요청한다.[16] 그는 이런 관점에서, 유럽 문명이 동·서 양 블록 모두 실패했고,[17] 서구의 생태 운동도 실패로 본다.[18]

둘째, 그는 민중 사관의 중요성을 강조하면서, 민중 사관과 생명을 연결짓는다. "민중운동사를 이해하는 시각도 '생명'이라는 근원적인 힘, 근원적인·총체적인, 언제나 신선한 물결과 그 물결의 역사로 보는 것이라야 하며, 주관·객관을 넘나들고 주관·객관이 애당초 하나인 제3의 눈, 주체인 생명의 눈, 중생의 눈으로 중생 자신을 인식하며 중생이 스스로 주체로서 중생 자신을 해방하는 살아있는 활동 그 자체이어야 할 것이다."[19] 그는 그것이 〈민중주체의 역사관〉이고, "〈생명의 세계관〉 위에서만 가능하다"고 한다.[20]

셋째, 그는 새로운 대안으로, 제3세계, 특히 동양 세계의 "전통적 지혜와 오랜 문화적 유산"에 주목한다.[21] 그는 이제 "유럽사상의 측면으로부터 제3세계를 볼 것이 아니라 거꾸로 제3세계적

---

15 김지하, 『생명』 (솔, 1992), 334.

16 김지하 외, 『일하는 하늘님』, 83.

17 위의 책, 84. 그는 "〈서구에 의한 서구의 비판〉이라는 방법론은 과도적"이라고 본다. 위의 책, 104.

18 위의 책, 92.

19 위의 책, 94-95.

20 위의 책, 95.

21 위의 책, 99.

시각으로부터 유럽을 보아야 한다"는 것이다.[22] 즉 "제3세계 전통 문화의 다양성과 민족적 특수성을 다 존중하면서도 그 안에 일관되어 있는 보편적인 생명관을 중심으로 세계의 새 문화를 건설하는 데 제3세계가 주역으로 일할 수 있는, 문화 창조의 새 주역으로 나설 수 있는 일관된 가치 전통의 흐름의, 현대와 새 시대의 전지구적 차원·전우주적 차원에서의 창조적 부활 운동이 되지 않을까 한다."[23] 그는 이런 돌출한 사상이 우리나라의 동학이라고 주장한다.[24] 그는 이러한 확신 위에 동학적 혹은 "민족종교·민중사상"에 근거하여,[25] 생명신학을 전개하며, 반생명 현상에 대한 저항으로서 생명신학을 제시한다. 따라서 그의 생명신학은, 제3세계적, 반식민주의적/후기식민주의적, 민중신학적 생명신학이라고 할 수 있다.

2) 김지하 생명신학의 발전

김지하는 『타는 목마름에서 생명의 바다로』에서 생명신학이 관여된 영역에 대하여 광범위하게 언급한다.[26] 한반도는 온갖 문제가 집약된 곳이라서, 한국 생명신학의 영역도 확대될 수밖에 없다. 그러나 이로 인하여, 한국 생명신학의 특성이 모호해지는 단점도 나타난다.

김지하는 모든 것이 통일되는 "통일의 꿈"이 자신의 숙제였다

22 위의 책, 100.

23 위의 책, 101-102. 이런 주장은, 그의 후기 작품인 『디지털 생태학』에서 '아시아 르네상스'라는 개념으로 재론된다. 김지하, 『디지털 생태학』 (이룸, 2009), 73.

24 위의 책, 102-103.

25 위의 책, 106.

26 김지하, 『타는 목마름에서 생명의 바다로』 (동광, 1991).

고 하면서,[27] "일체 삼라만상이 다 신령한 생명이니 공경"해야 한다는 것이다.[28] 문제는 이러한 화해론적 생명관과 기존의 투쟁적 민중신학적 입장과의 연속성과 비연속성, 혹은 단절과 확대의 문제를 어떻게 규명할 것인가 하는 점이다. 다시 말해 민중신학에 있어서 피억압자 혹은 가난한 자의 우선성의 문제를, 새로운 생명신학에서는 어떻게 해결할 것인가가 과제이다.

김지하는 이 문제에 관련하여 민중운동의 변화, 시민운동의 변화, 그리고 민중운동과 시민운동의 연대를 요구한다. 그는 이런 연대에 있어서 학습의 중요성을 강조한다. "차원변화에는 학습이 필요하다. 학습은 수양, 연구, 실천, 개혁운동 등 다차원적이어야 한다."[29]

김지하는 다양한 구체적인 문제들도 제기한다. 첫째, 유기 농산물 문제이다. 그는 이것이 자칫 부자를 위한 운동이 될 수 있다는 문제도 인정하지만,[30] 궁극적으로 생명 운동이기에 모두가 나아가야 할 방향이라고 주장한다.[31] 생명 운동에 있어서도 계급이나 계층에 따라 갈등이 있을 수 있음을 지적한 것이다. 둘째, "네트워크"를 통한 연대의 중요성이다.[32] 그는 "네트워크가 생명의 가장 생명다운 활동방식"이라고 주장한다.[33]

김지하는 이밖에 『생명』에서 여성 해방론을 한 항목으로 두면서, 생태여성학(eco-feminism)적 관심을 표명하지만, 여성민중신

27 위의 책, 16.
28 위의 책.
29 위의 책.
30 위의 책, 23.
31 위의 책, 23-24.
32 위의 책, 24.
33 위의 책, 250.

학 이상의 새로운 비전을 제시하지 못한다.[34] 그 이유는 이 책이 기존의 글들을 모은 것이기 때문일 것이다. 또한『생명과 자치』에서는, 위에서 살펴본 대로, 생명 사상, 생명 운동을 설명한다.[35] 이와 아울러 '모심', '틈과 자유' 등의 핵심 개념도 소개하면서, 계속해서 발전시키고 있다.

3) 김지하 생명신학의 최근 동향

김지하는 최근 "촛불"이란 주제를 계기로, "소근소근 김지하의 세상이야기 인생이야기"라는 시리즈물을 출간했다.[36] 촛불은 붉은 악마에서 시작되어, 쇠고기 사태로 본격화되었다.[37] 그는 촛불 집회에 나온 아기, 젊은 어머니, 초·중학교 여학생들의 모습을 묘사하면서, "문화와 유희를 통한 생활 정치-생명 정치의 현실 변혁에의 요구"라는 표현을 사용한다.[38] 그리고 생명 운동의 새로운 전기를 예상한다. "정권 퇴진 따위 다급한 소리 말고, 생활 자치를 위한 직접적 화백민주주의와 '화엄개벽'에 의한 대문명 전환의 때가 왔다고 본다. 생명 평화의 깃발을 높이 든 어린이, 청소년, 여성이라는 참으로 신선한 새 주체, 새 인간들이 나타났기 때문이다."[39]

김지하는 이 시리즈물에서 생명신학과 관련된 다양한 문제점

---

34 김지하,『생명』, 331-52.

35 김지하,『생명과 자치』(솔, 1996).

36 김지하,『방콕의 네트워크』(이룸, 2009);『촛불·횃불·숯불』(이룸, 2009);『새 시대의 율려: 품바품바 들어간다』(이룸, 2009);『디지털 생태학』.

37 김지하,『방콕의 네트워크』, 11, 18.

38 위의 책, 26.

39 위의 책, 236-237.

을 제기한다. 첫째, 환경과 생명이 다른 개념으로 사용되는 문제점을 지적한다.

> 환경이라는 말을 계속 쓰고 있는 한 이른바 환경 문제는 절대로 해결되지 않습니다. … 환경은 그야말로 우리들 인간의 둘레 영역일 뿐입니다. 독일어의 'Umwelt'요, 영어의 'Environment'인데 모두 다 인간을 중심으로 해서 이를 둘러싸고 있는 자연이라는 이름의 하찮것없는 들러리, 죽은 물건들의 무대 장치라는 뜻 이상을 못 벗어납니다.[40]

둘째, 민중신학과 생명신학의 관계를 지적한다. 이전에는 이에 대하여 깊은 인식을 보이지 않았고, 구체적인 해결책도 제시하지 않으나 다음과 같이 비판하고 있다.

> 한국 민중신학에 대한 진솔한 평가는 아직껏 제대로 이루어지지 않았다. 남미 해방신학과의 관련도 충분히 평가되지 않았고, 지금 와서 문제시되는 생명신학과의 연관 또한 완전히 건성이다. … 민중신학은 이제부터라도 다시 촘촘한 평가가 있어야 한다. 물론 생명신학과의 연관 속에서이다. … 생명은 복잡다기하면서도 원융한 것이다. 여기에 대해 민중신학의 선례를 이어받는 생명신학이 반드시 나와야 하고 또 여기에 부응하는 여러 생명 운동파들의 원융 포괄적인 전선당이 출현해야 하는 것이다.[41]

40 김지하, 『촛불·횃불·숯불』, 61.
41 위의 책, 102-103.

셋째, 가톨릭의 생명신학의 예를 들어, 생명신학이 인간에 한정되는 것을 지적한다. "가톨릭은 강렬한 생명교리를 갖고는 있다. 그러나 그 생명성은 인간에 한정되어 있다. 때문에 광범위한 생태계 오염과 기후 변동, 전염병 창궐, 지구 및 우주의 대혼돈은 물론 에코 에티카(文物倫理)까지 포함한 포괄적 대안을 못 내놓고 있는 형편이다."[42]

김지하는 또한 그의 생명론을 한국 전통과 접목하는 내용을 요약한다.

> 학자가 아니니까, 그러나 조금씩이나마 [20년 넘게] 공부를 하는 과정에서 도달한 결론은 생태담론·생명론의 핵심, 특히 동북아시아 한국의 생명론의 핵심은 '모심(侍)'에 있다는 것입니다. 모심이 충족이 돼야 '살림'이 가능하겠고, '살림'이 충족돼야 '아름다움'과 깨침이 결실을 맺는 것 같습니다. … 그리고 모심을 통해서 생명론, 환경운동, 생태학적인 모든 모색의 결론은 아름다움에 대한 인식 또는 '깨침'이랄까 미적 충족감에 도달해야 끝이 나는 것 같습니다. 미적 판단에 도달할 때 비로소 진정한 시작이 가능하지 않겠느냐 하는 것입니다. '생명은 아름답다'는 인식에 도달해야만 교육, 문화, 언론, 기타 과학에서도 함부로 생명복제니뭐니 하는 식으로 접근하지는 않을 것이라는 이야기입니다.[43]

김지하는 이밖에도 아름다움의 관점에서 여성과 생명신학의

---

42 위의 책, 105. 문물윤리(文物倫理)는 이마미치 도모노부(今道友信)의 이론으로 대물윤리(對物倫理)라고도 하는데, 물건과의 접촉이 많아지므로 물건에 대한 엄정한 윤리가 필요하다는 것이다.

43 김지하, 『디지털 생태학』, 89.

관계를 시사하고 있다. "혼돈적 질서이며 여성에 의해 주도되는 남녀평등 사회이어야 하며, 역동적 생명성에 의해 평화에 도달하는 아름다움이, 모심, 살림, 깨침에 도달합니다."[44] 아쉽게도 구체적인 설명이 없다.

김지하의 생명신학은 전반적으로 볼 때, 동학에 근거한 창조적인 사상이라고 하겠다. 그는 상상력과 비판력을 통하여, 많은 문제점을 지적하고 새로운 방향을 제시한다. 그런데 그런 논의는 대체로 구체성을 결여한다. 학문의 엄격성, 실천의 치밀성은 다른 사람의 몫이 된다.

2. 에큐메니칼신학에서 출발한 생명신학: JPIC신학에서 토착화 생명신학으로, 이정배

JPIC신학은 생명신학 혹은 생태신학이 본격화되는데 일익을 담당했다. 이것은 이정배의 경우도 마찬가지이다. 이정배는 소위 생명신학으로의 회심에 대하여 다음과 같이 토로한다.

> '생명'을 화두로 하여 신학적으로 사유한 지 10여 년이 지났다. 신학을 처음 시작할 무렵 실존주의 사조에 빠져 있던 필자에게 자연 및 생명을 신학적 주제로 선사한 하느님과 이 시대의 상황에 감사한다. 스위스 바젤대학 유학시절까지 실존주의 신학의

44 위의 책, 133.

구조 아래서 동서양 종교를 관계 짓는 일에 심혈을 다해 온 필자로서 자연 및 생태계의 문제는 절실한 관심거리가 되지 못했다. 1980년대 말 〈JPIC 대회〉가 없었던들, 그리고 이 대회를 주창한 폰 바이젝커의 책 『시간이 촉박하다』를 번역하지 않았더라면 이 주제는 필자의 평생 학문적 주제가 될 수 없었을 것이다.[45]

이정배는 이어서 생태학이란 새로운 관심과 기존의 관심의 연결에 대해 언급한다.

이런 세계적 차원의 대 재난은 특정 종교나 이념만으로 해결할 수 있는 주제가 아님이 분명하다. 이점에서 필자가 관심을 가져온 종교 간의 대화 및 토착화 신학에 대한 이해가 다시금 본 주제와 맞물려 필자의 사고 틀을 확장시켜 주었음을 감사하게 생각한다. 세계 내 모든 종교들이 저마다 이 땅의 생명을 꽃피울 목적으로 존재하는 바, 사실적 종말의 위기 상황에서 함께 대화하지 못할 이유가 없다. 하지만 필자는 먼저 신의 초월성을 강조하고 인간중심주의를 고착화시킨 기독교가 상대적으로 자연을 억압하고 창조 망각의 전통을 지속해왔음을 자성해야 한다고 생각한다. 생명 자체의 위기를 목도하며 성서 안에서 하느님 영의 활동을 재발견할 때 기독교는 이웃 종교들에게 선한 벗의 역할을 할 수 있을 것이다. 필자는 유불선 및 동학이 기독교에게 탈 인간중심적인 사유의 틀과 생명에 대한 자극을 충분히 줄 수 있는 종교임을 강조했다. 그리하여 한국에 들어온 기독교가 이들 사

45 이정배, 『생명의 하느님과 한국적 생명신학』 (새길, 2004), 7.

> 고방식에 기초하여 새롭게 표현될 수 있기를 바랐다. 필자가 주장하는 한국적 생명신학이라 함은 이런 대화(해석학)의 산물인 것이다. 여기에는 기독교가 교리나 신조의 종교가 아니라 역사적 종교이며, 비신화화의 해석학만이 아니라 비(非)케리그마화의 소리도 경청해야 한다는 요구가 자리하고 있다. 자신의 절대성 주장에 대한 새로운 이해가 필요한 것이다. 생명의 종교가 되기 위해서는 스스로 비울 수밖에 없다고 생각한다.[46]

위의 인용문에 나타난 이정배의 생명신학의 방법론을 정리하면 다음과 같다. 첫째, 생명 혹은 생명의 위기는 인류의 공통된 문제이다. 즉 문제의 보편성을 말한다. 둘째, 모든 종교도 이 문제를 공통으로 가지고 있는 만큼, 대화가 필요하다. 즉 생명문제와 관련한 종교 간의 대화의 가능성과 필요성이다. 셋째, 이런 과정에서 기독교는 스스로 상대화를 감수해야 한다. 즉 기독교의 상대성 문제이다.

이정배의 주장은 몇 가지 신학적 질문을 제기한다. 첫째, 기독교의 자기비판이 반드시 기독교의 상대성으로 이어지는지? 둘째, 종교 간의 대화에서 반드시 교리적 상대화가 필수적인 것인지? 종교 간의 대화에도 여러 차원이 있는 것은 아닌지? 나아가 종교 간의 대화 말고도 종교 간의 연대가 있는 것은 아닌지? 셋째, 그의 논리가 과연 생명신학에서 필수적이고 본질적인 것인지? 혹시 그가 생명신학을 토착신학이란 틀로부터 접근하면서, 토착신학의 문제를 생명신학으로 끌고 들어가는 것은 아닌지? 이

---

46 위의 책, 9-10.

자리에서는 이 문제에 대해 상술할 수는 없기에 문제 제기만 하고, 이제 그의 생명신학의 특성을 살펴보기로 하자.

1) 이정배 생명신학의 출발

이정배는 다작의 신학자이다. 생명신학에 관한 연구도 마찬가지다.[47] 그가 생명신학과 관련해서 첫 번째로 내놓은 책은 『창조신앙과 생태학』이다.[48] 이 책은 대부분의 생태신학 연구처럼, 기독교 창조론에 대한 기존의 편파적이고 왜곡된 이해를 비판하고 재해석한다.

이정배는 이어서 생태학과 신학의 관계를 보다 확대하여 탐구하는 『생태학과 신학』을 내놓는다.[49] 제목 그대로, 생태학을 출발로 생명신학을 시작하고 있다. 생태학은 생명 자체보다는 생명의 터전 혹은 생명의 맥락인 환경 내지 자연에 대한 연구라고 할 수 있다. 바로 이런 이유로 해서, 생태신학은 창조론을 재해석하는데 골두한다. 그러나 그는 이 책에서 생태학을 평화신학과 연결시키면서, 생명신학의 폭을 확대해나가기 시작했다.

이정배는 『토착화와 생명 문화』에서 토착화와 생명 문화라는 두 가지 주제를 다룬다.[50] 그는 그의 주된 관심이었던 토착화의 문제를 천착하면서, 생명 문화라는 주제로 생명 문제도 다루고 있다. 그러나 토착화와 생명이란 두 가지 주제는 아직은 하나의 개념으로 융합하여 재탄생하지 못하고, 병렬의 상태를 보인다.

---

47 대부분의 저서는 논문집 성격을 지니고 있다.
48 이정배 편저, 『창조신앙과 생태학』 (설우사, 1987).
49 이정배 편저, 『생태학과 신학: 생태학적 정의를 향하여』 (종로서적, 1989).
50 이정배, 『토착화와 생명 문화』 (종로서적, 1991).

더구나 생명과 관련된 논문 가운데 주요 논문인 "생명 문화에 대한 신학적 이해"라는 『생태학과 신학』에 실렸던 논문을 그대로 다시 실음으로써, 아직까지 학문적 진보가 크게 이뤄지지 않음을 보이고 있다.[51]

2) 이정배 생명신학의 발전

이정배가 본격적으로 생명신학이란 이름을 사용한 것은 『(조직신학으로서의) 한국적 생명신학』이다.[52] 그는 이 책에서 한국적이란 형용사를 사용하면서 한국 생명신학의 가능성을 열고, 생명신학이란 용어도 사용하고 있다. 그러나 그의 이어지는 저서에서 생명과 생태라는 단어를 번갈아 사용하면서, 출발점이었던 생태학적 관심에서 완전히 벗어나지 않았음을 보이고 있다. 사실 생명과 생태의 혼란 혹은 병존은 생명신학 전반에 걸친 상황이다. 그런데 이 두 단어와 더불어 토착화라는 단어도 계속 나타난다. 즉 토착화는 그에게 있어서, 별개의 주제이기도 하고, 생명신학의 대화 상대이기도 하며, 생명신학의 구성 요소이기도 하는 등 다양한 역할을 한다. 따라서 그가 장차 토착화와 생명신학의 관계를 어떻게 전개하는가가 관심거리이다.

이정배는 『하느님 영은 불고 싶은 대로 분다: 성령의 시대 - 생명신학』에서, 생명신학을 성령론과 결부하여 다루고 있다.[53] 성령론은 서구 신학에서 오랫동안 소외된 분야였다. 그러나 최근 들

51 위의 책, 250-63.
52 이정배, 『(조직신학으로서의) 한국적 생명신학』 (감신, 1996).
53 이정배, 『하느님 영은 불고 싶은 대로 분다: 성령의 시대 - 생명신학』 (한들, 1998).

어서는 기독교 이외의 종교 및 문화, 나아가 창조계에서 활동하시는 하나님의 사역을 탐구하기 위하여, 성령론이 거론되기 시작했다. 역사적 존재로서 역사성과 유일성이란 제한을 지닌 예수 그리스도 대신 보다 자유로운 성령이 논의의 대상으로 각광받기 시작한 것이다. 이런 풍조는 특히 에큐메니칼 성령론, 선교학에서 활발하다. 이제 생명이 인류의 보편적인 문제이고, 따라서 기독교 이외의 종교 및 문화와 대화 내지 협력이 불가피하고, 새롭게 해석된 창조론을 바탕으로 논의를 전개하는 가운데, 생명신학도 성령론을 논할 수밖에 없는 입장인 것이다. 그는 이런 맥락에서 "탈형이상학적이며 생명중심적 특성을 띠는 성령론"을 "생태학적 성령론"(ecological pneumatology)으로 명명한다.[54]

> 그러나 본 성령론이 단순히 자연주의적 경향성만을 갖는 것은 절대 아니니다. 생명의 수여자이며 전 우주의 지속과 새로움을 위해 일하는 살아있는 존재로서의 성령은 인간과 자연 모두에게 향해지는 구체적 폭력과 맞서는 역동성을 아울러 그 본질로 삼기 때문이다. 다시 말해 생태학적 성령을 소유한 사람은 생명 공동체(biotic community)를 이루기 위해 종래의 인간중심주의 가치관으로부터 혁명적 일탈을 도모할 뿐만 아니라 타자를 희생양(scapegoat)으로 삼는 잘못된 사회 구조 곧 현대 문화 속에서 생겨난 폭력과 악 전반의 문제를 분석, 극복하려는 의지를 갖게 되는 것이다. 이런 과정 속에서 생태학적 성령은 인간 및 자연 공동체 내의 고통과 분리를 치유함으로써 모든 삶의 형식들을 개

54 위의 책, 97.

혁하고 갱신함을 목적으로 삼는 것이며(말 4,2절 참조) 이 일을 위해 성령은 자신이 원하는 곳에서 임의로 활동할 수 있게 된다(Spirits blow where it will). 이처럼 성령을 위한 임의적 활동 공간을 열어둠으로써 우리는 또한 하느님 자신에 의해 제기된 폭력, 곧 전통적인 신정론의 문제를 다룰 수 있는 해석학적 틀을 얻을 수 있다.[55]

그러나 이러한 그의 성령론은 몇 가지 신학적 문제를 제기한다. 특히 성령의 정체성 문제이다. 그는 성령이 하느님의 영과 창조의 영으로 규정되는데, 이제까지 서구 기독교에서는 하느님의 영으로서의 성령만 강조되었지, 창조의 영으로서의 성령이 강조되지 못했다고 주장한다.[56] 그는 몰트만이 하느님의 영과 생명의 영을 '내재적 초월'이란 말로 종합을 시도하였으나, 결국 "성령의 모든 활동은 오로지 그리스도 안에서만 상대적 자존성을 얻는다고 함으로써 실상 성령론이 아닌 기독론의 지평만을 확대시키고 있을 뿐"이라고 비판한다.[57] 대신 그는 "신학의 무게 중심이 하느님의 영을 신 중심주의적으로 혹은 인간 중심적으로 이해했던 것으로부터 우주 만물 속에 있는 성령의 생명 중심적(biocentric) 모델로 향해져야만 한다"고 주장한다.[58] 그는 성령론의 무게 중심을 이동함으로써 문제를 해결하려고 했지만, 사실상 두 가지 입장을 분리하는 것이며, 결국 하느님의 영으로서의 성령과 창조의 영으로서의 성령의 관계를 설명하지 않는다. 그는 성령의 이 두 가지

55 위의 책, 97-98.
56 위의 책, 117.
57 위의 책.
58 위의 책, 118.

특성 간의 관계에 대하여 명확하게 설명해야 할 것이다. 또한 그는 성령이 예수의 영이라는 측면도 고려해야 할 것이다. 이것이 바로 삼위일체가 의미하는 바이기 때문이다. 그가 강조하는 대로, 성령은 창조의 영이지만, 하느님의 영으로서 또한 예수의 영으로서 창조의 영이다. 사실상, 몰트만이 성령론과 기독론을 연결시킨 것은 성령의 정체성의 문제를 다루고자 하였던 것이다. 만일 이 두 가지를 분리할 경우, 이정배 역시 새로운 성령론이 지니고 있는 가장 큰 문제인 '영(Spirit, 곧 성령)과 영들(spirits, 혹은 다른 영들)의 관계'라는 문제에 봉착하게 된다.[59] 이밖에 그는 생태학적 성령론에서 신정론 문제를 거론하지만, 여기서는 지면상 생략하기로 한다.

이정배는 『신학의 생명화, 신학의 영성화』라는 책에서 영과 생명이라는 주제를 계속 탐구한다.[60] 이 책이 나오기 전에도 『선한 벗들과 함께 신학하기: 철학·과학·종교간의 間학문적 대화』, 『한국 개신교 전위(前衛) 토착신학 연구』, 『토착화와 세계화: 한국적 신학의 두 과제』 등에서 생명 문제에 관한 관심을 이어온다.[61] 그는 이 책이 『하느님 영은 불고 싶은 대로 분다』의 후속편이라고 하면서,[62] "그 속에 담겨 있는 영원한 화두, '생명과 영'의 모티프를

59 위에서 인용한 가운데, "성령은 자신이 원하는 곳에서 임의로 할동할 수 있게 된다(Spirits blow where it will)"라는 문장이 나온다. 이것의 영어 번역이 문제를 야기한다. 문법적인 문제(주어는 복수(Spirits)이고 대명사는 단수(it)로 불일치) 뿐 아니라, 원문을 변경한 문제(Spirit을 복수로 만든 것)가 나타난다. 특히 후자의 경우, 한글로는 "성령"이라고 하면서, 영어로는 별다른 설명 없이 "Spirits"라고 번역한다. 그 이유는 무엇일까? 몇 가지로 추측해볼 수 있다. 성령을 단수가 아닌 복수로 잘못 표시한 단순한 실수인가? 혹은 그가 성령을 말하지만 사실은 영들을 의미하는 양면적인 입장을 의도적으로 애매함을 통하여 시사하는 것인가? 혹은 그는 성령을 영들과 동일시하고 있음을 영어를 통하여 밝히고 있는가? 어떤 경우든, 그는 아직 성령론을 충분히 해결하지 못하고 있다.

60 이정배, 『신학의 생명화 신학의 영성화』 (대한기독교서회, 1999).

61 이정배, 『선한 벗들과 함께 신학하기: 철학과학종교간의 間학문적 대화』 (한들출판사, 2000); 『한국 개신교 전위(前衛) 토착신학 연구』 (대한기독교서회, 2003); 『토착화와 세계화: 한국적 신학의 두 과제』 (한들출판사, 2007).

신학적으로 좀 더 구체화하고 체계화시킬 필요를 느끼게 되"어 연구를 계속했다고 한다.[63]

3) 이정배 생명신학의 최근 동향

이정배는 근 10년 만에 생명신학에 대한 단행본인 『생태 영성과 기독교의 재주체화』를 출간한다.[64] 그는 2004년에 『생명의 하느님과 한국적 생명신학』을 냈지만, 그것은 2002년 새길교회에서 10차례 강연한 것을 수정하여 낸 것으로, 본격적인 학술저서로 보기는 어렵다. 그러나 이 책은 그가 생명신학에 어떻게 관심을 갖게 되었는지 등 개인적인 정보를 제공한다. 각설하고, 그는 『생태 영성과 기독교의 재주체화』에서, '생태적 자아', '생태적 회심', '생태적 영성' 등의 개념을 제시한다. 그가 의미하는 기독교의 재주체화는 다음과 같다.

> 필자는 기후 붕괴 원년을 사는 전대미문의 현실에서 기독교인 모두가 생태적 회심을 경험하길 간절히 원한다. 인간이라는 특권마저 탈(脫)하여 자연과 더불어 자신을 재(再)주체화하는, 소위 생태적 자아의 길을 서슴지 않는 기독교인으로 변모(metamorphosis)하기를 소망하는 것이다.[65]

---

62 이정배, 『신학의 생명화 신학의 영성화』, 5.

63 위의 책.

64 이정배, 『생태 영성과 기독교의 재주체화』 (동연, 2010). 이정배는 그 기간 동안 논문들을 집필하거나 평신도용 교재를 만들었다. 이정배, 『평신도와 함께 하는 생명신학: 믿기 위해서 알아야 한다』 (기독교대한감리회 홍보출판국, 2001).

65 위의 책, 30.

그리고 이정배는 그의 책 마지막 장인 "하느님 살림살이를 돕는 현대 생태신학자들"에서 12명을 소개한다. 그런데 모두 서구학자들이다.[66] 왜일까? 토착신학과 생명신학을 접목하여 한국적 생명신학을 추구하는 그가 왜 한국인을 한 명도 소개하지 않은 걸까? 그가 다석 유영모를 중요한 생명신학자로 보면서, 현대 생명신학자로 김지하를 포함하지 않은 이유는 무엇일까? 그의 앞으로의 신학적 행보에 관심이 쏠린다.

3. 삶의 현장에서 출발한 생명신학: 더 나은 생활의 관심에서 생명에 대한 관심으로, 한경호

한경호는 농촌 목회자다. 그냥 농촌 목회자가 아니라, 농촌을 선교지로 보고 찾아간 농촌 선교사이다. 한경호는 농과대학 출신으로, 신학교 재학 중에도 농어촌선교연구회라는 동아리에서 활동을 하는 등, 줄곧 농촌 목회, 농촌 선교를 꿈꿨다. 그래서 그의 신학대학원(M.Div.) 및 대학원(Th.M.) 학위논문 모두 농촌 목회와 관련 있다.[67] 그리고 그는 왕성한 집필 활동을 통하여 많은 글을 냈다. 특히 그가 편집하는 「농촌과 목회」를 통하여 계속 글을 내고 있다.

---

66 이런 상황은 『현대생태신학자의 신학과 윤리』의 경우도 유사하다. 11명의 서구학자를 소개하면서, 3편의 한국 관련 글을 수록하였고, 하나는 사상, 하나는 기관이고, 하나는 학자를 소개하는데, 학자는 유영모이다. 한국 교회환경연구소 편, 『현대생태신학자의 신학과 윤리』 (대한기독교서회, 2006).

67 한경호, "대한예수교장로회 농어촌 선교사"(미간행 목회학석사학위논문, 장로회신학대학교, 1988); "한국 농촌 교회 목회의 선교신학적 이해와 비판: 원주 호저교회를 중심으로"(미간행 선교신학석사학위논문, 장로회신학대학교, 2001).

그는 농촌 현장에서 생명신학을 시작했다. 농촌 문제는 먹거리 문제이고, 이것은 소비의 문제요 생산의 문제가 되었다. 즉 특정 계층의 관심이 되기 쉬운 해방의 문제도, 소수의 관심이 될 신학의 문제도 아닌, 일상생활의 문제요 모든 사람의 문제이다. 이런 맥락에서 이것은 소비자 공동체, 생산자 공동체, 나아가 생태학적 관심, 세계화 등으로 관심과 활동이 계속 확대되었다. 이러한 현장 가운데 있던 한경호의 관심은 무엇이고 그것은 어떻게 전개되어 왔는가?

1) 한경호 생명신학의 출발

한경호는 먼저 그의 첫 번째 학위논문인 "대한예수교장로회 농어촌 선교사(農漁村 宣教史)"에서 한국 농촌과 한국 교회의 관계를 역사적으로 분석한다. 주로 그가 소속한 교단의 농촌부의 발전 단계를 추적하고 있다. 그는 자신이 사역할 현장에 대한 연구를 시도한 것이다.

한경호는 이어서 『살림과 평화를 지향하는 농촌선교이야기』라는 책에서, 농촌 교회 및 농촌을 농촌 선교적 관점에서 접근하고 있다.[68] 이 책은 그가 농촌 목회를 시작한 지 6년째 되는 해, 그동안 발표한 글을 모은 논문집 성격의 책으로, 그의 초기 사상과 사역을 들여다볼 수 있게 해준다. 첫째, 그는 농민의 정체성과 농촌 선교의 역사를 다룬다. 둘째, 그는 위기에 처한 농촌에서 어떻게 농촌 목회를 할 것인가를 자문한다. 셋째, 그는 생명 운동의 문

68 한경호, 『살림과 평화를 지향하는 농촌 선교이야기』 (북원출판사, 1994).

제를 다룬다. 이 부분에서는 농산물 직거래 운동과 같은 먹거리 운동, 교단의 농촌 교회의 생명공동체 운동, 도농의 민중교회 간의 교류 등을 다루고 있다. 다시 말해 그의 생명 운동은 먹거리 운동, 생명공동체 운동, 민중신학 등에서 발전하고 있는 것을 보여준다. 한경호의 경우, 생명 운동을 민중신학에서 발전시키는 것은 김지하와 같고, 먹거리 운동 등의 실천 운동에서 발전시키는 것은 신학적 관심에서 출발하는 이정배와 차이를 보인다. 또한 그는 그의 생명 운동을 교회 및 지역 사회를 중심으로 하는 지역성(locality)의 차원을 보이는 특색도 나타내고 있다. 즉 김지하나 이정배처럼 전통 종교나 토착 문화와 같은 과거 지향적 접근보다, 오늘날의 농촌이라는 소위 '지금 여기에'(here and now)라는 현재 지향적 접근을 한다. 넷째, 그는 새로운 농촌 선교의 정신을 보급하기 위하여 교육에 힘쓴다. 다섯째, 그는 목회에 대하여 논하는데, 그 대상은 교회 및 지역 사회가 된다. 즉 그의 목회는 교회라는 현장으로 제한되지 않고, 교회의 환경이요 교회의 이웃인 지역 사회로 번져나간다. 생명의 문제는 인간의 임의적인 구분을 뛰어넘는 보편적인 것이기 때문이다. 그는 특히 '교회밖 농민'에 관심을 가지고, '협동조합' 사역으로 나간다.

2) 한경호 생명신학의 발전

한경호는 두 번째 학위논문인 "한국 농촌교회 목회의 선교신학적 이해와 비판: 원주 호저교회를 중심으로"에서, 농촌 교회의 축적된 목회 경험을 바탕으로 한국 농촌선교의 문제점을 선교적으로 분석한다. 그는 이 논문에서, "성경적이면서 '삶의 정황'(Sitz im Leben)에 충실한 농촌선교 신학과 전략이 필요하다"고 한다.[69] 그가 농촌이란 삶의 정황에서 문제를 발견하고 대처한 내용은 다양하다. 첫째, 농촌 선교의 활동 영역은 소비자 생활협동조합 설립, 생명 선교 운동 전개, 장학회 설립, 농민회 결성, 외국인 노동자 쉼터 마련 등이다. 둘째, 교육과 전도 영역은 교육, 지역복음화 등이다. 셋째, 지역의 사회 선교 활동 영역은 원주 환경운동연합 결성과 생명축제 개최 등이다. 넷째, 목회자 연합 활동 영역은 교단 강원지역 농민목회자연합회, 원주 기독교교회협의회, 호저지역 목회자협의회 결성 등이다.

이상의 목록에서도 알 수 있듯이, 농촌은 한국 사회의 문제가 총체적으로 집약적으로 나타난 곳이고, 따라서 그에 대한 대응도 총체적이고 다양할 수밖에 없다. 이 목록은 『살림과 평화를 지향하는 농촌 선교이야기』에 나온 방안보다 훨씬 더 다양하고 종합적인 면을 보인다. 특히 환경 및 생명 운동 등 생명에 대한 관심이 더 강화되고, 연대를 결성해나가는 면이 더 확대된다. 그런 다양성과 포괄성은 그의 경험 및 전략의 복잡성을 반영한다고 볼 수 있다.

이 논문에 나타난, 한경호의 생명신학은 몇 가지 특징을 나타낸다. 첫째, 농촌의 삶의 정황 특히 생명의 위협이라는 현실에서 시작된 신학이다. 둘째, 그런 문제에 대처하는 경험을 반성하여 만들어진 신학이다. 셋째, 농촌문제가 다양하듯이, 그에 대한 대응도 다양하고, 따라서 다양하고 종합적인 신학이다. 넷째, 이런 문제가 기독교를 포함한 모두가 결부되어 있고 모두가 참여해야

69 한경호, "한국 농촌 교회 목회의 선교신학적 이해와 비판", 3.

할 문제이기 때문에, 네트워크가 중요한 요소가 되는 신학이다. 다섯째, 현실 문제를 다룬 신학이기 때문에, 오늘날 현실에 대한 적합성과 적응가능성이 높은 신학이다.

3) 한경호 생명신학의 최근 동향

이제 한경호의 생명신학을 전반적으로 사역 영역에 따라 생각해보자. 곧 교회, 지역 사회, 지역 사회 이상의 사회가 되겠다.

첫째, 교회는 그 자체가 생명공동체이고, 동시에 생명공동체를 이루어내는 변화의 시작이다. 한경호는 이런 변화를 가져오기 위하여, 한편으로는 교육에 주력하고, 다른 한편으로는 공동체 건설에 나선다.

한경호는 그가 목회하는 교회에서 교육할 뿐 아니라, 한국의 농촌 교회 전체가 사용할 수 있는 성경공부 교재를 집필한다. 그는『너른 마당: 농촌 교회 생명살리기 지도력 개발을 위한 소그룹 성경교재』를 출간한다.[70] 이 교재는 그가 속한 교단인 대한예수교장로회가 진행하는 "생명살리기10년운동"과 연결된다. 진방주는 이 교재의 의의에 대하여 다음과 같이 말한다.

> 총회의 생명살리기10년운동은 전 지구적으로 확산되어 가는 죽임의 문화에 대한 선교적인 응답이다. 다행히 농촌현장에서 농촌 선교를 위해 땀 흘리는 일꾼들이 있기에 총회의 생명살리기 운동은 더욱 풍성해질 수 있다. … 현재까지 발간되어 온 다양한

70 한경호,『너른 마당: 농촌 교회 생명살리기 지도력 개발을 위한 소그룹 성경교재, 상, 하』(한국장로교출판사, 2004).

> 성서교재들은 거의 모두 도시인들의 삶을 반영하고 있어서, 농촌의 삶과 밀착된 성서교재가 필요하다는 현장의 목소리에 대한 아쉬움이 있었다. 이런 차에 『너른 마당』을 발간하게 된 것은 의미있는 일이다.[71]

한경호도 같은 맥락에서, 그의 교재에서 "상황(context)를 중요시하는 입장"을 취했음을 밝히고 있다.[72] 그는 교회와 생명 운동을 연결시키기 위해, 교회를 재정의한다.

> 우리는 흔히 교회를 구원의 방주라고 부른다. 세상에 사는 죄인들을 교회라는 방주로 인도하여 구원받게 하는 것이다. 그런데 여기에는 인간 이외의 다른 생명체의 구원이라는 의식은 없다. 오직 사람만의 구원인 것이다. 그런데 본문은 어떠한가? 노아의 구원방주 속에는 인간을 포함하여 모든 생명체가 다 들어 있지 않은가? 노아의 방주는 '인간구원의 방주'가 아니라 '생명구원의 방주'였다.[73]

한경호는 또한 공동체 건설에 관심을 쏟는다. 사실 오늘날 한국 교회에는 공동체성을 중요시 여기는 운동들이 다양하게 전개된다. 공동체 운동에는 공동체 중심의 운동도 있고, 교회와 공동체를 접목시키려는 운동도 있다.[74] 각설하고, 한경호는 자신이 편집인으로 있는 「농촌과 목회」라는 잡지에서 이런 실험이 이뤄지

71 한경호, 『너른 마당, 상』, 2-3.
72 위의 책, 6.
73 한경호, 『너른 마당, 하』, 66.
74 다음 책을 보라. 새길기독사회문화원 편, 『대안공동체이야기』 (새길, 2008).

는 다양한 교회를 소개하고, 그것을 편집하여 『생명의 영성이 약동하는 농촌 목회 현장이야기』라는 제목의 단행본으로 내놓는다.[75] 한국일이 지적하듯이, "우리 농어산촌의 현실은 국가 차원에서도 해결하지 못하는 문제를 안고 있"다.[76] 한경호는 여기에 수록된 내용을 평가하기를, "산업화, 도시화의 와중에서 발견한 '민중'과 '생명' 그리고 '공동체'의 시대적 가치를 성경의 말씀으로 조명하면서, 농민과 함께 고난에 동참하며 죽어 가는 생명을 살리려는 선교적 노력을 경주해 온 것"이라고 한다.[77]

둘째, 지역 사회는 교회가 위치한 보다 큰 삶의 정황이다. 한국일은 "농어촌 교회는 지역 사회를 품고" 있다고 지적한다.[78] 교회와 지역 사회의 밀접성을 잘 지적한 말이다. 그러나 동시에 지역 사회가 교회를 품고 있기도 하다. 따라서 교회가 지역 사회로 나가는 것, 그리고 지역 사회가 교회로 나가는 것이 동시에 진행되어야 한다.

한경호가 사역한 목회지는 원주 지방에 속한다. 원주는 1980년대부터 한국에서 일기 시작한 생명 운동의 중요 거점지역 가운데 하나였다. 장일순이 중심이 되고 김지하가 가세한 한살림 운동이 활발해졌고, 여기에는 천주교의 기여가 크다.[79] 한경호 역시 "생명공동체 운동에서 미래의 농촌 선교적 과제를 보았다."[80] 그는 교회와의 협의 결과, 호저생협을 출범시켰다. 생협 운동은 오

---

75 한경호 편, 『생명의 영성이 약동하는 농촌 목회현장이야기』 (미션아카데미, 2008).

76 위의 책, 9.

77 위의 책, 11-12.

78 위의 책, 9.

79 한경호, "한국 농촌 교회 목회의 선교신학적 이해와 비판", 33.

80 위의 논문, 34.

늘날 한국 사회의 가장 중요하고 현실적인 생명 운동 가운데 하나로 자리 잡았다. 그것은 실생활과 연결되기 때문이다. 이 운동은 발전 과정에서, 소비, 생산, 소비와 생산의 교류 등에 대하여 생명이란 관점으로 재해석하고 이해하게 되었다. 즉 생명적 소비, 생명적 생산, 생명적 소비와 생산의 교류 등의 개념이 나타났다. 가령 '윤리적 소비', '생명 농법', '공정 무역', '협동조합 운동', '생명밥상 운동' 등이 다양하게 나타났다.

한경호는 또한 환경운동연합에도 참여하게 된다. 그의 말대로, "그동안 지나쳤던 일들이 이제는 환경연[환경운동연합]을 통해 해결해야할 과제로 등장하였다."[81]

이런 사실은 세 가지를 시사해준다. 하나는, 교회 목회와 지역 사회 활동이 동시에 진행되는 새로운 선교적 양상을 보이고 있다는 것이다. 다른 하나는, 흔히 JPIC에서 후진국형은 정의와 평화에, 선진국형은 생태에 더 관심을 갖는 이분법적인 양상이 나타난다고 우려하는데, 현장에서는 (적어도 한국적 상황에서는) 두 가지가 함께 유기적으로 나타난다는 것이다. 또 다른 하나는, 생명 운동은 여러 가지 통로를 통하여 연계되고 확산된다는 것이다. 이 경우는 지역적 근접성이 두 가지 운동의 연결고리가 되고 있다. 즉 원주는 이런 식으로 천주교와 개신교의 생명 운동의 중요 거점지역이 되었던 것이다. 이후 한경호도 다양한 네트워크를 창출해나간다.

셋째, 한경호는 지역 사회 이상의 사회에 대한 노력도 기울이

---

81 한경호, "한국 농촌 교회 목회의 선교신학적 이해와 비판", 55. 성백걸, 『하나님 자연 사람 그 창조의 숨결: 기독교환경운동연대25년사』(기독교환경운동연대; 한들, 2008); 기독교환경운동연대 편, 『녹색의 눈으로 읽는 성서』(대한기독교서회, 2002).

고 있다. 이런 사회 가운데 대표적인 것은 바로 한국 사회일 것이다. 지역 공동체이나 세계 공동체도 있지만, 국가는 현실적으로 하나의 생활권을 구성하는 주요 단위이다. 한경호는 이런 맥락에서, 통일에 대한 관심을 계속 생명 운동과 연결시키고 있다. 또한 최근에는 세계교회협의회 부산총회의 주제를 요약하여 '생명·정의·평화'의 관점을 제시하고 있다. 세계교회협의회는 부산에서 개최된 총회의 주제로 "생명의 하나님, 우리를 정의와 평화로 이끄소서"(God of life, lead us to justice and peace)로 정했다. 이제까지 JPIC가 '정의·평화·생명'이라고 한다면, 그는 이 주제를 이용하여 생명이 가장 우선되는 '생명·정의·평화'를 내세우고 있다.[82]

4. 한국 생명신학의 현재와 미래

이상의 세 가시 흐름 이외에도, 기독교 신학에서 토착화하려는 노력, 이미 한국에 있던 생명관을 이해하려는 노력, 한국의 전통 혹은 토착 종교 및 문화, 특히 민중문화와 기독교를 접목하려는 노력 등이 나타난다. 도가를 제외한 유교, 불교, 무교, 동학 등과 관련한 연구는 상당히 축적되었다. 생태여성학(Eco-feminism)이 또 다른 중요한 흐름이다. 무엇보다 여성은 생명을 출산하는 생명적 존재이기 때문에, 생태여성학의 발전에 기대해보지만, 아직까지 이 분야에서 많은 연구가 나오고 있지 않다.[83]

82 한경호, "권두언: 생명 정의 평화의 세계로", 「농촌과 목회」 51 (2011 가을), 4.
83 선순화 신학문집 출판위원회 편, 『공명하는 생명신학』 (다산글방, 1999).

오늘날 한국에는 생명신학이 꽃피고 있다. 이것이 활성화하려면 다음의 몇 가지 문제를 염두에 두어야 할 것이다. 첫째, 융합과 다양성의 문제이다. 생명의 특성상 생명 운동과 생명신학은 융합하면서 동시에 다양성이 나타난다. 이런 두 가지 상반된 방향을 어떻게 조화할 것인가가 숙제이다. 둘째, 생명신학에 있어서, 질문은 분명하나 대답은 모호한 경우가 많다. 그 이유는 생명도 하나요 지구도 하나라는 명제는 명확하지만, 생명이 다면적인 면이 있고, 미래를 전망하기가 쉽지 않기 때문이다. 셋째, 생명과 관련하여, 생명 운동은 한편으로는 생명 연대로, 다시 생명 생활로 나가고, 다른 한편으로는 생명신학으로 나간다. 따라서 생명 운동과 생명신학은 전체적으로 또한 각 단계별로, 어떻게 이론과 실천이 상호 연결되어 시너지 효과를 내는가가 문제이다. 생명신학은 단순한 학문으로 남기에는 너무나 현실적 요구가 큰 신학이다.

Ⅲ. 결론

우리는 이제까지 한국 생명신학의 다양한 흐름 가운데 특징을 나타내는 몇 가지 흐름을 살펴보았다. 김지하는 시인이요 문화운동가로서, 민중신학에서 출발하였고, 생명신학을 구성하면서 기독교의 틀에 구애받지 않고, 일반적인 틀, 특히 동학의 틀을 자유롭게 사용하고 있다. 이것이 신학자가 아닌 기독교 사상가로서의 그의 특징이 될 것이다. 그는 궁극적으로 전통적인 종교상을 극복하는 생명신학을 제시하고 있다. 이것은 향아설위로 요약된다.

이정배는 생명신학을 구성하면서 기본적으로 기독교의 틀을 사용하고 있다. 그는 JPIC신학이란 기독교 신학에 촉발되어 생명신학을 하며, 자신의 신학의 틀을 확대해 나가지만 틀 자체를 부정하지는 않는다. 그의 생명신학은 전반적으로 JPIC에서 정의와 평화보다는 창조질서의 보전에 더 관심을 갖는다. 이것은 한국의 토착신학과 민중신학이 문화적 관심과 정치적 관심으로 양분되는 것, 그가 토착신학자로 신학을 시작했다는 것과 무관하지 않은 것으로 보인다.

한경호는 목회라는 현장에서 생명신학의 도전을 받고, 발전시킨다. 한국의 농촌은 여러 문제가 집약적으로 나타나는데, 바로 생명의 문제이다. 따라서 그의 생명신학은 외견상 다양한 분야와 연관되지만, 생명이란 주제로 수렴된다. 이것이 그의 생명신학과 사역이 확장되면서도 중심을 유지하는 이유이다. 그가 생명신학을 발전시키면서도 계속 목회자로 남아있다는 점에서, 그의 생명신학은 진보적이면서도, 목회적이고 전통적인 기독교의 특성을 보인다. 즉 김지하와 이정배에 비하여, 신학적 과격성보다 실천적 혁신성이 두드러진다. 결론적으로, 세 흐름은 김지하의 생명사상가적 생명신학, 이정배의 생명신학자적 생명신학, 한경호의 생명 운동가적 생명신학이라고 요약할 수 있다. 이밖에 전통 및 토착 영성에서 출발하는 생명신학, 생태여성학에서 출발하는 생명신학이 있다. 이런 다양한 생명신학이 한국 생명신학을 구성한다.

제 4 장 · 통일신학

: 넘치는 통일담론, 빈약한 통일신학

Ⅰ. 서론

Ⅱ. 통일신학의 발전 과정

1. 1기(1980-1998년), 분단과 통일신학(과거), 정치적 관심

2. 2기(1998-2008년), 통일과 통일신학(현재), 경제적 관심

3. 3기(2008년 이후), 통합과 통일신학(미래), 문화적 관심

Ⅲ. 결론

출처 "통일신학의 발전에 관한 소고",「한국 기독교 신학논총」90 (2013), 87-113.

Ⅰ. 서론

통일은 민족의 숙원이다. 지난 반세기 동안, 기독교는 여러모로 통일 문제에 대처해왔다. 그런데 "그동안 한국 교회 내에서 통일의 논의도, 통일을 위한 실천도 계속되었고, 어느 면에서는 활발하기도 했지만, 막상 이런 논의와 실천의 근거가 되는 신학적 노력은 비교적 미약하고 일천하다고 평가할 수 있다."[1] 즉 통일운동의 역사, 통일 담론의 역사, 통일에 있어서 기독교인의 역할 등에 관한 논의들이 많이 있었지만, 통일이란 주제를 본격적으로 신학적 관점에서 접근한 노력들은 많지 않았다.[2] 가령 남북나눔연구위원회에서 발간된『민족통일을 준비하는 그리스도인』은 기독교적 통일론을 전개하는데, 집필진이 모두 평신도이다.[3] 광범위한 면에서 한국 기독교의 통일 문제를 다루려면, 평신도 지성인의 견해를 포함한 다양한 여론을 수렴해야 한다. 그러나 신학자 본연의 역할이 면제되는 것은 아니다. 오히려 통일신학이 다양한 통일 담론의 토대를 마련하고 비판의 틀을 제공하려면, 신학자의 역할은 더욱 크다고 하겠다. 그런데 현실은 신학자들도 통일에 대한 본격적인 신학 저술보다 실천적 선언이나 대안적 성

---

1 안교성, "통일에 대한 신학적 근거와 통일을 위한 과제들",「교육교회」411 (2012.4), 14.

2 필자가 속한 역사신학 특히 한국 교회사 관련 학술지 중,「한국교회사학회지」에 통일 문제 관련 논문이 한 번도 실리지 않았고,「한국 기독교와 역사」에 적지 않은 논문이,「교회사학」에 극소수가 실렸다. 한편 한국기독교학회의「한국기독교 신학논총」61 (2009)에는 특집으로 "통일신학기획특집논문"이 실렸다. 선교학적 입장에서는 다음 논문을 보라. 조은식, "남북화해를 위한 한국 교회의 역할",「선교신학」31 (2012.11), 329-60.

3 남북나눔연구위원회,『민족통일을 준비하는 그리스도인』(두란노, 1995). 집필진 가운데 이만열은 일반역사학자인 동시에 신학교를 졸업한 경력을 가지고 있다.

격을 띤 논의를 양산해온 추세이다. 필자는 이런 상황을 '통일신학의 풍요 속의 빈곤 현상'이라고 부르고자 하는데, 그런 현실은 한국 신학자들 가운데 통일신학자라고 손꼽을 만한 학자가 뚜렷하지 않다는 사실에서도 확인할 수 있다. 즉 아직까지는 기존의 신학자들이 통일신학을 다루고 있으며, 이 문제에 전념하는 전문적인 신학자가 드물다. 최근에 통일을 주제로 한 박사학위논문을 취득한 신진 통일신학자들이 다수 배출되고 있는 것은 고무적이다.

통일에 대한 초보적인 신학적 관심은 분단 이후 지속되어 왔지만, 통일신학이 본격화된 것은 20세기 4/4분기 혹은 1980년대부터라고 할 수 있다. 최근에는 통일신학이 유행이라고 할 만큼 활발해지는 추세이다.[4] 이런 맥락에서 필자는 통일신학의 발전 과정을 역사적으로 개관하면서, 역사적 맥락, 시기별 특징, 다양한 통일신학의 공통점과 차이점들을 분석하여, 점차 본격화하는 통일신학의 토대연구가 되고자 한다. 이 목적을 위하여, 20세기 4/4분기부터 오늘날까지의 시기를 3분한다. 이런 시대 구분은 외적으로는 통일신학에 결정적 영향을 주는 한국의 역사적 변화를, 내적으로는 통일신학 자체의 변화를 동시에 고려하면서 설정하였다. 신학의 시대 구분에서 외부적 요인을 고려한 이유는 분단 이후 오늘에 이르기까지, 통일 현실과 통일 논의에 있어서 외부 특히 정부의 역할이 거의 절대적 영향을 미쳐왔기 때문이다.

1기는 통일을 분단 극복의 관점에서 다루려는 시기(1980-1998년)이다. 1980년은 한국이 민주화 운동과 통일 운동의 연관성을

4 가령 장로회신학대학교 산하 남북한평화신학연구소는 2012년 연구총서를 시작한 이래 2017년까지 총 9권을 발행하였는데, 최근 것들은 다음과 같다. 김정형, 『탈냉전 시대 분단 한국을 위한 평화의 신학』 (나눔사, 2015); 배희숙 외, 『평화통일신학: 신학적 근거의 모색』 (나눔사, 2015); 안교성 편, 『독일 통일 경험과 한반도 통일 전망: 신학적 성찰과 과제』 (나눔사; 2016).

새롭게 인식하기 시작한 때였으며, 1998년은 김영삼의 문민정부가 종결된 때이다. 2기는 통일을 통일 자체 혹은 남북 교류의 관점에서 다루려는 시기(1998-2008년)이다. 1998년은 햇볕정책이란 전향적 대북 정책을 선택한 김대중의 국민의 정부가 출범한 때이며, 2008년은 노무현의 참여정부가 종결된 때이다. 3기는 통일을 보다 넓은 통합의 관점에서 다루려는 시기(2008년 이후)이다. 2008년은 남북 관계가 경색되기 시작한 이명박 정부가 출범한 때이다. 그러나 이런 시대 구분은 상당 부분 중첩됨도 미리 지적한다.

다양한 신학자들 중 해당 시기를 대변하는 신학자들을 선택적으로 다루고자 하는데, 물론 그런 선택은 필자의 개인적인 성향이 반영될 수밖에 없다. 그 범위는 통일 문제에 대한 본격적인 신학 작업을 한 신학자와 신학 작품에 국한한다. 특히 신학적 방법론이나 주제 등에 관심을 기울일 것이다. 다시 말해 20세기 4/4분기 이후의 통일신학을 다루지만, 해당시기의 모든 연구를 섭렵하기보다는 그 맥락과 특징을 요약하고자 한다.[5] 따라서 본격적인 연구사 논문은 별도로 마련되어야 한다.[6] 한 가지 부언할 것은 시기구분 중 1기가 해당 기간이 길고 정초기라는 점에서 상대적으로 길게 서술할 것이다. 그리고 차후 본격적인 통일신학의 구성을 위해서는 신학적 방법론이나 주제 이외에도 통일 등 관련 개념 정의, 교회·국가·세계 등 당사자 분석, 통일신학의 근거 곧

5 최근의 통일신학에 대한 연구사적 논문으로는 「한국기독교 신학논총」 61집에 수록된 다음 논문을 보라. 신옥수, "통일신학의 어제와 오늘", 55-83; 허호익, "한국 기독교의 통일논의의 역사와 통일의 실천적 과제", 85-106.

6 이전의 통일관련 문헌은 다음 책과 논문을 참고할 것. 한국신학연구소 학술부, "통일 문제와 관련된 그리스도교계 문헌집성", 「신학사상」 71 (1990 겨울), 968-92; 남북나눔연구위원회 편, 『민족통일을 준비하는 그리스도인』 (두란노, 1994), 339-76; 민영진, 『평화·통일·희년』 (대한기독교서회, 1995) 등.

내적인 성서적·신학적 근거 및 외적인 역사적·상황적 근거 제시가 필요하다.

Ⅱ. 통일신학의 발전 과정

1. 1기(1980-1998년), 분단과 통일신학(과거), 정치적 관심

통일신학은 민족의 분단 문제를 본격적으로 다룸으로써 시작되었다. 따라서 초기 즉 1기의 통일신학은 통일 자체보다는 분단 현실을 신학적으로 이해하고 극복하려는 노력으로 전개되었다. 그런데 당시는 통일 문제를 다루는 것 자체가 위험할 정도로 분단 현실은 이데올로기적으로 첨예하였다. 가령 당시는 현직 국회의원이 통일 관련 발언을 했다가 구속되던 시기였다.

> 1986년 정기국회에서 야당의 한 국회의원은 "대한민국의 국시는 반공이 아니라 통일이다"는 대정부 질의를 합니다. 이 국회의원은 곧바로 국가보안법 위반으로 구속되었습니다. 이 사건은 분단 이후 대한민국에서는 통일논의 자체가 금기시 되었다는 것을 보여주는 사례입니다. 남북대화 뿐만 아니라 남한 내부에서조차도 통일논의 자체가 불가능하였던 상황이 계속 되었던 것입니다. 이러한 상황에서는 '통일논의의 활성화'가 무엇보다도 절실했습니다.[7]

이런 상황 가운데서도 한국 교회의 통일 인식이 높아지고 신학적 노력이 개시된 것은 한편으로는 1980년대 광주민주화 운동을 계기로 민주화 운동의 전제로서의 통일의 중요성이 부각되었기 때문이며, 다른 한편으로는 남북한 교회 간의 만남이 지속적으로 이루어지기 시작했기 때문이다.[8] 따라서 통일신학 특히 분단 문제를 다루는 신학적 노력은 상아탑에서 시작된 것도, 상아탑의 안전이 보장된 것도 아니었다. 그것은 실존적인 신학이었고 위험한 신학이었으며 나아가 고난의 신학이었다.[9]

1) 분단 극복의 신학: 박순경의 통일신학

분단 극복의 신학으로서의 통일신학을 언급할 때, 다양한 신학자들이 나타난 것이 사실이다. 해외관련 인사로는 김성락, 선우학원, 이영빈/김순환, 홍동근 등이 있다.[10] 국내 인사로는 문익환, 홍근수, 노정선 등 수많은 이들이 있다. 이 시기의 신학적 판도에 대한 상세한 연구는 별도의 연구가 필요할 것이다. 그러나 이 시기의 대표적인 통일신학자로 박순경을 들 수 있다. 그 이유는 크게 두 가지이다. 첫째, 이론적으로, 박순경은 통일신학과 관련하여 본격적인 관심을 끌어낸 초기 작품 『민족통일과 기독교』

---

7 김상근, "서문: 한국 교회 평화통일 운동 평가와 제언", 한국기독교교회협의회 통일위원회 편, 『1980-2000 한국 교회평화통일 운동자료집』(한국기독교교회협의회, 2000), 16.

8 남북한 교회의 만남의 역사와 관련 문헌에 대해서는 다음 책을 보라. 형상사 편집부 편, 『교회도 하나 나라도 하나: 평양엔 교회가 글리온에선 만남이』(형상사, 1989), 특히 13-32; 김애영, 『여성신학의 비판적 탐구』(한신대학교출판부, 2010), 특히 231-65.

9 루터는 신학의 구성요소로 시련 곧 고난을 제시한 바 있다.

10 이들 이외에도 이화선, 이승만 등을 들 수 있다.

를 출간하였을 뿐 아니라 통일신학이란 단어가 들어간 책을 다수 출간하면서 통일신학 문제를 천착하였다.[11] 둘째, 실존적으로도, 박순경은 통일신학과 관련하여 최초로 투옥된 학자였다. 물론 이전에도 통일 문제를 다룬 작품들이 있었고 통일 문제로 투옥된 기독교 인사들이 있었으며 이밖에 민주화 운동이나 민중신학 관련 수감자들도 다수였다. 하지만 박순경은 특별히 통일신학을 다루는 과정에서 수감되었다. 이런 점에서 그를 최초의 본격적 통일신학자라고 부를 수 있을 것이다. 그렇다면 그의 통일신학의 특징은 무엇인가?

(1) 민족 신학으로서의 통일신학

박순경의 통일신학은 민족 신학으로서의 통일신학이다. 그는 "한민족(韓民族)의 신학(神學)"이라는 표현을 처음으로 사용한다고 주장한다.[12] 그 자신이 밝히고 있듯이, 분단은 민족 모순의 핵심적 사안이었다. 따라서 그는 이미 1946년(혹은 1943년)부터 이 문제에 관한 관심이 있었지만 천착할 기회를 갖지 못하다가, 1972년 7·4 공동성명이 계기가 되어 분단 내지 통일 문제에 본격적인 관심을 가지게 된다. 그는 신학이 민족의 문제를 도외시 할 수 없고, 분단 내지 통일 문제는 민족 문제의 핵심이기 때문에, 분단 내지 통일 문제를 학문적으로 직면하기로 결단한다. 그의 민족 신학은 같은 민족 신학이면서도, 주로 문화적 면을 다룬 토착화신학이나 사회적 면을 다룬 민중신학과 달리, 정치적 면에서 가장

---

11 박순경, 『민족통일과 기독교』 (한길사, 1986); 『통일신학의 여정』 (한울, 1992); 『통일신학의 고통과 승리』 (한울, 1992); 『통일신학의 미래』 (사계절, 1997).

12 박순경, 『민족통일과 기독교』, 166.

첨예한 분단 내지 통일 문제를 직접 다루고 있다. 사실 그는 민중신학이 보다 정치적으로 구체적인 입장을 취하지 않는 데에 대하여 불만을 표시하기도 한다.[13]

바르트학자였던 박순경이 민족 신학에 헌신하기로 한 것은 다음과 같은 예언적 행동으로 잘 드러난다. 그는 1970년대 중반 유럽 연구를 마치며 돌아오는 과정에서 흠모하던 칼 바르트(Karl Barth)의 묘소에서 네 번 절을 올림으로써 서구 신학과의 결별을 선언한다.[14] 이점에서 그의 통일신학은 민족 신학으로서의 통일신학의 위상을 분명히 하였다.

(2) 여성신학으로서의 통일신학

박순경은 성별로 '여성' 신학자인 동시에 신학적 관심으로 '여성신학자'이다. 그는 여성신학을 통일신학과 연결시킨다. 그는 여성신학을 전개하면서 여성성이란 여성의 본질에 주목하거나 부르주아 여성학처럼 여성의 과거로부터의 해방에 대하여 관심을 갖기보다 남성의 지배로 왜곡된 현실을 넘어서서 미래의 사회를 여는 것에 관심이 있다. 그에 의하면 남성 지배 위주의 기존의 사회로서는 미래, 특히 통일의 미래를 열 수 없기 때문에 여성신학이 그 일을 맡아야 한다. 그에게 "민족의 어머니, 역사의 어머니는 여성뿐만 아니라 남성의 새로운 인간성, 지배의식과 지배구조로부터의 자유한 인간성, 그래서 평등과 평화와 의(義)가 지배하는 하나님 나라의 인간성의 표징이다."[15] 그는 한국 여성신학의

13 이것은 민중신학 제2,3세대의 불만이기도 하다.

14 박순경, 『민족통일과 기독교』, 190.

15 위의 책, 5.

중심적 주제로서 통일을 주장함으로써 한국 여성신학의 한 줄기 방향을 선도적으로 제시하였다. 이러한 노력은 한국 여성신학자들에 의해서, 특히 제자인 김애영을 통하여 이어지고 있다.

(3) 제3의 길로서의 통일신학

박순경의 통일신학에서 가장 주목할 만한 것은 분단이라는 과거에 대해서도 관심을 갖지만 미래에 대한 전망도 시도하고 있다는 점이다. 그는 제3의 길에 대해서 거듭 언급하는데 한 대목을 들어보면 다음과 같다.

> 이 제3의 길은 민족분단을 넘어서서, 남의 불평등한 사회·경제체제와 북의 경직된 권력구조를 넘어서서, 남북의 방위경쟁을 넘어서서, 평등한 민족사회·경제체제를 실현해나가는 과정에서 열리게 될 것이다. … 이 길은 세계를 지배하는 미국의 자본주의 경제체제와 세계의 모순을 넘어서서, 미·소의 핵무기경쟁과 위협을 넘어서서 새로운 평등한 세계질서가 모색되고 실현되어가는 과정에서 열리게 될 것이다. 이 제3의 길을 여는 주역을 피압박자·피압박민족·피압박인종·여성·제3세계가 대변해야만 할 것이다.[16]

한편 박순경은 한국기독교교회협의회(NCCK)나 기타 조직들이 통일에 대한 구체안을 내놓지 않는다고 비판한다. 그러나 그 자신이 제시하는 제3의 길도 구체성을 충분히 확보하고 있지는

16 위의 책, 259.

못했다고 평가할 수 있다. 사실 당시로서는 분단 고착이라는 과거를 재조명하는 것도 힘에 겨웠고 통일을 전망하기도 어려운 상황이라서 구체안을 내는 것 자체가 쉽지 않았을 것이다. 여하튼 그의 주장들을 종합해 볼 때, 다음과 같은 특징들을 요약할 수 있다.

첫째, 박순경은 분단의 현실을 보면서 한국 기독교가 분단의 책임이 있다고 해석한다. 이런 해석을 뒷받침하기 위하여 한국 기독교의 과거를 회고하면서, 서구 지향적, 반공적, 분단 고착적인 종교라고 비판한다. 이런 관점에서 한국 기독교와 한국 기독교의 기원과 관련된 서구 기독교를 비판한다. 이런 시각은 1980년대 통일을 논하는 가운데 남북한의 분단에 대한 죄책 고백이라는 주제로 발전한다. 이것은 1988년 한국기독교교회협의회의 "민족의 통일과 평화에 대한 한국 기독교회 선언"에서 분명하게 제시된다. 물론 남한의 죄책이란 주제는 남한 기독교내의 첨예한 갈등의 소지가 된다. 민영진은 박순경의 비판적 자세에 대하여 다음과 같이 평가한다.

> 박순경(朴淳敬) 교수는 기독교를 비난하려는 악의적인 도전자편에 서있지 않다. 오히려 한 기독교인으로서 그가 우리 신도들 모두를 대표하여 잘못을 고백하는 참회록을 우리는 그의 저서 '민족통일과 기독교'(한길사, 1986)에서 본다. 그는 서양 기독교의 본질과 한국 기독교의 과오를, 그리고 기독교 선교와 한국 기독교에 내재한 반민족적 요소를 집중적으로 제시한다.[17]

---

17 민영진, 『한반도에서 읽는 구약성서: 세상일-성서로 본 토막생각』 (삼민사, 1988), 192.

한편 노정선은 같은 맥락에서 분단과 기독교의 관계에 대하여 외세와 국제적 판도라는 관점과 제3세계라는 관점에서 보다 강도 높은 비판을 하며 통일신학을 모색하였다.[18]

둘째, 사회주의를 재인식하고자 한다. 이에 대해서 몇 가지를 언급할 수 있다. 하나는 박순경의 사회주의에 대한 관심은 분단의 상대방인 북한을 이해하기 위한 것이다. 이를 위하여 그는 주체사상과 기독교를 과감하게 비교하였고, 이것이 빌미가 되어 수감되었다. 그는 수령과 교황을 비교하는 발언을 통하여, 한편으로는 가톨릭 측의 반발을 샀고, 다른 한편으로는 용공으로 오해받았다.[19] 이런 극단적인 사태는 주체사상과 기독교에 대한 연구가 아직까지도 크게 발전하지 못한 것과 무관하지 않다고 추론된다. 다른 하나는 박순경이 사회주의에 대한 관심을 갖게 된 것은 그가 사회주의와 접촉한 경험과 연관된다. 즉 1940년대에는 국내의 사회주의와 만남이 있었고, 1980년대에는 북한의 주체사상 사상가와의 만남이 있었다. 통일 운동이 만남을 통하여 발전해나갔다는 하나의 방증이다. 또 다른 하나는 박순경이 통일 이후의 한국의 이데올로기로 남한의 자본주의와 북한의 공산주의를 넘어선 민족주의적 사회주의를 내세우는데, 이것은 한국 기독교 내에서 기독교와 사회주의의 만남의 유구한 그러나 단속적인 전통과 이어진다. 즉 1920년대(혹은 1930년대), 1940년대, 1970년대, 1980년대에 기독교와 사회주의의 만남들이 있었는데, 이런 전통이 통일 이후 사회에 대한 한 가지 방향 제시가 된다는 것이다. 이런 관

18 노정선, 『통일신학을 향하여: 제3세계 기독교윤리』 (한울, 1988).

19 함세웅 신부는 이에 대한 가톨릭 측의 긍정적인 이해를 제시하고 있다.

심은 오늘날 다양한 연구 결과로 나타나지만, 아래에서 재론하기로 한다.

(4) 고난과 승리의 신학으로서의 통일신학

박순경의 통일신학은 고난의 신학이다. 그는 여성신학자로서는 드문 수감 경험을 지닌 신학자로서 한국의 고난 받는 신학자의 대열에 서게 된다. 그의 수감 사건은 한국 기독교 내에서 보수·진보 등 신앙 및 신학적 성향과 상관없이 많은 사람들의 관심을 불러일으킨다. 가령 스스로 반공주의자라고 밝히면서 선처를 요구했던 공덕기, 보수적 성향의 인사이면서 청원서를 제출했던 이한빈 등이 좋은 예이다. 세계교회협의회(WCC)의 신학적 주제를 빌어 표현한다면, '교회의 일치와 인류의 일치 혹은 교회의 일치와 인류의 갱신'은 함께 가는 것이다.

2) 분단에서 통일을 꿈꾸는 신학: 희년신학

분단 극복의 신학으로 출발한 통일신학은 점차 통일로 시선을 옮겼다. 이 시기는 아직 구체적인 통일 시나리오를 말하거나 통일 및 통일 이후의 상황을 상세하게 언급하기 어려운 단계였지만, 통일을 전망하면서 통일을 꿈꾸게 되었다. 이런 신학적 상상력은 성서의 주제인 희년을 통일신학의 주제로 선택하였고, 여기서 통일신학으로서의 희년신학이 나타났다.[20] 특히 전술한 "민족의 통일과 평화에 대한 한국 기독교회 선언"에서 1995년을 희년

20 희년신학의 연구에 관해서는 다음을 참고하라. 민영진, 『평화·통일·희년』, 197, 주1. 또한 한국기독교학회 편, 『광복 50주년과 민족희년』 (감리교신학대학교 출판부, 1995).

으로 삼음으로써 희년은 통일신학의 공식 개념이 된다. 또한 민영진에 의하면, "3차 글리온 회의에서 북한 교회가 여기에 동참하였고, 놀랍게도 북한 정부 당국마저도 이 희망을 우리와 함께 나누"었다.[21] 이런 움직임은 한편으로 긍정적인 측면에서 세계교회협의회 창립 50주년이 되는 1998년에 열린 제8차 총회인 하라레 총회를 "희년총회"라고 일컫는 것으로 이어졌고,[22] 다른 한편으로 김일성이 같은 해인 1995년을 통일의 해로 내세움에 따라 용공 시비를 재연시키는 계기가 되었다.

(1) 민영진의 희년신학

희년이 성서 용어인 만큼 희년신학을 발전시켜 나가는데 성서신학자들의 기여가 큰데, 특히 민영진을 손꼽을 수 있다. 그의 통일신학은 통일신학 및 희년신학 관련 저서인 『평화·통일·희년』이 나오기 전부터 이미 나타났다. 따라서 본 논문이 연구 대상을 본격적인 신학 작품으로 한정하고 있으나, 그의 경우는 예외적으로 기타 작품을 언급하기로 한다. 그는 칼럼집 『한반도에서 읽는 구약성서: 세상일-성서로 본 토막생각』 가운데서 구약성서 새롭게 읽기를 통하여 통일신학 및 희년신학과 관련된 몇 가지 중요한 주제에 관하여 성서신학적 접근을 한다.

첫째, "민족적 일체감이 분단을 극복"(삼하 5:1-3)이라는 칼럼에서는 분단의 장애를 극복하는 자세에 대하여 말한다.[23] 민영진에 의하면, "다윗이 왕국을 통일할 수 있었던 배후에는 그가 직접

---

21 민영진, 『평화·통일·희년』, 197-98.

22 한국기독교교회협의회 신학연구위원회 편, 『희년신학연구』 (한국기독교교회협의회, 1997), 4.

23 민영진, 『한반도에서 읽는 구약성서』, 78-79.

치른 두 번의 장례가 큰 비중을 차지한다".[24] 다윗은 북쪽 지파의 전권 대사였던 아브넬이 통일을 위한 협상을 하고 돌아가던 길에 남쪽 왕국의 장군에게 피살되자 그의 죽음을 국장으로 애도하였다. 한편 북쪽의 명목상의 왕인 이스보셋을 살해하고 남쪽으로 귀순한 장군들을 환대하기는커녕 오히려 왕을 시해한 역적으로 처벌하고 이스보셋의 머리를 아브넬의 무덤에 함께 장사하였다. 다윗은 통일에 대한 재론이 불가능할 것 같은 위기들에 대처하면서, 남북 지파들을 하나로 통일시킨 것이다. 이것은 남북 경색에서 독자적인 공간을 제대로 마련하지 못하고 있는 한국 교회에 신학적 실마리를 던져주고 있다.

둘째, "국제사회에서 남한과 북한은 친족 의무 수행 관계: 구약에 나오는 '기업 무를 자'"(룻 2-4장)라는 칼럼에서는 국제 사회에서 남북 간에 어떤 태도를 취할 것인가를 다룬다.[25] 민영진에 의하면, "골육지친끼리는 어려운 일이 생겼을 때 남달리 더욱더 특별한 책임과 의무를 가지고 돕는다는 것이다. 친족으로서의 특별한 책임과 의무를 수행한다는 것은 구약에서는 다음과 같은 여러 경우에 친족으로서의 구체적인 구제 행위를 한다는 것을 뜻한다".[26] 즉 친족의 홀로 남겨진 아내를 맞이하는 일, 종 된 친족을 자유하게 하는 일, 가난하여 팔린 유산으로서의 밭을 되사주는 일, 억울하게 살해된 친족의 원수를 갚아주는 일 등. 그는 이런 사례를 원용하면서, "국제사회에서 서울과 평양이 피차 상대방에 대해 친족의 임무를 수행하는 관계가 된다면 힘깨나 좀 쓴다고

24 위의 책, 78.
25 위의 책, 180-81.
26 위의 책, 180.

하는 이웃나라들도 말리지는 못할 것이다"라고 주장한다.[27] 분단이란 맥락 아래 놓인 남북한의 전향적인 관계에 대하여 신학적 상상력을 발휘한다. 소위 2자 회담이다, 6자 회담이다, 남한을 배제한 북미 직접 대화다 등 남북한을 중심으로 한 복잡한 국제 관계의 관계 속에서 분단의 물꼬를 틀 수 있는 한 가지 신학적 개념을 제시한다. 물론 그는 "악순환의 고리를 어떻게 끊을 것인가?: 질투, 폭력, 보복의 악순환"이란 칼럼에서는 창세기 4장 24절을 통하여 '대한항공 폭파사건' 이후, '형제'로서의 정을 가지고 잘못된 과거를 청산하려 했으나, "또 이처럼 배신을 당하고 보니 아연할 뿐"이라는 상실감도 토로한다.[28] 이처럼 분단 극복의 길은 아직도 요원한 면이 있다.

셋째, "희년 1995년: 희년선포 운동의 뜻"(레 25:8-55)이라는 칼럼에서는 희년의 의미를 제시한다.[29] 민영진은 1995년을 '평화와 통일'의 희년으로 선포하는 것이 어떤 예언이나 시한 설정이 아니라, "지금부터 그때까지 7년 동안 평화와 통일을 위한 희년선포 운동을 전개할 것을 다짐"하는 의미라고 이해한다.[30] 희년은 가난한 이들에게는 하느님의 '은혜의 해'요, 부자들에게는 '하느님께서 원수 갚으시는 날'이라고 하면서, 희년 선언이 "희년법 정신을 구현하는 운동을 예수께서 합법화하셨다는 것을 확인하는 선언"이라고 한다.[31]

넷째, "남북 접촉창구가 단일화되어서는 통일이 늦는다: 칼을

---

27 위의 책.
28 위의 책, 232-33.
29 위의 책, 300-301.
30 위의 책, 300.
31 위의 책, 301.

쳐서 보습 만들 날 내다보며"(미 4:2-4)라는 칼럼에서는 창구 단일화의 문제점을 제시한다.[32] 민영진이 지적하기를, "남과 북의 접촉창구를 '일원화할 것이냐, 다원화할 것이냐'라고 할 때, 일원화는 언제나 남과 북의 집권자들끼리만 하는 것을 전제로 한다. 통일을 쉽게 성취할 수 있는 다원화된 창구는 닫히고 통일을 쉽게 성취할 수 없는 일원화된 창구만을 열겠다면 그것은 통일을 늦추거나 아니면 하지 않겠다는 것과 무엇이 다른가?"[33] 이만열도 같은 맥락에서, "정부가 '창구단일화'의 논리를 '창구독점화'의 논리로 둔갑시"켰다고 비난한 바 있다.[34]

민영진의 이런 성서신학적 관심은『평화·통일·희년』에서 본격화된다. 그는 이 책에서 희년과 관련된 8개 논문 가운데, 6개 논문에서 희년의 성서적 의미를 분석한다. "해방된 이스라엘의 평등주의 경제질서"에서는 풍요경제와 평등경제를 대비하면서, 희년에 대한 해석의 결론 중 하나로 경제 평등주의를 제시한다.[35] "1995 통일 희년"에서는 1995년을 맞는 감회와 함께 1988년 당시를 회고하면서, 미완의 과제, 지속적 과제로서의 희년을 제시한다. 그는 1995년을 맞이하면서, 몇 가지 신학적 개념을 통해 당시 상황을 분석한다. 첫째, 민영진은 은총의 개념으로 희년을 접근한다. 그가 다양한 글에서 주장하였듯이, 희년은 하나님의 명령이지만 인간에 의해서 실현되지 못하였고 하나님의 역사로 가능하다. 특히 다음의 진술을 주목해보자.

---

32 위의 책, 308-309.

33 위의 책, 309.

34 남북나눔연구위원회,『민족통일을 준비하는 그리스도인』, 71.

35 민영진,『평화·통일·희년』, 284-94.

아직 남북 화해의 길이 아득해 보이지만, 지금의 남북 관계나 통일 논의는, 10여 년 전에 한국기독교교회협의회가 통일에의 염원을 구체적 실천 과제로 인식하기 시작할 때만 하더라도, 상상할 수 없었던 국면을 보여준다. 우리의 노력에 비해 은총으로 얻게 된 결실도 적지 않음을 보기 때문에 통일에의 확신은 점점 굳어진다. 성서적인 표현을 쓴다면, "통일이 왔지만, 모두들 통일을 기다린다고 하면서도, 이미 온 통일을 알아보지도 못하고 영접하지도 않고 있을 뿐이다."[36]

둘째, 민영진은 종말론적 관점에서 희년을 접근한다. 그는 카이로스와 크로노스의 대비로 희년과 현실 시간의 관계를 분석한다. 그는 "카이로스적 성격을 지닌 종말론적 희망인 희년의 성취와, 역시 카이로스적 성격을 지닌 한반도의 평화와 통일"과 "크로노스"적인 1995년이란 현실 시간을 대비하면서, 전자가 후자에 희망을 걸지 않을 수 없으면서도 동시에 전자가 후자에서 반드시 실현될 보장이 없다는 점을 명시한다.[37] 따라서 좌절과 실망을 넘어서서 과거의 회고와 미래의 전망으로 나아갈 것을 제시한다. 그는 1996년부터의 과제에 대하여 두 가지로 설명한다. 먼저, "희년의 종말적 성격을 확인해야" 한다는 것이다. 다시 말해 "50년이라는 주기는 희년을 베풀 사람에게 최대로 허용된 유예 기간이지, 희년 실시의 연기를 합법화하는 기간은 아니"라면서, 비록 1995년을 상징적으로 정했지만, 구체적인 통일은 언제까지 연기될지 모르나 동시에 언제든지 종식되어야 한다는 것을 강조한

36 위의 책, 296.

37 위의 책.

다.[38] 또한 "희년과 코이노니아가 만나서 이룩할 샬롬을 선언하고 실천해야" 한다는 것이다. 희년 정신의 중요성은 공동체의 회복, 곧 일치에 있다면서, 그 방법은 '고투와 고통'(struggle and pain)이 포함된 '코이노니아'라는 것이다. 한편 그는 "1988년 이후부터 한국기독교교회협의회에서는 구약성서의 주요 개념인 '희년'을 우리의 역사와 결부시키는 작업을 해왔다"고 하면서, "남쪽에서만 그렇게 한 것이 아니라, 남·북한 교회가 함께 해 왔다는 점에 큰 뜻이 있다"고 한다.[39]

(2) 한국기독교교회협의회의 희년신학

한국기독교교회협의회는 평화통일의 희년으로 선포했던 1995년이 지남에 따라, 이에 대한 신학적 반성을 하게 되었고 그 일환으로 『희년신학연구』을 출간하였다. 이 책에 수록된 "논문의 주제는 '회개와 화해', '나눔과 섬김', '생명과 평화'로서 한국 교회에 희년에 대한 연구를 널리 알려서 함께 연구하는 역사적인 자료를 제공하며 특히 희년의 삶을 실천해 나갈 수 있도록 하기 위한 것에 목적을 두었"다.[40] 다시 말해, 1995년으로부터 2년이나 지났지만, "다가올 평화통일의 비젼을 가지고 희년의 삶을 실천해 나아가는 것"이라는 주장이다. 그러나 『희년신학연구』의 논문들은 주제에 있어서는 동족 돌봄에서 회개 및 디아코니아에 이르기까지 다양하고, 분야에 있어서는 중생신학에서 생명신학에 이르기까지 다양하지만, 1995년 이전의 신학적 노력에 비해 뚜렷한

38 위의 책, 302-303.

39 위의 책, 303-305.

40 한국기독교교회협의회 신학연구위원회 편, 『희년신학연구』, 8.

진보를 나타내지 못하고 있다. 아쉬운 것은 희년 개념이 아직도 충분한 신학적 업적을 남기지 못한 채, 점차 신학계의 관심에서 벗어나는 추세라는 점이다.

그러나 희년의 주제는 통일을 향해 나아가는 과정이나 통일 이후의 과정에 대하여 신학적 통찰력을 부여할 주제로서 계속 주목할 필요가 있다. 가령 구 공산권 국가에서 공산 체제 붕괴 이후, 종교 특히 기독교의 과거 재산 회복 문제가 사회적 문제로 비화된 바 있다. 한국도 유사한 혼란이 예상된다. 일각에서 북한의 과거 재산, 특히 부동산 포기 운동이 제기된 바 있으나, 이를 뒷받침할 만한 분명한 신학적 언명과 영향력이 제공되고 있지 못했다.

1기를 마치기 전에 부언할 것은 다양한 신학 작업이 있었다는 것이다. 한편 해외 통일신학동지회에 이어서, 국내에도 통일신학동지회가 결성되고 통일신학 관련 저서를 출간하였다.[41] 해외의 통일신학동지회 등을 중심으로 한 통일신학은 아직도 정리를 기다리는 형편이며, 국내의 통일신학동지회의 경우도 그 운동이 어떻게 지속, 발전되었는가에 대하여 정리할 필요가 있다. 한 가지 특기할 점은 조동진 같은 보수적 성향을 가진 신학자가 민족주의적 성향이란 공통점에 기반하여 국내외의 통일신학동지회에 함께 활동하였다는 것이다. 또한 통일신학의 발전은 통일 운동의 발전을 전제로 하기 때문에, 이에 대한 이해도 중요하다.[42]

41 통일신학동지회 편, 『통일과 민족교회의 신학』 (한울, 1990).

42 이에 대하여 허호익, "한국 기독교의 통일논의의 역사와 통일의 실천적 과제", 88-93을 참조할 것.

2. 2기(1998-2008년), 통일과 통일신학(현재), 경제적 관심

학자들의 공감대에 의하면, 햇볕정책으로 대변된 김대중 정권의 대북 정책은 이전까지 통일 정책에서 북한에 비하여 수세적 자세를 유지하던 남한이 주도권을 쥐는 계기가 되었다. 1기가 분단 극복을 지향한 시기였고 그 과정에서 다소 일방적이고 독백적인 신학과 실천이 주를 이뤘다면, 2기는 남북 교류 등을 통하여 통일의 현실이 훨씬 구체화된 시기였고 따라서 신학과 실천도 쌍방적이 되었다. 이런 상황은 통일신학에 영향을 주었고, 다음 질문들이 제기되었다.

1) 교회론 및 선교론 논쟁

쌍방을 어떻게 인정하고, 어떻게 이해할 것인가? 이것은 정치체제에 관한 이해문제인 동시에, 기독교 내적으로는 교회론의 문제이다.[43] 물론 이것은 교회와 정치라는 해묵은 주제를 재검토해야 한다는 과제도 제기한다.

뿐만 아니라 2기의 남북 관계는 남남 관계에 큰 영향을 미쳤다. 1기 후반부터 제한적으로 시작된 남북 교류로 인하여 야기된 선교론의 논쟁, 즉 보수의 북한선교론과 진보의 남북한 평화통일론은 2기에 남북나눔 운동으로 수렴되는 듯하였으나, 남북 관계 경색으로 인하여 진전이 없는 형편이다.[44] 다른 한편 남북 교류는

---

43 김홍수, 류대영, 『북한 종교의 새로운 이해』 (다산글방, 2002).

44 정성한, 『한국 기독교통일 운동사』 (그리심, 2003).

남북 갈등 뿐 아니라 남남 갈등으로 이어져 교회 안팎의 이념 논쟁으로 번졌다. 또한 3기의 이명박 정부 시기에는 기독교 내부의 남남 갈등이 심화되었다.[45] 이동춘은 기독교윤리 관점에서 통일신학과 남남 갈등의 관계를 다룬 바 있다.[46]

2) 에큐메니칼신학의 문제: 다양성과 일치성, 통일신학인가 평화신학인가?

남북 교류는 결국 상대방을 인정하는 관계인데, 이런 관계는 통일과 관련하여 다음 질문을 제기하였다. 즉 하나를 지향하는 통일에 있어서, 이런 쌍방의 존재는 어떤 의미를 지니는가? 즉 쌍방(항구적 존재로서의 쌍방)을 전제한 하나인가, 하나를 전제한 쌍방(임시적 존재로서의 쌍방)인가? 이것은 에큐메니칼신학의 용어를 사용한다면, 다양성과 일치성의 긴장과 갈등이다. 즉 다양성이 먼저인가, 일치성이 먼저인가? 이것은 당시 통일 담론과 통일신학의 용어로 사용하다면, 평화와 통일이다. 즉 이 둘은 병존가능한 개념인가 상호배타적인 개념인가?

1기의 통일신학이 분단 극복을 전제로 하면서, 한편으로는 분단 현실을 인정하면서 평화를 이야기하고 다른 한편으로는 분단 극복 이후를 내다보면서 통일을 언급하였다. 이런 과정에서 양자의 관계가 충분히 고려되지 못했다. 그런데 2기의 햇볕정책이라는 새로운 상황에서 남북 교류가 남북한 관계의 대표적인 양상이

45 김성건, "고도성장 이후의 한국 교회: 종교사회적 고찰", 「한국 기독교와 역사」 38 (2013.3), 15-18.

46 이동춘, "공공신학의 관점에서 보는 한국 교회 통일방안에 관한 연구" (미간행 박사학위논문, 장로회신학대학교, 2009).

되고 양자의 존재를 공식적이든 비공식적이든 상호 인정하는 마당에, 평화를 강조하면 양자구도를 고착하게 되고 통일을 강조하면 양자 구도를 위협하는 것이 아닌가 하는 질문이 나오게 된다. 그러나 이 시기의 신학은 전반적으로 이런 긴장과 갈등에 대하여 괄목할 만한 신학적 성과를 내지 못하고 있다. 따라서 평화통일이란 용어도 자주 사용되고 있지만, 이 용어에 담긴 평화와 통일의 문제를 충분히 해결하지 않은 채 사용되고 있는 셈이다.

3) 통일신학의 변화: 평화신학인가 화해신학인가?

시기 변화에 따라 통일신학은 어떻게 변화했나? 1기의 통일신학이 민주화담론에서 통일 담론으로 발전한 것이라면, 2기의 통일신학은 본격적인 통일신학 혹은 남북 교류의 통일신학을 내놓아야 했다. 또한 2기의 통일신학은 남북한 양자의 관계에 있어서, 평화신학으로부터 새롭게 각광받기 시작한 화해신학으로 전환하는 추세를 보였다. 그러나 여기서도 몇 가지 질문이 나온다. 평화신학과 화해신학의 공통점과 차이점은 무엇인지? 한국적 상황에 화해를 적용하는 것은 어떤 의미인지? 왜냐하면 화해신학의 형성 요인은 다양하여 이 자리에서 상술하기 어렵지만, 일반적으로 말해서 화해신학은 갈등이 종식된 다음의 상황에 대처하려는 신학이라고 볼 수 있다. 북아일랜드 사태, 남아프리카 사태, 동유럽 사태 등. 그러나 한국의 경우는 갈등이 현존하고 있고, 갈등 종식은 과거가 아닌 미래의 일이라는 점에서, 서구의 화해신학을 한국 상황에 원용할 때는 신중한 접근이 필요하다. 화해신학의 관점에서 특히 미로슬라브 볼프(Miroslav Volf)의 신학의 관점에서 통일신학을 구성하려는 노력으로는 하충엽의 '통이(統異)신학'을 들 수 있다.[47] 그가 '통이'라는 새로운 개념을 만들 수밖에 없었던 것은 위에서도 언급하였듯이, 통일 담론과 통일신학에서 일치성의 관점이 다양성의 관점을 압도해서는 안 되며 다양성 혹은 이질성의 측면이 충분히 고려되어야 한다는 고민의 결과이다. 그는 남북한 통일 이후의 사회를 전망하는 시금석으로 영락교회의 사례를 연구하였다. 그 결과 남북한의 이질성은 물론이고, 1세대 탈북민인 월남민과 2세대 탈북민인 새터민 간에도 심각한 이질성이 있다는 것을 주목하였다.

4) 디아코니아신학의 양면성

그렇다면 어떤 신학적 틀로 이 시기의 신학을 구성할 것인가? 이것은 신학 방법론의 문제이다. 이 시기에 관련된 신학적 요소는 여러 가지가 있다. 첫째, 남북 교류가 대북 지원이라는 경제적 행태로 이뤄짐에 따라 1기의 남북 관계가 정치적 측면이 강했다면, 2기의 남북 관계는 경제적 측면이 강했다. 그렇다면 통일신학도, 경제와 관련된 통일신학, 특히 구제 및 구호의 신학 등을 개발할 필요가 있었다.[48] 둘째, 남북한의 신학 교류에 있어서 긍정적으로 인식되는 것이 디아코니아신학(Theology of Diaconia)이다. 국내적으로는 복지 사회와 맞물려 디아코니아신학이 각광받고 있으며, 북한의 경우도 북한에 대한 정치적 논의가 어렵고 대북

47 Chung Yoube Ha, "Migration Old and New: Accepting Diversity in Creating a Catholic Community in Youngnak Presbyterian Church" (Ph.D. diss., University of Edinburgh, 2009).

48 한국 교회 및 한국 정부가 세계의 개발 및 구호에 참여하고 있기 때문에, 이 분야와 관련된 선교신학, NGO 및 정부관련 연구들을 참고할 수 있을 것이다.

지원이 중심이 되는 상황에서 디아코니아신학이 새로운 신학적 대화의 틀로서 주목받는 것이 사실이다. 그러나 디아코니아신학의 또 다른 측면도 고려할 필요가 있다. 한국에서는 디아코니아신학이 봉사의 신학이라는 점만 강조될 뿐, 그것의 정치적 함의는 거의 소개되지 않았다. 디아코니아신학은 동유럽에서 사회주의 및 공산주의 체제 하에서 발생한 신학으로서, 일종의 체제 순응적 신학 혹은 어용 신학이라는 비판도 있다. 특히 후기공산주의(post-Communist) 사회에서 이전 시기의 교회와 신학을 비판하는 가운데, 디아코니아신학에 대한 부정적인 평가도 만만치 않다.[49] 물론 디아코니아신학은 체제순응적 신학이라고 비판될 수도 있지만, 일종의 상황 신학 혹은 토착 신학이라고 볼 수 있다. 그리고 현 단계의 남북 관계에 있어서 최소한의 신학 공간을 제공한다는 점에서, 비판보다는 격려가 필요하다는 사실도 잊어서는 안 될 것이다.

3. 3기(2008년 이후), 통합과 통일신학(미래), 문화적 관심

21세기가 시작됨에 따라, 한국은 새로운 정치사회적 변화를 겪고 있다. 그중에서 가장 괄목할 만한 것은 세계화이다. 세계화로 인해 남북 관계 및 통일신학에 어떤 변화가 있는가?

---

49 Sabrina Petra Ramet, ed., *Protestantism and Politics in Eastern Europe and Russia: The Communist and Postcommunist Eras* (Durham and London: Duke University Press, 1992), 107-56, 317. 또한 다음 책을 보라. Joseph Pungur, ed., *An Eastern European Liberation Theology* (Calgary: Angelus Publishers, [1995]).

1) 통합신학: 정치에서 문화로

21세기 남북 관계 연구에서 새롭게 부각되는 용어는 바로 통합이다. 최근 들어 통일보다 통합이라는 용어가 두드러지게 사용되는 추세이다. 통합이라는 용어가 통일신학에서 가지는 의미 중 크게 세 가지를 주목할 수 있다. 첫째, 기존의 통일 담론과 통일신학이 정치적, 경제적 관심이 지배적이라서 통일 문제를 종합적으로 다루지 못했다면, 최근의 통일 담론과 통일신학은 사회적 문화적 관심을 기울이기 시작하였다. 둘째, 최근의 통일 담론과 통일신학이 통일 이전이나 통일 과정보다 통일 이후 사회에 대해서 좀 더 전향적인 관심을 기울인다. 셋째, 한국이 세계화의 현상에 따라, 급속히 다문화, 다인종, 다종교 사회로 이행되고 있으며, 따라서 한국을 단일 민족의 관점이 아닌 다민족 혹은 복합 민족의 관점에서 이해하려는 과정이 시작되었는데, 이런 상황은 통일신학에도 영향을 주고 있다.

(1) 땅의 통일에서 사람의 통일로

최근의 통합신학으로서의 통일신학의 학문적 노력은 사람의 통일이라는 말로 요약할 수 있다. 통합이란 주제의 범위 및 학문적 성격에 따라, 통합신학으로서의 통일신학은 학제간의 연구가 이뤄지고, 다양한 학자군, 특히 신학자와 평신도가 함께 참여하는 특성을 보인다. 가령 정신과 의사인 전우택과 기독교윤리 신학자인 임성빈은 공히 정치적, 경제적, 군사적 측면에서의 통일이 땅의 통일이라면 문화적, 심리적 측면에서의 통일이 사람의 통일이라면서, 후자의 중요성을 강조한다.[50] 특히 전우택은 사람의 통일과 관련하여 두 가지 질문을 던진다. 첫째, 일차적인 땅의 통일이 이뤄진다고 해서 저절로 사람의 통일이 이뤄지는 것이 아니며, 만일 땅의 통일 이후 시급히 사람의 통일이 이뤄지지 않는다면 땅의 통일도 위험해진다. 둘째, 사람의 통일은 동질성, 동질성 회복 등과 연결되는데, 과연 그 동질성의 정의가 무엇인가 하는 점이다.[51] 사람의 통일이란 주제는 남북한 사회란 대조사회의 비교연구 혹은 한국 내의 북한이탈주민에 대한 연구로 이뤄지는데,[52] 이에 대해서는 아래에서 재론하기로 한다.

한편 통합신학으로서의 통일신학은 통일을 준비하는 학문이나 통일 이후 사회를 전망하는 일종의 미래학으로서 가능하다. 이에 대해서 여러 사례에서 시사점을 얻을 수 있다.

가령 독일의 경우를 보자. 독일은 형식상 통일 이후 실질상 통합 문제로 많은 어려움을 겪었다. 독일은 동독이 서독에 흡수 통일된 사례이다. 그런데 흡수 통일된 동독이 통합된 새로운 독일에 기여한 부분이 있다. 기독교는 통독 과정은 물론이고 통독 후 통합 과정에서도 일정한 역할을 했다. 현재 독일 수상은 동독 출신의 기독교인인 메르켈(Angela Merkel)이다. 그는 독일 분단 과정에서 동독으로 돌아간 목회자 아버지 밑에서, 동독 내의 최소한의 자유 공간이었던 기독교적 분위기 가운데 자랐다. 그는 기독교의 이상과 구 공산주의 체제하의 체험을 통하여 오늘날 통일된 독일을 이끄는 지도력을 발휘하고 있다.[53]

---

50 임성빈 외, 『통합적인 통일과 그리스도인들의 과제 II』 (예영커뮤니케이션, 2003), 146, 197.

51 위의 책, 147.

52 탈북민 관련 용어가 다양하게 분화·변화한다. 탈북민은 북한을 벗어난 사람, 새터민은 이들 중 한국에 정착한 사람을 지칭한다. 최근에는 북한이탈주민이란 용어가 자리잡고 있다.

53 Volker Resing, *Angela Merkel-Die Protestantin*, 조용석 역, 『그리스도인 앙겔라 메르켈』 (한들, 2010).

또한 베트남의 경우를 보자. 통일 후 베트남 역시 형식상 통일은 이뤄졌지만, 여러 가지 문제에 봉착하였다. 베트남은 독일과는 달리 남베트남이 북베트남에 흡수 통일된 사례이다. 그런데 흡수 통일된 남베트남이 통합된 새로운 베트남에 기여한 부분이 있다. 기독교의 분명한 사례가 아니고 또한 잘 알려지지 않은 사례를 하나 들어보자. 신일철에 의하면, 베트남은 통일 후 사회주의의 경제 발전 부진이란 문제에 봉착하였다. 하버드대학 출신 경제통인 응엔 수완 와잉(Nguyen Xuan Oanh) 박사가 다른 남베트남인들과 달리 남베트남을 탈출하지 않고 잔류하고 있었는데, 통일 후 오랜 세월이 지난 뒤 베트남이 소위 도이모이(Doi moi)라는 개방정책을 선택하는 과정에서 자본주의 경제학 전문가인 와잉이 크게 기여하였고 그의 성공적인 실험이 전국화되는 발전을 보이기도 했다.[54]

(2) 국내 정착 북한이탈주민과 통일신학

통합신학의 가장 구체적인 분야는 국내 정착 북한이탈주민(과거 용어로는 새터민) 통일신학일 것이다. 북한이탈주민은 한국 사회에 큰 영향을 주었고, 특히 한국 기독교와 통일신학에 큰 영향을 주었다. 비록 국내 정착 북한이탈주민은 숫자적인 면에서는 한국의 다양한 집단 가운데 큰 집단이라고 할 수 없지만, 한국 사회에 미치는 정치·사회적 영향력은 크다. 국내 정착 북한이탈주민 통일신학은 통일신학 특히 통합신학으로서의 통일신학의 실험사례가 될 수 있다. 즉 남한 측의 남북 관계, 통일 담론 및 통일신학의

54 신일철, 『북한 주체사상의 형성과 쇠퇴』 (생각의나무, 2004), 449-59. 여기에서는 그의 잔류 행위의 이념적 의미는 논외로 한다.

진정성과 가능성에 대한 하나의 시금석이 될 수 있다. 최근 남한에서는 북한이탈주민에 대한 무조건적인 수용 자세를 벗어나, 심지어 통일 비용 등의 이유로 통일 자체에 대한 소극적 내지 부정적 자세까지 나타나고 있다.

(3) 새로운 민족주의와 통일신학

위에서 언급했듯이, 한국은 세계화 현상에 따라 급속히 변하고 있다. 어쩌면 남북한 간의 통일이나 통합보다 남한 사회 내의 통합이 더 시급한 문제가 되고 있다고 말할 수 있다. 이런 현상은 통합신학에 몇 가지 질문을 던진다. 첫째, 남북통일 문제와 남한 내 통합 문제 가운데 어느 것이 우선적인가? 둘째, 양자의 공존성과 배타성은 무엇인가? 셋째, 전자가 주로 단일 민족 관점에서 이뤄졌고 후자는 다민족 관점에서 이뤄진다면, 두 관점은 어떻게 조화를 이룰 것이며, 이런 긴장과 갈등은 통일신학 및 통합신학으로서의 통일신학에 어떤 영향을 미칠 것인가?

2) 기독교사회주의신학: 통일 이후 신학

통합신학이 남북 관계의 현재와 미래를 다루면서도 현재적인 관점이 강하다면, 통일 이후 신학으로서 부상하는 기독교사회주의신학은 미래적인 관점이 강하다고 할 수 있다. 통일 이후 신학으로서의 기독교사회주의신학은 크게 세 가지로 구분될 수 있다.

(1) 기독교 사회주의 연구

먼저 기독교 사회주의 연구는 한국 기독교와 사회주의의 관계를 재조명하는데 주력하고 있는데, 주로 민족주의적이고 역사적 관점에서 접근한다. 이제까지 민족주의 운동에서 소외된 기독교 사회주의 운동을 재조명하거나, 기독교와 사회주의의 연대나 공존 경험 혹은 가능성을 타진하는 것이다. 이를 위하여 연규홍, 이덕주 등이 양자의 역사를 재조명한다.[55]

시기별로 보면, 1920년대(혹은 1930년대)와 1940년대에 대한 연구가 나오기 시작하지만, 기독교와 사회주의의 관계가 가장 활발하게 나타났던 1970년대, 1980년대에 대한 연구는 아직도 미흡하다. 통일 이후 사회에 대해서는, 특히 이덕주가 관심을 가지고 있다.[56]

(2) 기독교와 공산주의 비교 연구, 특히 기독교와 주체사상 비교 연구

기독교사회주의 연구가 양자를 주로 역사적 관점에서 접근한다면, 기독교와 공산주의 비교 연구는 주로 이론적이고, 신학적인 관점에서 접근한다. 특히 기독교와 주체사상 비교 연구는 중요한 연구 분야이다. 오늘날 북한에서의 주체사상의 위상에 대한 이견이 있으나, 적어도 반세기 정도 영향력을 미친 국가적 공식 이념이라는 점에서, 주체사상이 북한 주민에게 미치는 영향은 엄청나다고 할 것이다. 설사 주체사상이 쇠퇴한다고 가정하더라도, 사상에도 관성이 있는 만큼, 주체사상의 영향력이 하루아침에 종식되지는 않을 것이다.

---

55 연규홍, 『(해방공간에서 하나님 나라를 꿈꾼) 5인5색』 (생명의 씨앗, 2007); 이덕주, 『기독교 사회주의 산책: 새로운 역사를 향한 우리의 성서 읽기』 (홍성사, 2011).

56 감리교신학대학교 한반도평화통일신학연구소 편, 『통일 이후 신학 연구 I』 (신앙과지성사, 2008); 『통일 이후 신학 연구 II』 (신앙과지성사, 2009).

그런데 그동안 기독교와 주체사상 비교 연구는 소규모로 진행되어,[57] 활성화되지 못했다. 그 이유는 여러 가지이다. 먼저 정치적 경색 국면에서 주체사상을 다루기가 어려웠다. 또한 진보 혹은 보수 등 특정한 정치적, 신학적 관점에서 접근하였다. 그리고 박순경의 사례에서 보았듯이, 위험한 사태로 비화될 수 있었다. 이런 맥락에서 양자에 대한 본격적인 신학연구는 부족하고, 오히려 신학 이외의 영역에서 연구가 이뤄지고 있다.[58] 그러나 최근 조은식이 선교학적 관점에서 이 분야의 연구에 관심을 가지고 있다.[59]

(3) 후기공산주의 사회와 통일신학

최근에 기독교와 공산주의를 비교하면서도, 통일 이후 사회 즉 후기공산주의 사회를 전망하는 연구가 대두되고 있다. 이 연구는 1990년대 초를 전후한 구공산권 국가의 변화를 사례 연구로 활용할 수 있는 장점이 있다. 김회권 등은『사회주의 체제전환과 기독교』에서 통일 문제를 체제전환이라는 관점에서 접근하면서, "추상적인 거대 담론에서 출발하는 것이 아니라 실제 과거 사회주의 체제 국가들의 현장에서의 경험을 추적하는 것으로부터 출발하고자" 한다고 주장한다.[60] 1990년대 동독 등 구공산권 국가의 사례 연구가 무려 20년이 지나서야 본격화되는 것은 만시지탄의

57 교회와사회연구원 편,『기독교와 주체사상』(성지, 1989); 맹용길,『기독교의 미래와 주체사상』(기독교문사, 1990); 북미주 기독학자회,『기독교와 주체사상: 조국통일을 위한 남북 해외 기독인과 주체사상가의 대화(북미주 기독학자회 1989-1992 연례대회 자료집)』(신앙과지성사, 1993).

58 김병로,『북한사회의 종교성: 주체사상과 기독교의 종교양식 비교』(통일연구원, 2000).

59 조은식, "주체사상과 기독교의 대화 가능성",「선교신학」8 (2004), 1-21.

60 김회권 외,『사회주의 체제전환과 기독교』(한울, 2012), 5.

감이 없지 않다. 물론 후기공산주의 사회가 모두 통일로 나간 것은 아니며, 오히려 분열로 나간 사례가 많다는 것도 기억할 필요가 있다. 여하튼 이 분야의 연구가 통일신학의 전반적인 발전과 궤를 같이 했다면, 기존의 통일신학은 보다 더 현실성을 갖출 수 있었을 것이다. 그리고 한국 가톨릭교회와도 공동 연구나 연구 협조가 필요할 것이다.[61] 그러나 북한은 냉전 붕괴 및 체제 전환 흐름에서 예외적인 사례이기에, 직접적인 원용이 쉽지 않다. 오히려 조속한 붕괴론이 무색할 정도로 지속되고 있는 북한사회에 대하여 그 이유가 무엇인지에 대한 심층 연구가 필요할 것이다.

한편 위에서 언급하였듯이, 이덕주는 통일 이후 사회를 후기공산주의 사회 및 후기자본주의 사회로 보면서, 양자를 초월하는 혹은 수렴하는 사상으로 사회주의를 예상하면서, 기독교 사회주의 연구를 추진하고 있다. 박순경이 민족적 사회주의를 주장한 것을 같은 감리교 신학자인 이덕주가 계승하는 것은 흥미로운 일이다.

Ⅲ. 결론

우리는 통일신학의 발전 과정을 살펴보았다. 그 가운데 여러

61 듀크대학교출판부(Duke University Press)는 '스트레스 하의 기독교'(Christianity under stress)라는 3권의 시리즈를 낸 바 있는데, 그 중 하나는 공산주의 사회에서의 가톨릭을 다루고 있다. 3권의 책명은 다음과 같다. *Eastern Christianity and Politics in the Twentieth Century* (1988), *Catholicism and Politics in Communist Societies* (1990), *Protestantism and Politics in Eastern Europe and Russia: The Communist and Postcommunist Eras* (1992).

가지 특징이 나타났다. 첫째, 각 기에 따라 통일의 당사자가 다르게 나타났다. 일반적으로 통일에 있어서는 양자(2)가 예상되었지만, 실제적으로는 일자(1), 양자(2), 다자(3 이상) 등으로 나타났다. 1기에는 일방적이고 독단적인 태도로 인하여 사실상 일자였고, 2기에 가서야 비로소 실질적인 양자 관계가 나타났으며, 3기에 들어서서는 다민족주의의 대두로 인하여 다자가 되고 있다. 둘째, 각 시기에 따라 강조되는 역사의 측면이 다르게 나타났다. 1기에는 분단 극복을 위한 역사 다시 보기 등으로 과거가 강조되었고, 2기에는 남북 교류라는 관점에서 그동안 인정하지 않던 파트너와 더불어 다양한 현안 문제를 다루면서 현재가 강조되었으며, 3기에는 통일 이후를 전망하는 작업을 하면서 미래가 강조되었다. 셋째, 각 시기에 따라 통일의 주제가 다르게 나타났다. 1기에는 분단 내지 분단 극복이, 2기에는 통일 내지 남북 교류가, 3기에는 통합 내지 통일 이후 사회가 주목받았다. 끝으로, 각 기에 따라 통일과 연관된 분야가 다르게 나타났다. 1기에는 정치가, 2기에는 경제가, 3기에는 문화가 강조되었다.

또한 다양한 신학유형을 살펴보았다. 1기에는 분단 극복의 신학과 희년신학을, 2기에는 교회론과 선교론, 통일신학, 평화신학, 화해신학, 디아코니아신학 등을, 3기에는 통합신학, 기독교사회주의신학 등을 살펴보았다. 이 연구의 의의가 있다면, 이런 신학의 특징들을 일별한 것이며, 본격화하기 시작한 통일신학의 토대 연구 가운데 하나가 되는 것이다.

제 5 장 • 후기공산주의 신학

: 후기공산주의 사회의 도래와 후기공산주의신학의 대두

출처 "후기 북한 사회의 기독교 신학 구성에 대한 서설: 후기 공산주의 사회들의 기독교 신학의 변화를 중심으로", 「신학연구」 68 (2016), 197-227.

I. 서론

1990년을 전후한 공산권의 몰락은 세계에 큰 충격을 주었다. 이것은 정치를 비롯한 사회 전반에 영향을 미쳤는데, 신학계도 예외는 아니다. '후기공산주의 사회'에 돌입하면서, 구공산권 국가의 신학자들은 새로운 맥락 가운데 새로운 문제들과 씨름하면서 새로운 신학을 형성하였다. 이런 새로운 신학에 대해서 아직 공식적 용어가 없지만, 본 논문에서는 가칭 '후기공산주의신학'(post-communist theology)이라고 부르고자 한다.[1] 후기공산주의신학은 다양한 의미를 지니는데, 시기로는 공산주의 이후기에 나타나는 신학, 주제로는 공산주의와 그 유산을 후기공산주의 사회 관점에서 연구하는 신학이 될 수 있다. 문제는 공산권 붕괴 이후 거의 한 세대가 지났지만, 여타 후기공산주의 연구 분야와는 달리 후기공산주의신학은 본격화되지 않았다는 사실이다.

한국은 '통일 후(後) 사회'로의 이행이 예상되고, 이에 따라 변화된 북한을 '후기북한사회'(post-North Korean society)라고 부를 수 있으며, 후기북한사회는 후기공산주의 사회의 특징을 나타낼 것으로 전망된다.[2] 따라서 한국 신학자들도 새로운 맥락 속에서 신학을 형성할 때, 지난 20여 년간 후기공산주의 사회에서 발생한 신학, 곧 후기공산주의신학으로부터 교훈을 얻을 수 있다. 왜냐

1 혹은 '후기사회주의신학'(post-socialist theology)이라고 부를 수 있다.

2 후기북한사회의 성격에 대해서 단정할 수 없지만, 적어도 현재의 남북한의 모습과는 다를 것으로 예상되고 후기공산주의 사회의 측면이 나타날 것이다.

하면 후기공산주의 사회의 지난 20여 년이란 과거는 후기북한사회가 경험하게 될 미래를 미리 보여주기 때문이다. 본 논문에서는 후기북한사회의 신학에 대해 아직 공식적 용어가 없기에, 가칭 '후기북한사회신학'이라고 부르기로 한다.[3]

필자는 기존의 후기공산주의신학들 가운데 한국 상황에 관련도가 높은 신학들을 검토하면서, 이런 신학들이 어떤 과제를 어떻게 씨름하였는지를 살펴보고, 이로부터 후기북한사회신학 형성에 대한 실마리를 얻고자 한다. 따라서 이 글은 후기공산주의신학에 대한 선별적 연구사라는 이론적 성격과 함께, 연구결과를 후기북한사회신학에 적용해보려는 실천적 성격을 지닌다.

Ⅱ. 후기공산주의 사회들의 기독교 신학의 변화

본 논문은 후기공산주의신학 가운데, 과거와 관련된 역사 청산, 현재와 관련된 사회 갈등, 미래와 관련된 비전 제시 등을 다룬 세 가지 모델에 집중하고자 한다. 그 이유는 한국은 통일 후 사회로 이행하는 과정에서, 과거에 있어서는 분단과 전쟁 등에 대한 역사 청산을 해결해야 하고, 현재에 있어서는 이질적인 두 사회가 통합하면서 나타날 사회 갈등을 해결해야 하며, 미래에 있어서는 통일 후 사회가 나아갈 청사진 제시를 해결해야 하기 때문이다. 독일을 비롯한 구공산권 국가들에 있어서 후기공산주의 사

3 혹은 보다 광범위하게 '한국의 통일 후(後) 신학'이라고 부를 수 있다.

회로의 이행은 아직까지 완결되지 않았다.[4] 사회 변화란 그만큼 장기적인 변화이기 때문이다. 즉 역사 청산도 완수되지 않았고, 사회 통합도 미흡하고, 미래 방향도 분명히 제시되지 못하고 있다. 따라서 이런 세 가지 문제와 관련된 후기공산주의신학 형성의 내부를 들여다보는 것은 매우 중요하다.

1. 역사 청산과 신학: 과거형 모델, 헝가리의 후기공산주의신학

역사적인 대변화는 늘 사회와 교회에 큰 갈등을 초래해왔다. 교회사 가운데 대표적 사례는 로마의 박해와 관련된 도나투스파 문제이다. 한국 교회도 해방 후 신사 참배 문제로 홍역을 앓았고, 결국 교회 분열로까지 이어졌다. 공산권의 붕괴는 20세기 후반의 최대 사건이라고 부를 만큼 큰 변화였고, 따라서 사회와 교회는 이에 대하여 다양하게 반응했다. 후기공산주의신학이 과거와 관련하여 시도한 작업 중 하나가 바로 역사 청산이라는 문제였다. 즉 신학이 과거를 어떻게 이해하고 해석하는가 하는 문제이다. 바른 과거가 바른 현재와 바른 미래의 전제가 되는 법이다. 따라서 후기공산주의신학의 역사 청산과 신학이라는 주제는 후기북한사회 신학에도 매우 큰 함의를 지닌다고 하겠다. 그 이유는, 위에서 언급하였듯이, 통일이란 변화는 한국이 70년 전에 경험했던 해방 이상으로 큰 변화를 가져올 사건인 만큼, 이에 따른 어려움도 엄

4 안교성, "평화통일신학 구성의 전제로서의 후기공산주의 사회의 변화에 대한 연구", 배숙희 외, 『평화통일신학: 신학적 근거의 모색』 (장로회신학대학교 남북한평화신학연구소, 2015), 195-231.

청날 것으로 예상되기 때문이다. 즉 후기북한사회신학에 있어서 역사 청산이란 문제는 반드시 유념하고 준비해야 할 주제이다.

1) 구공산권 교회의 재평가: 어용 교회 문제

구공산권 시절, 교회는 일반적으로 곤경에 처했다고 평가된다.[5] 이런 맥락에서 박해받는 교회의 이미지는 대표적이다. 그런데 박해받는 교회는 지하교회로 잠적하지 않고 지상교회로 존재하는 한, 또한 국가가 종교관용 정책을 택하지 않는 한, 항상 저항교회로 존재할 수는 없다. 이런 맥락에서 소위 어용 교회의 문제가 제기된다. 그러나 현실에 있어서, 어용 교회와 저항 교회의 구분은 흑백논리적으로 쉽게 단정할 수 없는 복잡하고 어려운 문제이고, 동시에 교회론적이고 정치적인 문제이다. 이 자리에서 반기독교적 상황 하의 지상교회의 어용 문제에 대해 본격적인 논의를 할 수는 없다.[6] 다만 반기독교적 상황 하의 교회도 일정한 기여를 했음을 지적하고자 한다. 가령 동독 교회, 특히 현 독일 수상 메르켈의 아버지인 호르스트 카스너(Horst Kasner) 목사의 사택은 메르켈이 자랄 때 "국가의 이념적 통제영역으로부터 독립된 공간"이라는 분위기를 접할 수 있는 최소한의 공간이 되었다.[7] 또한 반기독교적 상황 하에서 지상교회와 지하교회의 관계가 반드시 적대적인 것만도 아니었다. 구소련 당시, 지상교회가 지하교회를

5 Kurt Hutten, *Christen Hinter dem Eisernen Vorhang*, 송재천 역, 『공산세계 속의 기독교 투쟁사』 (소학관, 1974).

6 남북한교회의 관계와 교류에서 가장 문제시되는 것도 바로 북한교회의 정체성에 대한 이견이다.

7 Volker Resing, *Angela Merkel-Die Protestantin*, 조용석 역, 『앙겔라 메르켈, 그리스도인』 (한들, 2010), 25.

돕는 일에 대한 기록도 찾아볼 수 있다.[8] 뿐만 아니라 후기공산주의 사회 모두에서 과거의 어용 교회 문제가 크게 부각된 것도 아니다. 가령 공산주의 붕괴 이후의 러시아의 경우, 어용 교회라는 비난의 대상이 될 수 있었던 러시아 정교회가 오히려 점차 정치적 영향력을 발휘하여 러시아 내에서 자신의 위상을 공고히 했을 뿐 아니라, 나아가 기독교의 타 교파 선교의 도전까지 효과적으로 봉쇄하였다.[9] 특히 러시아정교회는 입법에 영향을 미쳐, 1990년에 기독교의 모든 교파의 동등성이 보장되던 것이 7년 후인 1997년에는 러시아정교회의 우선권을 인정하는 것으로 법률적 변화를 성사시킨 바 있다.[10]

이상의 내용을 염두에 두면서, 역사 청산의 문제를 본격적으로 다룬 후기공산주의신학의 예를 살펴보자. 헝가리 신학자 휘스티-몰나르(Szilveszter Füsti-Molnár)는 자신의 박사학위논문을 단행본으로 만든『점 없고 흠 없는 교회』(Ecclesia Sine Macula et Ruga)에서, 1989년 이후 헝가리의 정치 이행 과정이란 배경 속에서 나타났던 교회의 문제를 교회사의 유명한 개념인 '도나투스파' 개념으로 접근하였다.[11] 그가 제기한 질문은 다음과 같다. "어떻게 도나투스파 대 가톨릭교회 논쟁에서 제기되었던 문제들이 공산주의 붕괴 이후의 헝가리 개혁교회의 교회론적 상황을 이해하는데 도

---

8 Алексей Беглов (Alexey Beglov), *В поисках «безгрешных катакомб». Церковное подполье в СССР (In Search of『Ideal Church Catacombs』: Church Underground in the USSR)* (Moscow: Arepha, 2008) (in Russian), 255.

9 John Witte, Jr. & Michael Bourdeaux, *Proselytism and Orthodoxy in Russia: The New War for Souls* (Maryknoll: Orbis Books, 1999). 구공산권선교에 대해서 별도의 연구가 필요하다.

10 위의 책, 227.

11 Szilveszter Füsti-Molnár, *Ecclesia Sine Macula et Ruga: Donatist Factors among the Ecclesiological Challenges for the Reformed Church of Hungary especially after 1989/90* (Sárospatak, Hungary: Sárospatak Reformed Theological Academy, 2008). "흠 없고 점 없는"이란 표현은 베드로전서 1:19에 나온다.

움을 주는가?”[12]

휘스티-몰나르는 과거 헝가리 교회가 20세기 중반 공산화된 이후 교회의 운명이 결정적으로 정부의 손에 달렸다는 것을 발견했고, 이에 따라 교회와 정부의 현실적인 관계에 부응하는 신학, 즉 ‘섬기는 교회의 신학’(theology of the servant church)를 구성했다고 한다.[13] 그러나 그는 이 신학이 기존신학과는 다른 세 가지 특징이 있다고 하면서, 이 신학을 기존 신학과 구별하기 위하여 ‘공식 신학’(official theology)이라는 용어를 사용하겠다고 밝혔다. 세 가지 특징이란 첫째는 헝가리 칼뱅주의 신학 전통을 반영하지 않았고, 둘째는 정치적 상황의 압력 하에 구성되었으며, 셋째는 교회의 맥락(context)이 신학적 사고의 본문(text) 혹은 변명거리(pre-text)가 되었다는 것이다.[14] 더구나 헝가리 정부는 1949년에 양심의 자유를 보장하는 신헌법을 만들고서도, 1951년에는 국가종교담당처를 설립하였다.[15] 전반적으로 공산주의 시절에 비판의 목소리는 크지 못했다. 그런데 위와 같은 교회와 정부의 관계, 그리고 상황에 부응하는 신학 구성은 결국 교회에 세 가지 문제점을 야기했다. 첫째는 개혁교회의 정체성 위기이고, 둘째는 교회론에 있어서 기독론이 우선시되지 못함에 따른 기독론의 약화이며, 셋째는 헝가리 개혁교회의 사회학적 측면, 즉 세속화 대처 미흡, 상이한 선교 이해, 밀고자 잠입 등 공산주의의 비윤리적인 방식의 교회침투 등이다.[16]

12 위의 책, 20. 도나투스파에 대해서는 다음 논문을 참조할 것. 이현준, “아우구스티누스와 도나투스주의의 교회일치와 국가관계론 연구”, 「신학연구」 65(2014), 161-94.

13 위의 책, 137-40.

14 위의 책, 148-49.

15 위의 책, 149.

16 위의 책, 169-70.

휘스티-몰나르는 이런 역사적 유산을 지녔고 또한 공산권 붕괴를 경험한 교회가 어떻게 대처했는가에 대해 다음과 같이 설명하였다. 그는 공산권 붕괴 이후의 헝가리는 사회 문제에 무능한 정부, 이행 과정에서의 승자와 패자의 등장 및 양극화, 건실한 중산층 부재 등의 문제를 안고 있다고 지적했다.[17] 그는 공산권 붕괴 이후, 교회와 국가의 관계가 세 가지 모델로 변모해갔다고 주장했다.[18] 즉 국가가 교회를 대할 때 재활(rehabilitation, 1990-1994년), 제재(restriction. 1994-1998년), 협력(cooperation, 1998-2002년) 등의 모델을 채택했는데, 2002-2007년에 두 번째 모델인 제재 모델이 재도입되었다고 한다. 그는 이와 더불어 교회 내에서 과거의 역사 청산을 위한 노력들이 세 단계로 진행되었다고 주장했다. 첫째는 개혁교회 갱신 운동이고, 둘째는 이전의 지도자들에 의한 갱신 운동이며, 셋째는 개인적이고 소외된 경건주의적 시도였다.[19] 그러나 전반적으로 말해 헝가리 개혁교회는 공산권 붕괴 후 첫 10년 내에 자기비판과 회개를 이루는데 실패했다.[20] 오히려 헝가리 개혁교회는 여러 집단이 등장하여 교회 판도가 복잡하게 되었다.[21] 근본주의 및 복음주의운동, 네덜란드 개혁신학의 영향, 은사주의 운동 및 자유주의의 대두 및 비판 등이다. 즉 후기공산주의 사회의 신학적, 교회적 난립 현상인데, 후기북한사회에서도 예상된다.

휘스티-몰나르는 공산권 붕괴 이후의 전반적인 상황에 대하

17 위의 책, 180-81.
18 위의 책, 193.
19 위의 책, 198-202.
20 위의 책, 202.
21 위의 책, 213-18.

여 다음과 같이 요약하였다.[22] 첫째, 공산주의 부역자의 문제는 교회론의 핵심은 아니지만 결코 무시해서도 안 되는데, 정치적 이슈가 되었을 뿐 제대로 해결되지 않았다. 둘째, 그렇다고 교회가 일치단결한 모습을 보이지도 않으면서, 생존 문제가 우선시되었다. 셋째, 정작 가해자인 공산주의가 제대로 처벌되지 않고 넘어가는 가운데, 오히려 다른 희생양을 만들어내 문제를 호도하는 현상이 일어났다. 결국 진정한 갱신도 온전한 일치도 이뤄내지 못했다. 그는 교회는 '교회의 세속화'와 교회가 교회의 목적이 되는 '교회의 성화'라는 양극을 피해야 한다고 하면서, 결론적으로 세 가지를 주장했다. 즉 교회는 정체성을 확립하고, 교회의 본질이 위협받을 때 시대 상황이 반영된 구체적인 신앙고백을 하며, 복음의 중심내용에 대해서는 공감대를 이뤄야 한다.[23]

휘스티-몰나르가 요약한 공산권 붕괴 전후의 헝가리개혁교회는 한편으로 해방 후 한국 교회가 처했던 모습을 연상시키고, 다른 한편으로 통일 이후 한국 교회의 상황이 어떻게 벌어질까를 전망하게 해준다. 교회가 내부 문제 해결에 매몰되고 내부 문제 해결도 제대로 못하면서 소용돌이치는 시대적 변화 속에 내던져진 사회의 문제에 적극 대처하지 못한 헝가리 교회의 전례를 답습하지 않으려면, 후기공산주의신학의 구체적인 연구결과를 참고하고 사례에 기반을 둔 미래에 대한 시나리오를 작성할 필요가 있다.

22 위의 책, 245-47.

23 위의 책, 269-70.

2) 구공산권 신학의 재해석: 디아코니아신학에 대한 찬반

한국에서 최근 각광받는 신학 가운데 하나가 디아코니아신학이다. 디아코니아신학은 여러 형태로 나타났는데, 한편으로는 장기간에 걸쳐 교회봉사신학으로 발전되어 왔고,[24] 다른 한편으로는 공산권 국가 특히 동유럽국가에서 공산주의 치하의 신학으로 등장하였다.[25] 이런 맥락에서, 조셉 풍거르(Joseph Pungur)는 공산주의 치하에서 나온 개혁교회의 봉사신학(theology of service)과 루터교회의 디아코니아신학(theology of diaconia)을 전반적으로 어용신학으로 비판한다.[26] 이 자리에서 굳이 디아코니아신학의 역사적 기원을 언급하는 이유는, 한국 교회와 세 가지 점에서 관련이 있기 때문이다. 첫째, 오늘날 남북한 교회 교류의 민감한 상황을 고려할 때, 봉사신학으로서의 디아코니아신학이 적합성을 보인다. 둘째, 위에서 언급했듯이, 디아코니아신학 중 일부는 공산주의 치하의 신학으로 출발했기 때문에, 오늘날 공산주의 치하에 있는 북한교회는 물론이고 여타 공산권 국가, 즉 중국, 베트남, 쿠바 등의 교회들의 신학을 이해하는 관점을 제공할 수 있다. 이와 더불어 남한에서 교회봉사신학으로서의 디아코니아신학을 더욱 발전시킬 필요가 있음은 두말할 필요도 없다. 셋째, 후기공산주

---

24 김옥순, 『디아코니아 입문』 (한들출판사, 2010); Karl-Fritz Daiber, *Diakonie und Kirchliche Identity: Studien zur diakonischen Praxis in der Volkskirche*, 황금봉 역, 『교회의 정체성과 교회봉사』 (한국장로교출판사, 1998). 교회봉사신학의 역사는 유구하며, 다양한 용어가 사용되어 왔다. 이와 관련된 대표적인 초기 학자로는 요한 힌리히 비헤른(Johann Hinrich Wichern)을 들 수 있다.

25 Vilmos Vajta, *Die diakonische Theologie im Gesellschaftssystem Ungarns* (Frankfurt am Main: Verlag Otto Lembeck, 1987).

26 Joseph Pungur, ed., *An Eastern European Liberation Theology* (Calgary: Angelus Publishers, 1995), 134-50. 봉사신학은 봉사하는 교회의 신학이라고도 부르고, 디아코니아 신학 안에 여러 형태가 있는데 동일한 용어를 쓰기 때문에, 용어상 혼란이 있는 것도 사실이다.

의신학에서 문제시되었던 주제들이 후기북한사회신학에서 반복될 수 있기에, 후기공산주의신학이 디아코니아신학의 장단점을 논했던 사례가 후기북한사회신학 구성의 전거가 될 수 있다.

2. 사회 갈등과 신학: 현재형 모델, 크로아티아 출신 미로슬라브 볼프의 후기공산주의신학

미로슬라브 볼프(Miroslav Volf)는 제3세계 국가이고 공산권 국가였던 유고슬라비아의 한 지방(현 크로아티아) 출신으로, 국제적인 위상을 공고히 한 신학자이다. 따라서 그는 비록 현재 미국을 기반으로 신학을 하고 있지만, 후기공산주의신학자 가운데 한 명이라고 할 수 있다. 그는 공산주의 시절에 박사학위를 마친 신학자로, 자신의 박사학위 논문을 단행본으로 꾸민 『노동의 미래-미래의 노동』에서 볼 수 있듯이, 공산주의와 기독교의 병립 가능성을 타진했던 신학자였다.[27] 즉 제2차 세계 대전 이후 '이데올로기와 기독교의 대화'의 대표적 흐름인 '마르크스주의와 기독교의 대화'라는 신학 노선에 서있던 학자였다. 그는 『노동의 미래-미래의 노동』에서 공산주의와 기독교의 공통분모로서 노동의 중요성을 부각하면서, 양자의 병립 가능성에 대하여 비판적이면서도 다소 낙관적인 입장을 보였다.

그러나 볼프는 공산주의 붕괴 이후 자신의 조국을 포함한 동

27 Miroslav Volf, *Zukunft der Arbeit-Arbeit der Zukunft*, 이정배 역, 『노동의 미래-미래의 노동』 (한국신학연구소, 1993).

유럽 공산권 국가들이 정치사회적 소용돌이 속에 휘말리자, 자신의 신학 방향을 갈등 해소로 잡고 그 주제를 천착해왔다. 물론 그가 구공산권 시절에 기독교인이고, 신학자이며, 더구나 미국인과 결혼한 사람이라는 이질적인 이력으로 인하여 고난을 당했던 경험도 그의 신학구성에 영향을 줬다.[28] 그는 전자인 집단 경험, 즉 기독교와 이슬람으로 대표되는 종교 갈등과 후자인 개인 경험, 즉 공산주의 치하의 고난을 모두 신학화하였고, 이와 관련된 대표적인 신학서적은 『배제와 포용』과 『기억의 종말』이다.[29] 그러나 전자가 그의 대표적인 신학적 주제라고 할 수 있다. 그는 종교 갈등과 관련하여 자신에게 던진 두 가지 질문, 곧 "이 분쟁에서 종교는 얼마나 중요한가?"와 "왜 수 세기 전에 저질러진 잘못이 아직도 이러한 격분을 일으키는가?"를 중시한다.[30] 또한 이런 질문이 9·11 사태 이후 다시 제기됨에 주목한다.[31] 그는 연속적인 저서들에서 기독교 신학의 주요 주제들을 다루면서, 갈등 해소에 대한 신학적 통찰을 제시한다.[32]

---

28 Miroslav Volf, *The End of Memory: Remembering Rightly in a Violent World*, 홍종락 역, 『기억의 종말』 (IVP, 2016), 15-36.

29 Miroslav Volf, *Exclusion and Embrace: A Theological Exploration of Identity, Otherness, and Reconciliation*, 박세혁 역, 『배제와 포용』 (IVP, 2012).

30 Miroslav Volf, *Allah: A Christian Response*, 백지윤 역, 『알라』 (IVP, 2016), 12.

31 위의 책.

32 원서 출간 시기를 중심으로 국내 번역된 책들을 소개하면 다음과 같다. 『노동의 미래-미래의 노동』; *After Our Likeness: The Church as an Image of the Triune God*, 황은영 역, 『삼위일체와 교회』 (새물결플러스, 2012); 『배제와 포용』; *Free of Charge: Giving and Forgiving in a Culture Stripped of Grace*, 김순현 역, 『베풂과 용서』 (복있는 사람, 2008); 『기억의 종말』; *Captive to the Word of God: Engaging the Scriptures for Contemporary Theological Reflection*, 홍병룡 역, 『하나님의 말씀에 사로잡혀: 21세기 이슈들과 신학적 성경 읽기』 (국제제자훈련원, 2012); *A Public Faith*, 김명윤 역, 『광장에 선 기 독교: 공공신학이란 무엇인가?』 (IVP, 2014); 『알라』.; *Public Faith in Action*, 김명희 역, 『행동하는 기독교: 어떻게 공적 신앙을 실천할 것인가』 (IVP, 2017); *Flourishing*, 양혜원 역, 『인간의 번영』 (IVP, 2017). 이상의 책들의 원서 출간연도는 다음과 같다. 1988년, 1996년, 1998년, 2005년, 2006년, 2010년, 2011년, 2011년, 2016년, 2016년 등이다. 그의 저서는 일종의 볼프 붐을 이룬다고 할 정도로 계속 번역·출간되고 있다. 아직 번역되지 않은 것은 그가 편집한 다음 책이다. Miroslav Volf, Ghazi bin Muhammad and

본 논문은 볼프의 신학 자체를 개관하거나 요약하려고 하지 않는데, 그것은 제한된 지면에서 가능하지도 않고, 본 연구의 목적에도 맞지 않기 때문이다. 다만 두 가지에 집중하고자 한다. 첫째, 그의 신학이 사회의 갈등 해소적 신학으로서 어떤 공헌을 했고, 장차 후기북한사회신학에 어떤 함의가 있는가? 그 이유는 후기북한사회가 갈등 소지가 매우 높은 사회로 예상되기 때문이다. 둘째, 그의 초기 신학인 '마르크스주의와 기독교의 대화'적 신학이 그의 후기신학인 화해적 신학과 어떤 관계인가? 그 이유는 인간의 인식에도 관성이 나타나며, 따라서 후기공산주의 사회에서 공산주의적 인식이 상당 기간 영향을 미치기 때문이다.

1) 후기공산주의신학으로서의 갈등 해소적 신학

공산권 몰락이라는 세계사적 사건은 국가, 집단, 개인 등에게 엄청난 변화를 가져왔다. 그중에서도 민족국가(nation state)라는 근대적 개념 자체가 안고 있는 모순이 인종적·종교적 갈등으로 비화한 유고슬라비아의 해체는 20세기말 가장 끔찍한 비극적 사건이었다. 볼프의 신학적 작업의 전환은 이런 맥락에서 시작되었고, 그는 공존 사회에 대한 신학적 해답을 모색하였다. 이런 모색은 일종의 정치신학적 노력이라고 할 수 있다. 이런 관점에서 볼 때, 그의 신학은 몇 가지 특징이 나타나는데, 곧 실존적 신학과 전략적 신학이다. 후자는 다시 참여의 신학, 궁극 이전(penultimate)의 신학, 창의적 신학으로 세분될 수 있다.

Melissa Yarrington, eds., *A Common Word: Muslims and Christians on Loving God and Neighbor* (Grand Rapids: Eerdmans, 2010).

(1) 실존적 신학

볼프의 신학은 실존적 신학이다. 볼프는 실존적인 질문을 가지고 해답을 추구하였고, 이런 시도가 공감대를 얻음으로써, 세계적인 신학자로 자리잡게 되었다. 볼프는 출세작인 『배제와 포용』의 머리말에서, 왜 그런 책을 써야 했는지를 밝히고 있다.

> "하지만 당신은 체트닉(četnik)을 끌어안을 수 있습니까?" 1993년 겨울이었다. 당시 몇 달 동안 '체트닉'이라고 불리던 악명 높은 세르비아 전사들이 나의 고향 땅에 파멸의 씨를 뿌리고 있었다. … "아니오, 못할 겁니다. 하지만 그리스도를 따르는 이로서 나는 그럴 수 있어야 한다고 생각합니다." 어떤 의미에서 이 책은 내 주장에 담긴 진리와 몰트만의 반론이 지닌 힘 사이에서 분투했던 결과물이다.[33]

볼프가 이 책에서 기독론을 재해석하면서 배제와 포용의 변증법을 설명한 과정은 매우 중요하다.[34] 그는 사라예보, 로스앤젤레스, 베를린 등의 도시로 상징되는 세계가 "문화적·민족적·인종적 투쟁의 역사"와 연결되어 있음을 주목하면서, 차이가 미움과

---

33 Volf, 『배제와 포용』, 13.

34 위의 책, 43-44. 보다 상세하게 살펴본다면, 볼프는 신론, 기독론, 구원론을 동원하고 있다. "이 은유[포용]는 나의 주장에서 핵심이 되는 세 가지 상호 연관된 주제를 하나로 묶어 내기에 매우 적합해 보인다. 즉, (1) 삼위일체 안에서 자기를 내어 주는 사랑의 상호성(신론), (2) 십자가 위에서 '경건하지 않은' 이들을 향해 팔을 뻗으신 그리스도(기독론), (3) 두 팔을 벌리고 '탕자'를 받아들이는 '아버지'(구원론)이다." 볼프가 하나님 사랑과 이웃 사랑을 연결하는데, 이 두 가지 사랑의 차이점과 공통점 및 양자의 관계에 대한 신학적, 윤리적 논의에 대해서는 다음 논문을 참조할 것. 이창호, "하나님 사랑과 이웃 사랑의 관계성에 대한 신학적·윤리적 탐구: 아웃카, 포우스트, 몰트만을 중심으로", 「장신논단」 48-1 (2016.3), 253-81.

사실상 동일시됨을 문제시했다.[35] 그러나 새뮤얼 헌팅턴과는 달리, 그는 갈등 상황을 충돌보다는 화해와 연결하고자 한다. 이런 태도는『광장에 선 기독교』에서 오바마와 부시를 비교한 것에 잘 드러난다.

> 오바마 대통령이 종교와 문명 사이의 차이와 공통점을 함께 포용한 것은 '우리는 불화할 수밖에 없으며 문명의 충돌은 운명적'이라는 주장에 반대하는 것이다. 그는 새뮤얼 헌팅턴(Samuel Huntington)의 '문명의 충돌'에 대한 유명한 주장을 지지하는 이들을 염두에 두고 있었다. 문명의 충돌은 부시 대통령이 테러리즘에 맞서 전쟁을 수행하는 기초적 이데올로기가 되었기 때문이다. … 헌팅턴의 명제는 싸움을 거는 사람들에게는 유용하지만 평화 가운데 공존하고자 하는 데는 도움이 되지 않는다. 오바마 대통령은 전세계의 무슬림에게 다가가고자 했기에 문명의 충돌을 분명히 서로 다르지만 많은 공통점을 가지고 있는 사람들 간의 협력이라는 비전으로 대체하자고 제안한 것이다.[36]

그러나 본 논문의 관점에서 보다 중요한 사실은 그의 신학이 중대한 역사적 사건에 대하여 질문하고 답했다는 것이고, 그런 작업이 큰 반향을 통해 설득력과 실천성을 획득해나간다는 점이다. 볼프의 경우와는 다르지만, 한국도 근현대사가 격변, 고난, 비극으로 점철되어 왔고 앞으로도 통일과 같은 국가적 과업을 앞두고 있기에, 이에 준하는 신학적 모색이 요청된다.

---

35 위의 책, 19.

36 Volf,『광장에 선 기독교』, 197.

일찍이 함석헌은 『뜻으로 본 한국역사』에서 한국 역사를 해석하면서, 한국을 고난 받는 자로 파악하였고, “죄악의 결과인 고난을 내 몸에 달게 받음으로써 세계의 생명을 살리자”고 주장하였다.[37] 이 일은 “세계의 하수구요, 공창(公娼)인 우리만이 할 수 있는 일”인데, “저들[곧 강대국]이 너무 부하고 귀해졌다는 것은 저들은 채무자라는 말”이라고 한다.[38] 하수구가 되는 것은 더러워지라는 말이 아니라 잘 받으라는 것이고, 막히지 않으려면 하나님께 돌려야 하며, 이런 노력은 비상한 용맹과 비상하게 높은 도덕으로 싸우는 힘이 필요하다고 한다.[39] 그러면서 성서의 산상수훈과 유사한 입장을 드러낸다.[40] 비록 그의 책이 역사서라는 제약이 있지만, 함석헌이 고난 받는 자에 대하여 보다 구체적인 해답을 제시하지 않은 것은 아쉽다고 하겠다. 여하튼 우리는 볼프와 함석헌이 모두 교회론적 개인주의(자유교회[free church] 혹은 신자들의 교회[believers' church]) 전통과 신학적 맥을 잇는 공통점을 주목할 필요가 있다.[41]

그러나 한국 교회의 경우 해방 70년이 지났지만 역사 청산은 물론이고, 해방 이후에도 엄청난 역사적 사건들이 끊이지 않고 발생함에도 불구하고 이에 대하여 의미를 규명하고, 교회와 사회의 공감대를 이루며, 문제 해결의 담론을 만들어내는 데 매우 미흡했다. 이런 맥락에서 과연 한국 교회가 후기북한사회라는 혼란에 대해 얼마나 능동적인 신학적 해명을 할 수 있을까 의문이 든

37 함석헌, 『뜻으로 본 한국역사』 (새편집; 한길사, 2003), 482.

38 위의 책.

39 위의 책, 480-81.

40 위의 책, 481-82.

41 Volf, 『삼위일체와 교회』, 12, 18. 함석헌도 후기에 퀘이커교에 귀의하였다. 또한 볼프도 소위 재세례파적 전승을 지닌 기독교윤리학자에 많이 의존한다.

다. 단적인 예로 20세기 말부터 21세기 초에 이르는 시기에 세계적으로 화해신학이 각광받고 있지만, 한국 교회는 아직 한국적 화해신학을 발전시키지 못한 채 오히려 과정치화와 진영논리라는 외부적 영향력에 노출되는 판국이다.

(2) 전략적 신학

볼프의 신학은 전략적 신학이다. 그는 주관심인 기독교와 이슬람 간의 갈등에 대해 해답을 마련하기 위하여 전략적 관점에서 신학을 전개하는데 다음과 같다. 곧 참여의 신학, 궁극 이전(penultimate)의 신학, 창의적 신학이다.

가. 참여의 신학

볼프는『광장에 선 기독교』에서 아예 제2부의 제목을 '참여하는 신앙'이라고 밝혔다.[42] 그는『베풂과 용서』에서는 현대를 "용서할 줄 모르는 문화"라고 진단하면서, "용서하는 공동체" 결성을 주장하였다.[43] 그리고 그는 기독교인을 포함한 종교인에 있어서 신에 대한 경외심과 공공선의 추구는 함께 가야한다고 주장한다.

> 어떤 사람은 바르트가 하나님에게 초점을 돌린 것을 두고 역사, 문화, 정치, 공공선과는 분리된 완전히 내세적인 태도라고 볼지 모르지만 사실은 그렇지 않았다. 그것은 종교라는 우상과 그것이 거룩한 천막으로 덮어 주는 이 세상, 집단 정체성과 국가적 이익을 내세우는 세상, '청소된' 영토, 배제와 적대감, 공격성으로

---

42 Volf,『광장에 선 기독교』.

43 Volf,『베풂과 용서』, 334.

물든 세상에 맞서는 함성이었다. 종교라는 우상이 무너지고 하나님을 하나님으로 인정할 때, 세상은 조화롭게 드러나며 공공선을 위한 탐색이 비로소 시작될 수 있다.[44]

볼프는 근본적으로 사회 문제의 해결은, 적어도 종교인에게 있어서는, 종교 간의 이해, 공존, 연대에 있다고 보는 것이다. 한편 그는『베풂과 용서』에서는 이 문제를 기독교 내부에 적용하면서, 극단적 갈등 상황에서 일반적인 기독교인의 삶으로, 개인적 차원에서 공동체적 차원으로, 그 적용범위를 넓히기도 하였다.[45]

나. 궁극 이전(penultimate)의 신학

볼프는『알라』에서 자신의 신학적 접근의 한계를 아래와 같이 밝혔다.

> 이 책의 목표는 기독교인과 무슬림의 신에 대한 신념이 하나뿐인 이 세상에서 그들이 공존할 수 있는 능력과 어떤 관련이 있는지 살펴보는 것이다. 이 책은 신과 지금 세상에 관한 것이지, 신과 장차 올 세상에 관한 것이 아니다. 마찬가지로, 이 책은 사회적인 차원에서 의미가 있는 하나님에 관한 지식을 다루며, 구원과 관련한 하나님에 관한 지식을 다루지는 않는다. 구원과 영원한 운명에 관한 문제는 남겨 두기로 한다. 전문용어로 이 책은 정치신학에 관한 책이지, 구원론에 관한 책이 아니다.[46]

---

44 Volf,『알라』, 330. 교회와 공공성에 대하여는 다음 논문들을 참조할 것. 정태식, "현대 사회에서의 종교의 사회적 위치와 공공성",「신학사상」142 (2008), 195-217; 강원돈, "교회의 공공성 위임에 관하여",「신학연구」65 (2014), 123-60.

45 Volf,『베풂과 용서』.

문제 해결을 위하여, 신학 본연의 영역이라고 간주되는 궁극(ultimate)이 아닌 궁극 이전(penultimate)을 다루는 것은 매우 전략적인 태도이며, 이런 실용적 태도는 다양한 사회적 문제에 봉착할 후기북한사회에서 전개될 후기북한사회신학이 반드시 염두에 둘 필요가 있다.

다. 창의적 신학

볼프는 기독교와 이슬람의 문제가 신론임에 주목하면서, 기독교인으로서 무슬림에게 "무슬림과 기독교인이 조금은 다른 방식으로 이해하고 조금은 다르게 예배하기는 하지만 그들이 공통으로 믿는 하나님에 관해 함께 생각할 수 있는 방법"과 "하나의 세상에서 공존할 수 있는 방법을 제안"했다.[47]

하나님에 대해서, 볼프는 유일신론과 성삼위일체론을 재해석한다. 흥미롭게도 그는 사벨리우스의 하나님과 아리우스의 하나님과 아타나시우스의 하나님을 언급하면서, 이런 입장들이 "서로 다른 세 하나님에 대한 설명"이 아니라 "한 분의 동일한 하나님에 대해 서로 치열하게 다투던 세 개의 서로 다른 묘사였다"고 주장한다.[48] 기존의 신학적 입장에서는 정통과 이단으로 구분되던 것을 상이한 기술이라고 주장하는 셈이다. 그리고 "하나님의 본성에 대한 무슬림과 기독교인 간의 논쟁도 비슷한 방식으로 접근할 수 있다"고 제안한다.[49] 이와 유사한 맥락에서 한스 큉(Hans

46 Volf, 『알라』, 26.

47 위의 책, 337. 그는 무슬림에게도 그들의 입장에서 동일한 작업을 할 것을 권한다.

48 위의 책, 195.

49 위의 책, 196.

Kueng)도 삼위일체론이 대두되기 이전 단계의 사고로 돌아가면, 기독교와 이슬람의 만남에 도움을 줄 것이라고 주장한 바 있다.[50] 그러나 이런 주장에 대한 기독교계의 다양한 반응보다는 볼프가 새로운 해답을 모색하기 위하여 신학적 재해석을 감행하는 창의성에 더 주목하고자 한다. 한국 교회도 후기북한사회라는 새로운 현실에 응답하는 신학을 내놓으려면, 창의성과 모험이라는 신학의 속성을 외면할 수 없을 것이다.

사회에 대해서, 볼프는 "다원주의"라는 측면을 지속적으로 강조한다.[51] 그는 현대에 여러 종교의 신자들이 증가하고 그들이 사적 영역을 넘어 공공 생활에 관심을 보이는 점과 세계화에 따라 종교가 지리적으로 잘 구획되지 않는다는 점을 지적한다.[52] 문제는 이런 상황에서 특정 종교가 자신의 방식을 강요하려고 한다는 것이다.[53] 그는 "하나의 종교가 공공 생활에 침투하는 전체주의적인 입장과 모든 종교를 공공 생활에서 배제하는 세속적인 입장 모두"를 피하는 대안으로서 '다원주의'를 내세운다. 그는 적어도 기독교와 이슬람의 갈등을 피하기 위해서 다원주의를 "하나의 정치적 기획—모든 종교인이 공적 장소에서 자신의 입장을 분명하게 표현할 수 있는 권리와 국가가 모든 종교(그리고 삶에 대한 중요한 해석)를 존중하며 차별하지 않은 것—으로서" 수용한다.[54] 특히 양자의 관계는 "종교적·문화적인 '차이'뿐 아니라 '중첩되는 내용'과

---

50 Hans Küng, *Der Islam: Geschichte, Gegenwart, Zukunft*, 손성현 역, 『이슬람: 역사, 현재, 미래』 (시와진실, 2012), 896-918.

51 Volf, 『알라』, 29. 다원주의에 대한 상세한 논의는 다음 책을 보라. Volf, 『하나님의 말씀에 사로잡혀』, 130-39.

52 Volf, 『광장에 선 기독교』, 11-12.

53 위의 책, 12.

54 위의 책, 29.

'공통의 원리'에 대해서도 정의되어야" 한다고 강조한다.[55] 그는 이에 대하여 『하나님의 말씀에 사로잡혀』에서는 성서 해석에 적용하여, 차별성과 통약성이란 용어로 설명한다.[56] 또한 그는 성서 읽기와 관련하여, 기독교인에게는 '의심의 해석학'이 아닌 '존경의 해석학'을 추천하고, 다른 종교인에게는 함께 읽기를 추천한다.[57] 이런 다원주의적 관점은 현재 다문화·다인종·다종교 사회로 급변하는 한국 사회는 물론이고 장차 후기북한사회라는 보다 복잡한 환경에서 종교의 공공적 역할을 탐구할 때, 반드시 염두에 두어야 한다. 서구사회는 종교전쟁 등을 통해서 관용이란 전통을 만들었고, 이것은 오늘날 일반 사회의 중요한 상식으로 정착했다. 이런 맥락에서 현한나도 중동의 국가들에 대해서, 그곳에서 "쌀람(salam)이 들려오는 길은 과거로의 회귀가 아니라 현재의 성찰과 미래로의 도전에 있다"고 주장하면서, 이슬람도 자체 내의 배려와 관용이란 유구한 전승을 회복하고 발전시킬 것을 촉구하고 있다.[58]

2) 공산주의신학과 후기공산주의신학의 관계

볼프는 공산주의 하의 경험을 그의 후기공산주의신학 구성에 다양하게 활용하고 있다. 첫째, 위에서 간단히 언급하였듯이, 그는 『기억의 종말』에서 공산권 시절 군복무를 하면서 당했던 다양

---

55 위의 책, 196.

56 Volf, 『하나님의 말씀에 사로잡혀』, 112-17.

57 위의 책, 43-52.

58 현한나, "ISIS에 의한 현대판 딤미제도에 대한 고찰과 테러극복을 위한 화해: 이슬람주의와 이슬람에 대한 시각을 바탕으로", 「선교와 신학」 38 (2016), 113.

한 고통을 반추하면서, "바르게 기억하기"(remembering rightly)의 중요성에 천착하였다. 이 주제는 첫 번째 모델인 과거형 모델과 더 관련이 깊다고 할 수 있다. 그는 악이 승리하려면, 두 가지 승리가 필요한데, 하나는 범죄를 저지르는 악의 승리요, 다른 하나는 이에 앙갚음하는 악의 승리라고 한다.[59] 그는 자신이 다루려는 주제가 "고난을 당했지만, 범인을 미워하거나 무시하지 않고 오히려 사랑하기를 바라는 자가 자기가 당한 범죄를 기억하기"이다.[60] 즉 기독교의 원수 사랑에 대한 주제이다.

둘째, 볼프는 공산주의 하의 경험을 이슬람을 이해하는데 사용하였다.[61] 그는 이슬람 문제가 야기된 미국 사회를 보면서, 그가 자란 공산주의와 반(半) 전체주의 사회를 연상한다. "주제나 입장은 아주 다르지만, 이상하게도 기본 정신은 비슷했다"는 것이다.[62] 그는 사회의 주류 목소리와 진리를 대비시킨다.

> 반(半)전체주의 정권의 억압 아래 살던 시절부터 나는 권위에 억지로 복종하는 것을 거부해 왔다. 나는 진리와 거짓을 나누는 경계가 정당이나 이데올로기적 투쟁 그룹 간의 경계와 동일하지 않다는 것을 잘 안다. 나는 정치적으로 편리하거나 이데올로기적으로 '옳은' 입장이 아닌, 진리를 원한다. 그리고 그리스도를 따르는 사람으로서 내가 원하는 진리는 차가운 무관심이나 숨겨진 분노에서 나온 것이 아닌, 초청하고 화해하는 사랑의 눈으로 바라본 진리다. … 나는 냉전 시대의 공산주의 통치하에 살면서

---

59 Volf, 『기억의 종말』, 23.
60 위의 책.
61 Volf, 『알라』, 23, 26, 29-30.
62 위의 책, 23.

> 배운 교훈을 오늘날 기독교인과 무슬림 사이의 관계에 적용하고자 한다. 두 신앙의 관계에서 가장 중요한 '이데올로기'적 문제, 즉 하나님이 누구시며 어떤 분인지에 관하여 나는 딱딱한 입장들과 감정이 실린 부정적 고정관념을 단호하게 폭로하는 대신 사랑으로 진리를 말하고자 한다. 이것이 담론의 수준에서 전쟁을 방지하고 평화에 이르는 길을 놓는 방법이다.[63]

이와 같이 공산치하의 경험이 후기공산주의신학으로 이어진다는 사실은 후기북한사회신학 구성에 있어서도 북한공산주의 치하에 볼프와 같은 생각을 품었던 사람들의 의견에 귀를 기울여야 할 필요성을 제기한다. 즉 후기북한사회신학 구성에 남한 신학자가 독점하거나 일방적으로 제시하는 것이 아니라, 남북한 신학자와 기독교인이 모두 참여하고 기여해야 할 것이다.

셋째, 볼프는 공산주의 시절 작성했던 박사 학위 논문의 핵심 개념인 노동을 후기공산주의 사회의 새로운 진정성 있는 인간의 삶의 조건으로서 재검토한다. 이 주제는 세 번째 모델인 미래형 모델과 더 관련이 깊다고 할 수 있다. 그는 후기공산주의 사회를 비롯한 현대 사회에서 나타나는 자본주의의 병폐를 막스 베버의 용어에 따라 쇠창살로 표현하면서, 풍요가 아니라 일이 해답이라고 내세운다.[64] 즉 "우리가 일꾼의 존엄성을 지키고 쇠창살의 지배권을 전복시키려면 생산 지향적 노동관을 '일 지향적 노동관'으로 대체할 필요가 있다."[65] 비록 공산권 몰락으로 인하여, 공산주

---

63 위의 책, 30.
64 Volf, 『하나님의 말씀에 사로잡혀』, 198, 201, 228-35.
65 위의 책, 229.

의가 자본주의의 실제적인 대항 이데올로기로서의 역할은 끝났지만, 자본주의를 비판하는 대안 이데올로기로서의 기능은 남은 셈이다. 그는 새로운 비전을 제시하는데, "자유의 영역은 선한 삶에 대한 종말론적 비전"이라고 한다.[66] 이 비전은 "우리가 부의 창조와 외부 재화에 대한 역동적인 욕구의 만족을 그 안에 두어야 할 가장 넓은 틀이다. 우리의 생산과 소비자로서의 선택이 우리의 개인적인 만족이 아니라 이 비전을 그 지침으로 삼으면 삼을수록, 그것들은 그만큼 더 인간적인 옷을 입을 것이다."[67]

3. 비전 제시와 신학: 미래형 모델, 대다수 구공산권 국가의 후기공산주의신학

공산권 몰락 후 후기공산주의 사회는 기대처럼 자본주의 사회로의 신속하고도 성공적인 이행을 경험한 것은 아니다. 그것은 또 다른 혼란과 고통의 체험이기도 했다. 더구나 공산주의 몰락 이후 자본주의 일색인 신자유주의적 압력은 후기공산주의 사회가 문제 파악과 해결책 마련을 하는데 제한을 가하기도 하였다.[68] 바로 여기에서 후기공산주의신학이 미래 제시자로서의 역할을 떠맡게 된다. 이 신학이 씨름하게 된 주제는 공산주의의 유산 척

---

66 위의 책, 232.

67 위의 책.

68 이런 현상이 시장 볼셰비즘(market bolshevism)이라고 묘사된 바 있다. Bertram Silvermann & Murray Yanowitch, *New Rich, New Poor, New Russia: Winners and Losers on the Russian Road to Capitalism*, expanded ed. (Armonk; London: M. E. Sharpe, 2000), xx.

결 이외에, 신자유주의로 대표되는 자본주의의 대두, 기독교의 부흥을 대신한 세속화 현상의 심화, 새로운 후기공산주의신학 구성 등이다. 이에 대하여 몇 나라의 사례를 살펴보도록 하자.

1) 구(舊)소련 지역의 경우: 후기공산주의신학 구성의 현실 문제

안드레이 푸치닌(Andrey P. Puzynin)은『복음 기독교인의 전통』(The Tradition of the Gospel Christians)에서 세 시대를 거친 '복음 기독교인'들의 전통과 변화를 살펴본다.[69] 이들은 제정 러시아 시대부터 존재했던 보수적인 종파이다.[70] 이 종파의 후기공산주의 사회에서의 변화 및 신학 구성의 특성에 대하여 살펴보는 이유는 두 가지이다. 하나는 후기공산주의 사회로서의 구소련 지역에 대한 함의 때문이다. 위에서 언급하였듯이, 러시아정교회는 후기공산주의 사회인 러시아에서 사실상 재활에 성공했다. 그러나 다른 종파의 경우는 상황이 다르다. 따라서 이 경우는 다른 종파의 상황을 볼 수 있는 일종의 사례 연구가 될 수 있다. 다른 하나는 한국의 후기북한사회에 대한 함의 때문이다. 이들은 보수적이고 복음주의적 종파인데, 한국 교회도 주류가 이와 유사한 성향을 보이는 만큼, 이들의 변화가 통일 이후 한국 교회의 모습을 전망하는데 도움이 될 것이다. 특히 교회의 신학이 교회의 사회 참여 양식에 영향을 주기 때문에, 이들의 신학 구성을 이해하는 것은 매

---

69 Andrey P. Puzynin, *The Tradition of the Gospel Christians: A Study of Their Identity and Theology during the Russian, Soviet, and Post-Soviet Periods* (Eugene: Pickwick, 2011).

70 위의 책, ix.

우 중요하다.

푸치닌은 구소련 공화국이었던 우크라이나에서 이뤄지는 신학 구성의 다양한 사례를 소개한다.[71] 대표적으로 보수적인 흐름과 진보적인 흐름이 있다. 전자의 경우, 신학자들은 신학교의 맥락에서 새로운 신학적 멘토가 된 미국선교사들과 그들의 배경인 미국 복음주의 내지 근본주의의 영향 하에 자신들의 신학적 정체성을 확실히 하는 일, 가령 칼뱅주의와 아르메니안주의를 구별하거나 삼위일체와 같은 복잡한 정통 교리보다는 미국 보수주의의 주관심인 성서론에 몰두하는 경향을 보였다.[72] 즉 연구 주제 등이 새로운 상황의 지배를 받는 점이 드러났다. 후자의 경우, 한 신학자는 일반 대학교의 맥락에서 후기공산주의 사회인 우크라이나의 세속 대학교의 지적 전통에 따라 서구 자유주의신학자인 하르낙 연구를 시도하였는데, 지나치게 광범위한 연구 범위라든가 사료에 대한 제한된 접근 등으로 인하여, 연구가치에 대해 평가하기 어려운 문제점이 드러났다.[73] 즉 새로운 연구 주제가 개방되었지만, 과연 서구의 학문적 상황을 제대로 이해하고 적용하는지가 문제다.[74] 뿐만 아니라 우크라이나 학자들은 독자적인 기준을 선호하는 경향도 보였다.[75] 이런 상황은 새로운 환경에서 충분한 선(先)이해 없이 새로운 학문을 시도하는 고충과 더불어, 학문의 독자성 등의 문제를 환기시킨다. 예를 들자면 오늘날 중국에서 새로운 기독교 연구 분야로 등장한 한어신학(漢語神學)에 있어서, 학

71 위의 책, 219-41.
72 위의 책, 219-20.
73 위의 책, 221.
74 위의 책, 222.
75 위의 책.

문성, 학문적 독자성, 교회 및 전통 신학과의 관계성 등이 논의되는 것과 비교해볼 수 있다. 후기북한사회신학에 있어서도 북한 출신 신학자의 신학 구성 과정에서 나타날 문제점들을 예상해볼 수 있다.

푸치닌은 이상의 흐름과는 조금 다른 측면도 언급한다. 목회 경험은 풍부하지만, 우크라이나에 소개된 제한된 영어번역 신학 서적(주로 복음주의 진영 서적)에 의존하여 신학, 특히 성서 해석에 대한 연구를 진행한 신학자의 경우, 참고문헌에서 자신의 전통에서 중요한 성서 해석가의 작품을 빼는 대신 공산권 개방 이후 러시아에 번역·보급된 스코필드 성경을 넣는다든지 미국 선교사가 선호하는 귀납법적 성경 공부를 중시한다든가 하는 성향을 보인다.[76] 즉 "성서 해석의 전통적인 관행이 서구 선교의 강력한 영향하에 근본적인 변화를 겪었다."[77] 아마도 이런 상황을 '신학의 선교 종속성'이라고 부를 수 있을 것이다. 그러나 선교와 신학이라는 문제, 특히 후기공산주의 사회 내지 후기북한사회에서의 선교와 신학이라는 문제는 여기서 다룰 수 없고, 별도의 연구가 필요하다. 푸치닌은 그의 책 결론에서, 이상적인 신학 구성에 대하여 다음과 같은 제안을 한다. 요약하면, 새로운 정체성을 형성하는 신학을 하되, 지나친 성서에 대한 강조로 인하여 세상에 대한 관심이나 전통이 무시되어서는 안 된다는 것이다.[78]

---

76 위의 책, 234.

77 위의 책, 241.

78 위의 책, 242-79, 특히 260-75.

2) 체코의 경우: 기독교 전통이 있는 나라의 재건 문제

『1989년 이후 체코-슬로바키아 맥락에서의 위기 상황』(Crisis Situations in the Czecho-Slovak Context after 1989)이란 모노그라프는 "교회와 맥락"(The Church and Context)이라는 제하의 연구 프로젝트의 일부로 발간되었는데, 이 책이 다루는 주제는 다양하다.[79] 즉 위기 상황에 관한 성서 연구, 새로운 사회 도래와 관련된 제반 문제 즉 민주주의, 기관의 위기, 화이트컬러 범죄, 시장, 소비주의 같은 문제들, 그밖에 성, 가족, 아동 교육, 외상 후 스트레스 증후군, 인종 차별 등이다. 이 책은 교회가 처한 맥락을 다루기 때문에, 주제들이 당연히 교회 내적인 것보다는 교회 외적인 것이다. 이런 양상은 교회가 교회생활 및 신학에 있어서 교회가 처한 사회적 맥락을 중시해야 한다는 자명한 사실을 다시금 상기시킨다. 그런데 이 주제들을 요약한다면, 후기공산주의 사회에 도래한 자본주의 혹은 신(新)자본주의의 문제이다. 이 상황은 새로움에 대한 적응뿐 아니라, 익숙함으로부터의 결별, 그것도 갑작스런 결별을 의미한다. 후기공산주의 사회의 시민에게 있어서 공산주의라는 과거는 양가적이다. 기본적으로는 공산권 몰락을 인정하고 나아가 환영하지만, 공산주의 사회가 그들의 정체성을 구성했다는 점에서 공산권 몰락은 혼란 내지 심지어 향수와 결부된다. 각설하고, 이런 아노미 상황에서 교회는 당면 과제를 해결하는 사회 참여적 역할과 나아가 미래의 비전을 제시하는 역할을 담당하게 된다. 이 책에 수록된 논문 중 가장 근본적인 질문을 던지는 주

79 Zuzana Jurechová & Pavol Bargár, eds., *Crisis Situations in the Czecho-Slovak Context after 1989* (Prague, Czech Republic: Central European Centre for Mission Studies, 2011).

장들을 살펴보기로 하자.

"전혀 새로운 세상"(A Brave New World?)이란 논문은 후기공산주의 사회인 체코-슬로바키아를 새뮤얼 헌팅턴과 프랜시스 후쿠야마(Francis Fukuyama)의 관점과 연결하여 조망한다.[80] 후쿠야마의 개념인 '역사의 종말'적 상황에 놓인 사회에 대하여 교회가 맡을 수 있는 역할을 7가지로 제시한다.[81] 즉 사회의 기둥, 충성된 저항가, 광야의 예언자, 만능가, 문제 회피, 해답 제공 거부, 문제 재정의하기 등. 그러면서 마지막 역할을 가장 바람직하게 여긴다. 즉 역사의 종말이란 없고, 분명히 악이 존재하지만 동시에 변화에 대한 희망이 있다고 사회를 설득하는 것이다. 이를 위해서는 건전한 역사관, 종말론, 교회론, 나아가 최근에 각광받는 공공신학적 시각이 후기공산주의신학 구성에 반드시 필요하다.

"기관의 위기로서의 체코 민주주의의 위기"(The Crisis of Czech Democracy as a Crisis of Institutions)라는 논문은 자본주의와 민주주의의 관계에 대한 질문을 던진다.[82] 경제 모델인 자본주의와 정치 모델인 자유민주주의의 관계에 대한 위험 요소가 급변하는 후기공산주의 사회라는 특정한 조건에서는 더욱 심각하다는 점을 부각시킨다.[83] 그러나 이 문제와 교회를 긴밀하게 연결시키지 못한다. 한편 "1989년 이후 전(前)체코슬로바키아 [지역]에 소재한 교회의 맥락 가운데 소비주의 문제"(The Problem of Consumerism in the Context of Churches in Former Czechslovakia after 1989)라는 논문

80 Juraj Laššuth, "A Brave New World?", in *Crisis Situations in the Czecho-Slovak Context after 1989*, 39-59.

81 위의 논문, 53-54.

82 Václav Němec, "The Crisis of Czech Democracy as a Crisis of Institutions", in *Crisis Situations in the Czecho-Slovak Context after 1989*, 75-88.

83 위의 논문, 85.

은 교회가 소비주의 문제를 다루는데, 교파 가릴 것 없이 (즉 에큐메니칼 진영, 정교회, 로마가톨릭교회, 루터교 등 모두) 구체적인 발언을 하지 못함으로써 문제 해결에 도움을 주지 못한다고 비평한다.[84] 대신 창조적인 자유를 대안으로 제시하면서, "사람들이 창조적인 삶을 영위하며 따라서 일과 놀이의 조합 속에서 기쁨과 행복을 추구하기 위해 자유가 주어졌다"고 강조하는데,[85] 이런 발언에서는 여전히 마르크스적 표현이 남아있는 것으로 보인다.

각설하고, 이상의 내용을 종합하면, 후기공산주의 사회에서 교회가 자본주의 및 소비주의 등에 대한 분명한 인식과 대안을 가져야 함을 시사한다. 즉 교회는 새롭고도 가속화된 세속화의 물결을 직면하게 된다. 그러나 일반적으로 교회가 친자본주의 성향을 보이고 소비주의 문화에 대하여 무력하거나 추종하는 태도를 보인다는 점을 감안할 때, 그런 과제를 실천하는 것이 결코 쉽지 않다고 할 수 있다.

3) 몽골의 경우: 기독교 전통이 없는 나라의 재건 문제

몽골도 동유럽 공산권 국가와 마찬가지로, 공산권 몰락의 충격을 직접적으로 받았다. 몽골은 과거에 여러 차례 선교 역사가 있었지만 선교가 재개된 것이 공산권 몰락 이후였고, 따라서 몽골 기독교의 역사는 짧고 영향력은 제한적이다. 오히려 몽골 기독교의 우선적 과제는 다종교사회에서 후발 주자로서 종교 시장

---

84 Pavol Bargár, "The Problem of Consumerism in the Context of Churches in Former Czechslovakia after 1989", in *Crisis Situations in the Czecho-Slovak Context after 1989*, 108-25.

85 위의 논문, 123.

의 경쟁에서 살아남는 것이지만, 사회적 역할에서 자유로울 수는 없다. 『사회주의 이후의 몽골인』(Mongolians after Socialism)이란 책은 후기공산주의 사회로서의 몽골의 변화에 관하여, 정치, 경제 및 부의 양극화, 종교의 도전, 사회와 문화의 형성, 불교와 문화 역사의 유산 등의 네 가지 분야에서 접근한다.[86] 이상의 분야만 봐도, 몽골이 다종교사회, 특히 라마 불교 중심의 사회라는 사실이 확연하게 드러난다.

이런 상황 속에서, 몽골 기독교 지도자인 푸릅도르지(Purevdorj Jamsran)는 공산권 몰락 이후 20년을 회고하면서, 몽골 기독교의 상황은 선교사 주도의 교회에서 현지인과 협력하는 교회로 바뀌었다고 요약한다.[87] 그는 기독교가 사회주의 실패 이후 희망과 신앙을 유지할 새로운 이데올로기로 부상한 영적 측면이 있다고 주장한다.[88] 또한 기독교는 몽골인들이 생계 수단을 찾는 가운데 돈과 경제가 최고라는 생각에 대한 보다 나은 대안으로 등장했다고 하면서, 다양한 영적·물질적 이유로 사람들이 교회로 몰려왔다고 진술한다.[89] 특히 경제 파탄, 어려운 생활 여건, 가난 등이 새로운 사상에 대한 개방성을 가져왔다는 것이다.[90] 그에 따르면, 몽골 기독교는 지난 20년의 역사 가운데 새로운 영적 공간을 제공하고, 경제적 어려움에 도움을 주며, 교육과 사회화의 장을 마련하였다. 특히 교도소 사역, 고아 사역, 아동 사역, 가정 사역,

---

86 Bruce Knauft M. & Richard Taupier, eds., *Mongolians after Socialism: Politics, Economy, Religion* (Ulaanbaatar, Mongolia: Admon, 2012).

87 Purevdorj Jamsran, "Developing Christianity in Mongolia During the Last Two Decades", in *Mongolians after Socialism*, 129.

88 위의 논문, 130.

89 위의 논문, 131.

90 위의 논문.

지역개발 사역 등 다양하였다.[91] 결론적으로, 그는 몽골 기독교가 상당히 성장하여 몽골 유권자의 10%를 상회할 정도가 되었기에 사회적 역할을 당연히 맡아야 한다면서, 그동안의 교회 역할을 세 가지로 요약한다. 즉 몽골 기독교는 몽골의 고유 문화와 기독교를 결합하고, 그것을 세계적으로 과시하며, 이를 통하여 몽골 정부와 사회와 국민을 섬겼다는 것이다.[92]

흥미로운 것은, 몽골의 다른 종교인 무교, 불교 등도 기독교와 마찬가지로, 공산주의 유산, 새로운 자본주의의 대두, 영적 필요와 경제적 필요 모두를 고려한 프로젝트 추진, 고유문화 창달, 사회적 기여, 물질주의에 대한 인본주의적 태도 등의 중요성을 강조하고 과제로 삼는다는 것이다.[93] 이런 상황을 고려할 때, 후기북한사회에서도 각 종교들은 경쟁, 중복, 전략적 협력 등의 다양한 관계를 형성할 것으로 예상된다.

Ⅲ. 결론

필자는 후기공산주의신학이 공산권 몰락 이후 20여 년간 발전해왔고 그것이 후기북한사회신학에 대한 시사점이 많다는 전제 하에서, 후기공산주의신학의 형성을 살펴보았고 후기북한사회신학에 대한 함의를 간추려보았다. 이런 관점에서, 후기공산주

91 위의 논문, 134-36.

92 위의 논문, 137.

93 Knauft & Taupier, eds., *Mongolians after Socialism*, 89, 101, 115, 139.

의신학을 세 가지 모델로 분류하여 접근하였다. 곧 역사 청산을 다루는 과거형 모델, 사회 갈등을 다루는 현재형 모델, 비전 제시를 다루는 미래형 모델이다. 그 결과 다음과 같은 것을 밝혔다. 과거형 모델에서는, 후기공산주의신학이 역사 청산이 필요한 과제이기에 나름대로 시도하였지만 전반적으로 완수하지 못했고, 어용 교회와 공산주의 치하에서의 신학으로서의 디아코니아신학을 재검토하였다. 현재형 모델에서는, 후기공산주의신학 가운데 미로슬라브 볼프의 신학이 공공성을 강조하는 정치신학으로 세계적으로 부상하였고, 신학의 실천성이 강조되는 실존적 신학과 전략적 신학(후자는 참여의 신학, 궁극 이전의 신학, 창의적 신학으로 세분된다)의 특징을 나타냈다. 아울러 공산주의신학과 후기공산주의신학의 연계성도 살펴보았다. 미래형 모델에서는, 다양한 나라의 후기공산주의신학들이 독자적이고 진정한 신학 형성, 민주주의와 자본주의의 관계 등의 사회적 혼란 대처 및 새로운 이상적 생활상 제시, 교회의 다양한 사회적 기여 등 여러 문제를 탐구하는 양상을 살펴보았나. 후기북한사회신학은 이런 기존의 후기공산주의신학의 연구결과를 십분 활용하고 보완하여, 후기북한사회에서의 교회와 신학을 준비해야 할 것이다.

제 6 장

난민신학

: 난민, 새롭고도 오래된 기독교의 과제

출처 "칼뱅의 난민 사역과 한국 교회에 대한 함의", 「한국교회사학회지」 45 (2016), 155-81.

Ⅰ. 서론

칼뱅은 종교개혁을 집대성한 사람이다. 루터가 종교개혁을 시작하였다면, 칼뱅은 종교개혁을 완성했다고 할 수 있다. 즉 루터가 시작한 종교개혁의 신앙을 담을 수 있는 그릇이라고 할 수 있는 교회와 목회의 틀을 마련한 사람이 바로 칼뱅이다. 이런 점에서 칼뱅은 신학자요 목회자이다.

최근 들어 목회자 칼뱅에 대한 연구가 활발하다. 칼뱅의 사회복지 분야에 대한 연구가 축적되고 있다.[1] 또한 얼마 전부터는 이주민 목회자로서의 칼뱅에 대한 연구가 나오기 시작했다.[2] 그러나 이주민 가운데 특수한 이주민, 곧 비자발적인 이동이라고 할 수 있는 난민(refugee)과 칼뱅을 연결짓는 연구는 아직 충분하지 않다. 그리고 칼뱅의 목회, 사회복지, 이주민 사역에 대한 연구들도 난민과 관련하여 연구를 심화시키는 경우는 드물다. 비록 1990년 헤이코 오버만(Heiko Oberman)이 칼뱅을 난민이란 맥락에서 연구하는 작업을 시작했지만, 이후 크게 발전하지 못했다.[3] 다행스러운 것은, 최근 로버트 보스로(Robert R. Vosloo) 같은 학자가 칼뱅의 난민 현실이 그의 신학, 특히 성서론과 예정론에 미친 영향을 주목하면서, 그것이 오늘날 개혁교회의 증언에 대하여 지니

1 이정숙, "깔뱅의 목회와 신학", 「선교와 신학」 24 (2009), 89-118; 박경수, 『교회의 신학자 칼뱅』 (대한기독교서회, 2009).

2 안인섭, "칼빈의 디아스포라 사역", 『칼빈 탄생 500주년 기념포럼: 디아스포라 2009 사역포럼 자료집』 (미간행 자료집, 2009), 1-14.

3 Heiko A. Oberman, *John Calvin and the Reformation of the Refugees* (Geneva: Droz, 2009).

는 함의를 분석하였다.[4] 그러나 제스 스폰홀즈(Jesse Spohnholz)와 개리 웨이트(Garry K. Waite)가 비판하듯이, 초기[서구]근대사의 망명(exile)에 대한 연구는 주로 "유대인 디아스포라와 국제적인 칼뱅주의"에 국한되어, 종교와 난민의 관계는 전반적으로 보아 여전히 미답지에 가깝다고 할 수 있다.[5] 한편 로버트 킹던(Robert M. Kingdon)은 제네바 종교개혁을 다루면서 난민의 중요성을 밝히고 있다.[6]

한국 교회에서도 난민이란 주제는 아직 활발하게 연구되고 있지 않다.[7] 필자는 2001년 장로교 전통과 장로교 교단 선교를 연결하면서, 종교개혁 시대의 난민과 선교에 대하여 간략히 언급한 바 있다.[8] 최근에는 난민과 선교에 관하여, 특히 20세기 후반부터 본격화된 난민 현상과 선교에 관하여, 논문들이 나오기 시작하고 있지만 충분하다고 할 수 없다.[9] 학위논문도 이 주제에 대하여 관심을 나타내기 시작했다.[10] 그러나 전반적인 상황을 말한다면, 난민을 포함하여 이주민이란 주제가 아직은 초보 단계에 머물고 있다. 이런 맥락에서, 이주민 문제를 집중적으로 천착해온 국제 이

---

4 Robert R. Vosloo, "The Displaced Calvin: 'Religious Reality' as a Lens to Re-examine Calvin's Life, Theology, and Legacy", *Religion & Theology* 16 (2009), 35-52.

5 Jesse Spohnholz and Gary K. Waite, eds., *Exile and Religious Identity*, 1550-1800 (Brookfield: Pickering and Chatto Ltd., 2014), 2.

6 Robert M. Kingdon, "The Calvinist Reformation in Geneva", in *Reform and Expansion 1500-1660*, vol. 6 of *The Cambridge History of Christianity*, ed. R. P-Chia Hsia (Cambridge: Cambridge University Press, 2007), 90-103, 특히 99-101.

7 이종록, "아브람과 사래, 그리고 난민: 창세기 12: 10-20", 「성경연구」 5-8 (1999.8), 18-50.

8 안교성, "한국 장로교 선교의 전략", 「선교와 신학」 8 (2001), 167-91; 이정숙, "칼빈의 제네바 난민 목회에 대한 소고", 「교회와 세계 선교」 48 (2009), 47-50.

9 한국선교연구원(KRIM), "난민수용과 안전 문제의 기로에 서 있는 미국과 미국교회", 「파발마」 12(2015), 1-3; 이승희, "시리아 난민 사태, 독일의 난민 정책과 독일 가톨릭교회", 「가톨릭평론」 3(2016), 97-108; 장훈태, "세계 난민 문제와 선교", 「성경과신학」 77(2016), 163-99.

10 임용석, "재외 북한 난민 및 국내 북한 이주민 문제에 대한 선교적 접근" (미간행 석사학위논문, 아세아연합신학대학교, 1999); 문영훈, "한국 교회의 북한이탈주민 사역에 관한 신학적 정립: 칼뱅의 제네바 피난민 사역과 연결지어" (미간행 석사학위논문, 장로회신학대학교대학원, 2014).

주자선교포럼에서 2015년 “세계의 난민과 이주자선교”라는 주제로 교회사, 현대 선교 및 한국 정부의 난민 사역 등 다양한 분야에 대하여 종합적으로 조명한 것은 의의가 있다고 하겠다.[11]

그러나 난민이란 주제는 성경과 교회사 전체를 관통하고 있다. 구약의 경우, 요셉은 인신 밀매(human trafficking)를 통해 이집트로 갔고, 야곱의 가족은 식량 난민으로 이집트로 갔으며, 히브리 백성은 정치 난민 특히 종교 난민으로 이집트에서 나왔다. 신약의 경우, 예수 그리스도는 정치 난민으로 이집트로 갔고, 초대 교회 교인들은 종교 난민으로 예루살렘으로부터 도망쳤다. 교회사의 경우도 초대 교회는 종교 박해로 인하여 수많은 종교 난민이 발생했는데, 설교가로 유명한 요한 크리소스토무스(John Chrysostomus)의 일생도 망명으로 점철됐다. 종교개혁 당시는 칼뱅, 녹스 등이 종교 난민이었고,[12] 종교전쟁 이후 대량으로 발생한 종교 난민 문제가 관용이란 신학적 주제를 부각시켰다.[13] 20세기 전반에는 2차례의 세계 대전과 독일의 유대인 박해 등을 통해 대규모 난민이 발생했다. 또한 20세기 중반에는 팔레스타인 주민들이 이스라엘의 건국으로 인하여 출애굽 이후 또다시 나라를 잃는 경험을 하였는데, 그 결과 팔레스타인 주민들은 자국 내 난민이 되었다. 이런 상황은 팔레스타인 기독교인수의 급감을 초래했을 뿐 아니라, 땅에 대한 신의 약속이란 성격적 주제에 대한 과격한 재해석을 요청하기도 하였다.[14] 오늘날 냉전 이후, 종교와 정치가

---

11 국제 이주자선교포럼, 『세계의 난민과 이주자선교』 (미간행 자료집; 명성교회 월드글로리아센터 방지일홀, 2015).

12 안신, “인간 이해를 위한 ‘종교적 정체성’(Religious identity) 연구의 중요성: 존 녹스의 1550년대 행적을 중심으로”, 「종교와문 화」 12 (2006), 73-95.

13 Jesse Spohnholz, *The Tactics of Toleration: A Refugee Community in the Age of Religious Wars* (Lanham: University of Delaware Press, 2011).

밀접하게 관련된 열전 속에서 수많은 정치 난민 및 종교 난민이 발생하고 있다. 최근에는 국제 아동 입양을 일종의 인신매매로 보는 관점에서, 소위 기독교의 입양신학을 비판하면서 친생가족 강화를 통한 입양극복 운동을 주장하는 담론까지 나오고 있다.[15]

한국 교회의 경우도, 한일 강제 병합을 전후하여 식량 난민이 발생했고, 해방 이후에는 분단과 한국 전쟁으로 인해 수많은 정치 난민 및 종교 난민이 발생했는데, 소위 월남민, 특히 월남 기독교인이 대표적인 사례이다.[16] 이로 인하여 남한에는 개신교회와 가톨릭교회에 각각 무지역 노회인 이북노회와 무지역 교구인 이북교구가 있다. 최근에는 북한이탈주민이 정치 난민 및 종교 난민으로 부각되고 있다.[17] 또한 한국 교회는 선교 현장에서 난민 사역을 점차 활발하게 하고 있다. 그러나 아직까지 국내에서는 난민 사역에 대한 이해나 참여가 지역 교회의 차원으로 확산되는 일은 매우 부족한 상황이다.

한편 한국 사회의 경우, 정부 차원에서 법무부가 1988년『난민의 법적지위 및 보호』라는 책자를 발간하는 등, 난민 문제를 의식하기 시작하였다.[18] 한국 정부는 1992년 12월 3일 "'난민 지위에 관한 협약'(1951)과 '난민 지위에 관한 의정서'(1967)에 가입하였고, 국내 관련법도 마련하는 등 국제사회의 일원으로서 난민 문제 해

---

14 Michael Prior, CM, *The Bible and Colonialism: A Moral Critique* (Sheffield: Sheffield Academic Press, 1997).

15 최근에는 국제아동입양을 일종의 인신매매로 비판하는 담론이 나오고 있다. Kathryn Joyce, *Child Catchers: Rescue, Trafficking, and the New Gospel of Adoption*, 박준영 역,『구원과 밀매: 복음주의 기독교의 선의와 국제간 아동 입양의 현실』(뿌리의집, 2014).

16 이인희, "8·15와 6·25를 전후한 북한출신 피난민의 월남이동에 관한 연구",「지리학논총」13 (1986.12), 47-68; 강인철,『한국 기독교회와 국가·시민사회: 1945-1960』(한국기독교역사연구소, 1996).

17 정병호 외 편,『웰컴투코리아: 북조선사람들의 남한살이』(한양대학교출판부, 2006).

18 법무부,『난민의 법적지위 및 보호』(법무부, 1988).

결에 동참한지 20년 이상이 흘렀다."[19] 그리고 난민협약 가입 이전에, 대한적십자사와 유엔난민기구(UNHCR)의 협조를 통해 월남 패망으로 인한 소위 보트피플(boat people) 즉 베트남 난민을 지원하고 보호한 것이 한국 정부가 국제적 난민을 지원한 최초의 사례이다.[20] 한국 정부는 2013년에는 아시아 최초로 독립된 난민법을 제정하였다.[21] 한국 정부는 한국이 세계 강국의 하나로 부상하면서, 점차 난민 문제에 대한 책임 분담을 더욱 감당할 것을 요청받지만, 아직까지 이 문제에 대한 사회 저변 확대는 미흡하다. 이런 점에서 한국 교회가 난민 문제에 적극 참여하고, 또한 선도해 나갈 것이 요청되고 있다.

필자는 칼뱅과 난민이란 주제의 양자 관계에 대한 역사적 연구를 시도하고자 한다. 그리고 이를 통하여, 한국 교회에 새롭게 제기되는 난민 문제라는 도전에 대한 해답의 전거를 얻고자 한다. 물론 칼뱅 당시의 상황과 오늘날의 상황은 큰 차이가 있기에, 직접적인 적용에는 한계가 있다는 점을 염두에 두어야 할 것이다. 이 목적을 이루기 위하여, 구체적으로 세 가지 점을 밝히고자 한다. 첫째, 칼뱅 개인과 난민이란 주제와의 관계는 무엇인가? 둘째, 칼뱅의 목회와 난민이란 주제와의 관계는 무엇인가? 셋째, 칼뱅의 난민 사역의 유산, 즉 그 교훈과 도전은 무엇인가?

제한된 지면상, 칼뱅의 난민 사역을 다루고 있지만, 주로 칼뱅의 제네바 사역을 중심으로 할 것이며, 또한 칼뱅의 난민관(難民觀)과 난민에 대한 신학, 나아가 난민신학(難民神學) 일반에 대해

---

19 김태수, "한국의 난민정책", 국제 이주자선교포럼, 『세계의 난민과 이주자선교』, 16.

20 위의 논문.

21 위의 논문.

서는 본격적으로 다루지 않는다. 차후 연구는 이런 주제들은 물론이고 한국 상황과의 구체적인 비교 연구를 시도할 수 있을 것이다.

Ⅱ. 칼뱅: 난민, 난민 목회자, 난민 사역

1. 난민, 특히 종교 난민, 칼뱅

칼뱅은 프랑스인이었지만 제네바를 거점으로 하여 종교개혁을 전개한 종교개혁가였다. 칼뱅이 종교 박해로 인하여 조국 프랑스를 떠나 스위스의 제네바에 머물게 되었다는 사실은 잘 알려져 있지만, 막상 이런 상황이 그의 삶과 사역에 어떤 영향을 미쳤는지는 충분한 관심을 받지 못했다. 그러나 칼뱅은 그 자신이 난민이었고, 난민 목회를 감당한 난민 목회자였다. 칼뱅은 그의 사역의 중심지였던 제네바에서의 사역은 물론이고, 이후 종교 난민들의 중심지인 여타 지역의 교회들과도 긴밀한 관계를 맺었다. 즉 칼뱅을 이해하는데, 그의 삶의 자리(sitz im Leben)가 충분히 고려되지 못했다. 그러나 종교 박해로 인한 이주민, 즉 종교 난민이라는 삶의 자리는 칼뱅의 삶과 사역에 결정적으로 영향을 미쳤다.

1) 이방인 칼뱅

칼뱅은 종교 박해로 인하여 프랑스를 떠돌다가 마르틴 부처(Martin Bucer)와 협력하기 위해 스트라스부르로 가기 위해 제네바를 통과하는 우회로를 택하였고, 이 과정에서 기욤 파렐(Guillaume Farel)을 만나게 되었다.[22] 칼뱅은 제네바에서 파렐과 더불어 종교개혁을 추진하였지만, 초기에 시 당국자들은 "자신들 전체의 미래를 '그 프랑스인(그들은 칼빈을 그렇게 즐겨 불렀다)'의 손에 맡겨야 할지 판단을 내리지 못했다."[23] '그 프랑스인'이란 라틴어로 'ille Gallus'이었다. 결국 칼뱅의 제1차 제네바사역은 실패로 돌아갔고, 그는 스트라스부르로 가서 "프랑스의 망명자들로 이루어진 교회"를 목회하게 되었다.[24] 오버만은 이런 실패가 개혁의 과격성 때문만이 아니라, 이방인에 대한 배타성 때문이라고 평가했다.[25]

스트라스부르는 칼뱅에게 도피처와 함께 목회지를 제공하였다. 다시 말해 난민이 된 칼뱅은 이방인들의 목회자가 되려다 실패했고, 그 후 자신과 동일한 프랑스인 난민들의 목회자가 되었다. 칼뱅은 스트라스부르에서 동료 개혁가인 부처를 만났을 뿐 아니라, 개신교회가 어떻게 구성되는가를 접하게 되었다.[26]

칼뱅의 이런 인생 여정은 크게 두 가지를 생각나게 한다. 첫째, 종교개혁이 종교 박해 및 종교 난민과 밀접하게 관련되었다는 점이다. 사실 칼뱅은 프랑스 국왕과 제네바 당국을 상대한 외교적 타개책이 실패하자, 종교개혁을 더욱 본격화한 면이 있다. 즉 각지에 당시로서는 불법적인 교회 개척을 추구했고, 나아가

---

22 Stephen J. Nichols, *The Reformation*, 이용중 역, 『세상을 바꾼 종교개혁이야기』 (부흥과개혁사, 2009), 121-23.

23 위의 책, 124.

24 위의 책.

25 Heiko Oberman, *Two Reformations* (New Haven: Yale University Press, 2003), 147.

26 Kingdon, "The Calvinist Reformation in Geneva", 92.

난민들의 종교개혁을 전개했다.[27] 둘째, 난민의 삶은 난민 목회를 담당하는 기회를 제공하였고, 이로 인하여 칼뱅은 난민 목회자가 되는 경험을 했다. 그리고 오버만의 지적처럼, 칼뱅은 이런 경험을 통하여 교회가 유대 백성처럼 박해받고 흩어진 존재로 이해하게 되었다.[28]

2) 이웃 칼뱅

칼뱅은 스트라스부르로부터 제네바로 귀환하여 제2차 제네바사역을 시작하였고, 점차 영향력을 넓혔지만, 그의 위상은 어디까지나 이웃에 불과했다. 박경수의 지적대로, "그의 입지는 여전히 불안하였다."[29] 가령 반대파들은 자기 집 개 이름을 칼뱅이라고 부르거나, 칼뱅의 이름을 줄여 "가인"(Cain)이라고 부를 정도였다.[30] 박경수는 칼뱅이 제네바의 독재자이기는커녕 1541년부터 1555년까지 적어도 14년 동안 "폭풍이 휘몰아치는 세월을 보내야만 했다"고 평가했다.[31] 특히 1555년은 개신교회에서 가톨릭교회처럼 출교가 이뤄진다는 사실에 반기를 든 제네바의 집단이 칼뱅과 대립하다가 폭동을 일으켰지만 결국 진압된 해였다. 이 집단은 아미 페랭(Ami Perrin)이 지도자였는데, 그들 스스로는 '제네바의 자녀'라고 불렀고, 칼뱅은 '자유사상가'(Libertines)라고 불렀다.[32]

---

27 Peter A. Dykema, "Introduction", in *John Calvin and the Reformation of the Refugees*, 18-19.

28 Oberman, *Two Reformations*, 148; Vosloo, "The Displaced Calvin", 41쪽에서 재인용.

29 박경수, 『한국 교회를 위한 칼뱅의 유산』 (대한기독교서회, 2014), 159.

30 위의 책.

31 박경수, 『교회의 신학자 칼뱅』 (대한기독교서회, 2009), 18, 34.

만일 이정숙이 지적한 바처럼, 시 최고의원들이 "시 최고의원이 아니라 장로로서 컨시스토리에서 사역해야 함을 명시한 1561년 새 법령 역시 시 의회와의 암묵적 갈등 상황을 예시적으로" 보였다면, 이런 갈등은 1555년 이후에도 상당 기간 이어졌을 것이다.[33] 바로 이런 상황으로 말미암아, 칼뱅은 종교개혁을 추진하면서 끊임없이 시 당국을 설득해나가는 고단한 사역을 감당할 수밖에 없었다. 이것은 삶의 자리가 목회에도 영향을 준다는 점을 생생하게 증언한다. 한편 킹던은 이렇듯 이방인으로서 불리한 칼뱅의 영향력이 점점 증가되었던 것은 바로 제네바에서 난민들의 역할이 점차 증가했기 때문이라고 해석하면서, 여러 가지 증거를 제시하였는데, 대표적인 예는 난민들 가운데 유력 인사들이 많았다는 것이다.[34]

3) 시민 칼뱅

칼뱅은 1564년 그의 생을 마감하기 5년 전인 1559년에야 비로소 시민권을 획득하였고, 이로 인하여 마침내 오랜 망명객의 삶을 마감하고 시민이 되었다. 그리고 제네바에서 생을 마감하고 매장됨에 따라, 칼뱅은 결국 외국 혹은 새로운 조국의 땅에 묻히게 되었다. 그러나 칼뱅은 프랑스 신앙고백을 기초하는 등,[35] 다양한 사역을 통하여 조국 프랑스의 개혁교회에 대한 관심을 계속

32 Kingdon, "The Calvinist Reformation in Geneva", 98. 이후 리버르틴이란 명칭은 향락주의자를 가리키는 일반명사화되기도 하였다.

33 이정숙, "깔뱅의 신학과 목회로 한국 교회를 돌아보다", 「기독교사상」 53-5 (2009.5), 38.

34 Kingdon, "The Calvinist Reformation in Geneva", 99-101.

35 총회교육자원부 편, 『개혁교회의 신앙고백』 (한국장로교출판사, 2007), 250-51.

해서 보였다. 즉 칼뱅은 평생 조국 프랑스를 그리워하면서, 프랑스의 종교개혁을 위해 헌신하였던 것이다. 물론 그의 사역은 프랑스와 제네바를 넘어서서, 전 세계를 상대로 하게 되었지만 말이다. 따라서 칼뱅은 프랑스인이요, 제네바인이요, 세계인이었다. 즉 복수 정체성(multi-identity)을 지닌 사람이었다.[36]

2. 난민 목회자 칼뱅

위에서 살펴본 대로, 칼뱅은 한편으로는 난민으로서 목회를 했고, 다른 한편으로는 목회 가운데 난민 목회를 하였다. 다시 말해, 칼뱅은 난민인 목회자(a refugee minister)로서 난민 목회를 감당한 목회자(a minister of refugees)였다.[37] 따라서 칼뱅은 이중적으로 난민 목회자였다. 이제 난민 목회자로서의 칼뱅에 대하여 살펴보자.

1) 난민 목회에 대한 문제의식

칼뱅은 개인적으로 난민이란 신분과, 스트라스부르에서 사역했던 난민 목회자로서의 경험을 통하여 난민 목회에 대한 문제의식을 지니게 되었다. 이것은 그의 목회에 반영되었고, 난민 목회

---

36 안신은 이와 유사한 맥락에서, 존 녹스가 잉글랜드적 정체성과 스코틀랜드적 정체성의 양면이 있다는 주장에 대해서, 결국 스코틀랜드적 정체성이 있다고 주장했다. 안신, "인간 이해를 위한 '종교적 정체성'(Religious identity) 연구의 중요성", 90.

37 Vosloo, "The Displaced Calvin", 36.

를 위한 구조를 마련하였으며, 또한 난민 목회를 담당할 사역자 특히 평신도 지도자를 배출하였다. 특히 칼뱅의 제네바에서의 목회 가운데 사회복지 사역 분야에서 난민 목회는 중요한 부분을 차지했다. 뿐만 아니라, 프랑스 내의 박해받는 사람들을 위하여 모금하고 편지를 쓰고 중보기도를 하였으며, 여타 지역의 난민교회들의 문제에 대해서도 광범위하게 개입하였다.[38]

난민을 비롯한 가난한 이웃에 대한 칼뱅의 관심은 신학적인 측면을 나타낸다. 이 자리에서, 적어도 두 가지를 염두에 둘 필요가 있다. 첫째, 박경수에 의하면, 칼뱅은 난민을 비롯한 가난한 이웃에 대한 책임이 정부만이 아니라 교회에 있다고 여겼다.[39] 또한 엘지 맥키(Elsie A. McKee)에 의하면, "가난한 사람들 또한 그들이 받은 도움에 좋은 청지기가 되어야 한다는 책임의식을 부여" 받았고, "이렇게 해서 거룩함은 더 이상 가난 혹은 부가 아니라 일과 청지기 정신과 연결되기에 이른다."[40] 이런 맥락에서 난민 사역을 비롯한 긍휼 사역은 교회의 본질적 사역이라고 할 수 있다.

사실 교회의 가난한 자에 대한 사역은 성경은 물론이고 교회사를 관통하는 유구한 전통이기도 하다. 바울이 "[야고보와 게바와 요한이] 다만 우리에게 가난한 자들을 기억하도록 부탁하였으니 이것은 나도 본래부터 힘써 행하여 왔노라"고 갈라디아서에서 언급한 것처럼,[41] 초대교회의 선교의 핵심 가운데 하나는 가난한 자에 대한 사랑이었다. 또한 이은혜가 크리소스토모스의 예를 들

38 박경수, 『한국 교회를 위한 칼뱅의 유산』, 165-68.

39 박경수, 『교회의 신학자 칼뱅』, 289-90.

40 Elsie A. McKee, *John Calvin: Writings on Pastoral Piety*, 이정숙 역, 『칼뱅의 목회 신학』 (두란노아카데미, 2011), 119.

41 갈라디아서 2:10.

어 밝혔듯이, 초대교회 교부들은 가난한 자에 대한 사랑을 강조하고 실천하였다.[42] 칼뱅 역시 이런 전통에 굳게 섰다.[43] 칼뱅의 교회 직제 가운데 특히 집사가 포함된 것은 바로 이런 맥락에서이다.[44] 다만 칼뱅은 가난한 자에 대한 사랑을 특히 난민과 관련하여 보다 구체적으로 감당했던 특징이 있다.

칼뱅의 목회는 제네바의 난민의 변화와도 긴밀하게 연관되었다. 보슬로가 주장하듯이, 제네바는 난민의 피난처가 되면서 난민이 증가했고, 이것은 칼뱅의 지도력 강화에 기여했다. 그러나 이와 동시에 난민이 점차 영주할 것과 난민으로 인하여 생활비가 상승할 것이라는 우려를 자아냈고 그 결과 외국인 혐오가 대두되었다.[45] 이런 상황은 환대라는 신학적 주제의 중요성을 주목하게 만든다.[46]

뿐만 아니라 칼뱅의 목회는 난민의 지도력에 대한 질문을 제기한다. 최근 들어 한국이 급속도로 다문화 사회로 바뀜에 따라, 다문화성은 한국 교회에 목회와 선교만의 문제가 아니라 교회론적 문제를 제기하고 있다. 다시 말해 한국 교회는 급속도로 단일민족 교회의 틀을 넘어서 다문화 교회로 변모하고 있는데, 이때 과연 한국 교회가 난민 등 이주민 혹은 신(新) 한국인(new Korean)을 지도자로 맞이할 수 있을까라는 질문을 던지는 것이다.

---

42 이은혜, "요한 크리소스토모스의 설교에 나타난 수도주의와 '가난한 자를 사랑한 자'의 관계성에 대한 이해", 「한국교회사학회지」 26 (2010), 201-31, 특히 204. 또한 종교개혁 당시 교회의 빈민 사역의 한 사례에 대하여는 다음 논문을 참조하라. 황정욱, "J. L. 비베스의 『빈민구제론』의 역사적 의미", 「한국교회사학회지」 26 (2010), 233-84.

43 John Calvin, *The Institutes of the Christian Religion,* 원광연 역, 『기독교강요, 하』 (크리스챤다이제스트, 2003), 84-86.

44 위의 책, 69-70.

45 Volsoo, "The Displaced Calvin", 43-44.

46 위의 논문, 51.

2) 난민 목회의 구조

칼뱅은 난민 목회와 관련하여 필요한 구조를 마련했다. 안인섭이 지적했듯이, 제네바에는 종합구빈원(General Hospital)이라는 사회복지 구조가 있었지만, 종합구빈원이 "해결해 줄 수 없었던 제네바의 사회적 문제는 다른 나라로부터 이주해 온 많은 종교적 난민들을 돕는 일이었다."[47] 왜냐하면 종합구빈원은 제네바 시민과 단기 체류자를 위한 것으로, 장기 체류 난민을 위한 것이 아니었기 때문이다.[48] 칼뱅은 프랑스 구호기금(Bourse Française)을 세웠는데, 이것은 사적인 기관이었다.[49] 안인섭은 그 이유를 밝히지 않았지만, 아마도 칼뱅이 외국인이었다는 것과 무관하지 않을 것이다. 즉 제네바의 보편적인 문제가 아니라 국외자인 난민의 문제였던만큼 조심스럽게 사적인 형태로 시작한 것으로 보인다. 한편 박경수에 의하면, "흥미로운 것은 프랑스 기금의 도움을 받았던 피난민들이 나중에는 그 기금의 후원자들이 되기도 했다는 사실이다."[50] 구제 혹은 복지의 선순환 혹은 확산의 사례라고 할 수 있을 것이다. 더구나 프랑스 기금은 단순한 구제의 기능을 넘어서, "프랑스의 복음화에도 연관되었다."[51] 명문가인 뷔데(Guillaume Budé)가의 아들인 장 뷔데(Jean Budé)는 프랑스 구호기금의 기금을 크게 늘려, 그 일부를 프랑스에 개신교 서적을 밀반입하는

---

47 안인섭, "칼빈의 디아스포라 사역", 13.
48 위의 논문.
49 위의 논문.
50 박경수, 『교회의 신학자 칼뱅』, 287.
51 위의 책, 288.

데 사용하기도 하였다.[52] 이것은 선교 대상이 선교 주체로 성장해 나가는 모습을 보여준다.

한편 제네바가 점차 난민의 피난처로 유명해지자, 프랑스인을 비롯하여 각국의 종교 난민들이 몰려왔는데, 대표적인 것이 영국 종교 난민이었던 소위 마리안 망명객(Marian exiles)이었다.[53] 칼뱅은 이들을 위해서, 그들의 교회가 정착하도록 도왔고, 그 결과 제네바에는 다양한 난민교회들이 등장하였다.

3) 난민 목회의 사역자

칼뱅은 난민을 위한 구조를 마련했을 뿐 아니라, 그 구조를 운영할 사역자들을 마련하였다. 칼뱅은 자신이 제네바에 오기 전에부터 존재했던 종합구빈원의 담당자들도 집사라고 불렀는데, 프랑스 구호기금의 담당자들도 역시 집사라고 불렀다.[54] 프랑스 구호기금은 “기증한 사람들에 의해 선출된 집사의 직책을 가지고 있는 평신도들이 운영”하였고, “이들이 돈을 걷고 분배하고 수입 지출 모두를 기록하였다.”[55] 안인섭은 이런 맥락에서 프랑스 기금이 “구빈원과 매우 유사했으나 처음부터 칼빈의 관심과 강력한 지지를 얻은 점에서” 다르다고 두 기관을 비교했다.[56] 칼뱅이 난민 목회에 크나큰 관심을 가졌다는 것을 알 수 있는 대목이다. 한편 박경수는 프랑스 기금을 맡았던 집사들에 대하여 명단을 비롯

52 Kingdon, “The Calvinist Reformation in Geneva”, 101.

53 Christina Hallowell Garrett, *Marian Exiles: A Study in the Origins of Elizabethan Puritanism* (Cambridge: Cambridge University Press, 1938).

54 Kingdon, “The Calvinist Reformation in Geneva”, 96.

55 안인섭, “칼빈의 디아스포라 사역”, 13.

56 위의 논문.

하여 상세하게 설명하면서, 대표적인 인물로 위에서 언급한 바 있는 장 뷔데를 소개하였는데, 그는 제네바의 자선 기관들에 유산을 남길 때 프랑스 기금에 6배나 더 많은 유산을 남겼다. 이처럼 프랑스 기금은 수많은 사람들의 동참과 노력으로 이뤄졌으며, "프로테스탄트 박애 정신을 보여주는 최초의 노력들 중 하나였다."[57]

3. 칼뱅의 난민 사역의 유산, 그 교훈과 도전

1) 난민의 정체성

칼뱅의 난민 사역은 무엇보다도 이제껏 제대로 주목받지 못한 난민 사역의 중요성에 대한 실제적인 사례라고 할 수 있다. 즉 칼뱅에게 있어서, 난민 사역은 단순히 여러 사역 가운데 하나가 아니라, 본질적인 것이요, 전체를 통괄하는 것이었다. 즉 그의 난민 사역은 결국 난민의 종교개혁이란 주제와 연결되고, 나아가서 국제적인 칼뱅주의와 연결된다. 이것은 칼뱅의 난민으로서의 정체성이 그의 신학과 사역 전반에 깊은 영향을 미쳤다는 것을 말해준다. 이런 점에서 칼뱅의 신학은 난민신학이라고도 할 수 있는데, 위에서도 언급하였듯이, 이에 대해서는 별도의 본격적인 연구가 필요할 것이다.

---

57 박경수, 『교회의 신학자 칼뱅』, 286.

특히 오늘날 종교와 정체성, 선교와 정체성 등 정체성 연구가 활발한데, 한국 상황과 결부시킬 때 여러 가지 연구가 가능하다. 먼저, 다양한 역사를 들여다보는 것이다. 첫째, 해방 이후 한국 교회 역사는 해방 전 한국 기독교의 중심지요 요람이었던 북한교회 출신인 월남 기독교인들을 배제하고 제대로 논할 수 없다. 둘째, 베트남 전쟁과 관련하여, 이제까지 주로 참전이 관심거리였으나, 이제는 보트피플로 대표되는 난민에 대한 한국 사회와 한국 교회의 대응을 검토할 필요가 있다. 셋째, 최근 증가해온 북한이탈주민의 사례도 중요한 연구 분야이다. 뿐만 아니라, 과거 역사에서 북한이탈주민처럼 난민으로 존재했던 해외 한인에 대한 연구도 절실하다. 가령 문영걸은 조선 남감리회의 시베리아 선교를 다루면서, 그 배경으로 남감리회의 유럽 난민 구제 사업과 연결된다는 점을 지적하기도 하였다.[58] 넷째, 한국이 선진국으로 돌입하는 과정에서, 여타 선진국과 마찬가지로 난민 문제에 대한 책임론이 대두되고 있는데, 이 문제도 주목해야 할 분야이다. 이와 더불어, 한국 교회가 이 분야에 선도적인 역할이 요청된다. 이런 사역은 우선적으로 난민 사역에 적극적으로 참여하는 교회나 기독교 기관의 사례를 참조하거나, 관련 지침을 마련하는 것으로부터 시작될 수 있을 것이다.[59]

그런데 이런 역사 연구도 중요하지만, 위에서 언급한 바와 마찬가지로, 이런 분야에 있어서 그들의 정체성에 대한 이해와 그

---

58 문영걸, "조선 남감리회의 시배리아 선교(1920-1931)", 「한국 기독교와 역사」 34 (2011), 121-64, 특히 125.

59 서재영, "난민을 위한 독일 가톨릭교회 지침서", 「가톨릭평론」 3 (2016), 88-95. 이밖에 난민 문제에 가장 적극적인 세계교회협의회(WCC)의 문건들을 참조하라. "Church Leaders' Consultation on the European Refugee Crisis: Communique", "Europe's Response to the Refugee Crisis", "People and Faith on the Move", "Resolution on Uprooted People", "Global migration and new ecclesial realities" 등.

들의 독특한 정체성에 근거한 신학 구성에 대한 격려, 나아가 그들의 교회, 목회 및 선교의 주체성을 고양하는 것이 매우 중요함을 상기할 필요가 있다. 가령 보슬로는 난민의 시각이 성경을 새롭게 해석하고, 교리를 새롭게 발전시켰다고 주장한다. 즉 칼뱅은 한편으로 난민의 시각에서 신자의 삶을 본향을 떠나 타향에 사는 자로 인식하게 되었고, 다른 한편으로 박해 상황에서 선택 및 예정 교리는 위로가 되었다는 것이다.[60] 뿐만 아니라 오버만은 난민과 신학적 개혁을 연결짓는 주장까지 하였는데, 그 주장에 의하면 칼뱅주의가 주도적인 문화가 될 때 억압의 모습을 나타내는데, 난민의 상황에 처하면 다시금 섬기는 모습을 회복하게 된다는 것이다.[61]

2) 난민의 연대

난민의 연대는 칼뱅의 사역 뿐 아니라, 그의 제자들을 통해서도 이어졌다. 칼뱅은 위에서 언급한 대로, 마리안 망명객들의 교회가 정착하도록 도왔는데, 그들 가운데 존 녹스는 난민으로서 제자가 되었고,[62] 난민교회 목회를 하였으며, 귀국하여 스코틀랜드교회의 주춧돌이 되었다. 이밖에도 당시 제네바에는 난민을 포함한 다양한 유학생들이 찾아왔는데, 고국으로 돌아가서 개혁교회의 확산에 크게 기여하였다.[63] 근대선교 운동에서 현지인의 신

60 Vosloo, "The Displaced Calvin", 45-50.

61 Oberman, *John Calvin and the Reformation of the Refugees*, 194.

62 안교성, "한국 장로교 선교의 전략", 178-79; 안신, "인간 이해를 위한 '종교적 정체성'(Religious identity) 연구의 중요성", 75.

63 Kingdon, "The Calvinist Reformation in Geneva", 101-103.

학 교육은 매우 중요한 과제였는데, 특히 오늘날 세계화와 이주의 시대를 맞이하여 이주민의 신학 교육과 지도력 육성은 매우 중요한 과제가 되었다. 바로 여기서 유학생 사역이 새롭게 주목받는 것이다.

아시아의 경우도, 근대화와 개화의 시기에 유학생은 매우 중요하였다. 한국 교회 초기에 한국학생들이 일본, 중국 등으로 유학을 갔다. 3·1 독립운동은 한국의 일본 유학생을 빼놓고는 논하기 어려울 정도이다. 최근에는 중국, 몽골, 동남아시아 등 아시아 각국에서 유학생들이 한국으로 몰려들고 있다. 유학생, 특히 난민유학생의 주제는 심도 깊게 연구되어야 할 분야 가운데 하나이다.

3) 상황과 목회

위에서 살펴본 바와 같이, 난민 칼뱅은 난민 목회자로서의 면모를 발휘했다. 즉 상황이 목회에 영향을 미쳤다. 최근 목회에 대한 이해에 있어서, 맥락에 대한 고려나 사회 변화기능 등이 주목받고 있다.[64] 목회가 시대와 사회에 적합성을 가지기 위해서는 이런 새로운 변화의 요청은 매우 중요하다고 하겠다. 사실, 종교개혁은 엄청난 사회 변동을 가져왔고, 사회 변동 가운데 진행되었다. 이런 맥락에서 존 드 그루시(John W. de Gruchy)는 칼뱅주의가 "트뢸취(Ernst Troeltsch)가 새로운 '인간의 유형'이라 명명했던 존

---

64 John W. de Gruchy, *Theology and Ministry in Context and Crisis: A South African Perspective* (Grand Rapids: Eerdmans, 1987); John Patton, *Pastoral Care in Context*, 장성식 역, 『목회적 돌봄과 상황』 (은성, 2000).

재를 등장시켰다"고 언급하면서, "종교 개혁 이후의 대변혁의 시기에 프랑스, 화란, 스코틀랜드와 잉글랜드에서는 물론 그 여파로 뉴잉글랜드와 남아공과 그밖의 도처에서 '과도기의 이데올로기'가 되었다"고 지적하였다.[65] 한국 교회는 이와 같이 시대의 변화를 읽고 그에 적극 대처하는 개혁교회의 전통을 이어받을 필요가 있다.

칼뱅의 난민 목회은 보다 근본적인 의의도 지닌다. 즉 칼뱅의 난민 목회, 특히 스트라스부르의 난민 목회는 난민 목회 자체뿐 아니라 개혁교회의 교회론 및 목회 전반에 대해서도 지대한 영향을 미쳤다. 부처의 교회론은 칼뱅의 교회론에 지대한 영향을 미쳤는데,[66] 부처는 세속 정부로부터 "독립적으로 기능하는 교회의 치리의 이상"을 소중히 여겼다.[67] 그러나 당시 교회와 국가의 관계가 밀접한 상황에서, "대(大) 독일 국가교회에서와 마찬가지로, 스트라스부르에서도" 그 이상을 실현할 수 없었다.[68] 그러나 칼뱅이 스트라스부르에서 시민이란 주류가 아니라 피난민이란 비주류를 상대로 목회할 때, 오히려 상대적으로 간섭 없이 자유롭게 그 이상을 실현할 수 있었다. 최윤배에 의하면, "이 기간(1538-1541)에 스트라스부르에 체류했던 깔뱅은 교회에 치리의 형태를 부여하는데 성공했다. 그가 섬기던 스트라스부르의 작은 프랑스 이민(피난민) 교회는 치리를 시행하는 비전을 가지고 있는 특별한 모델이 되었는데, 깔뱅의 실현은 부처와 부처의 동료들의 손이

---

65 John W. de Gruchy, *Liberation Reformed Theology: A South African Contribution to an Ecumenical Debate*, 이철호 역, 『자유케하는 개혁신학: 교회일치적 논의를 위한 남아공교회의 기여』 (예영커뮤니케이션, 2008), 31.

66 최윤배, 『개혁신학입문』 (장로회신학대학교출판부, 2015), 211-17.

67 위의 책, 217.

68 위의 책.

미치지 않는 범위에서 이루어졌다."[69] 그리고 "프랑스 이민 교회는 부처의 이상을 희생시키지 않도록 깔뱅을 더욱 독려했다."[70] 다시 말해, 칼뱅의 난민 목회는 난민 목회라는 특수한 형태의 목회를 개발했을 뿐 아니라, 개혁교회의 보편적인 목회의 특징인 "치리하는 교회"라는 교회상(敎會象)을 도출해내는 모판이요 실험장이 되었다. 칼뱅은 스트라스부르에서 획득한 목회론을 제네바에서 오랜 세월에 걸쳐 온갖 장애를 극복하면서 점차 확산하고 정착시켜 나갔다. 즉 칼뱅의 난민 목회는 주변에서 중심을 향해 나간 새로운 도전의 한 사례가 되었던 것이다.

Ⅲ. 결론: 한국 교회의 난민 사역에 대한 전망

한국 사회와 한국 교회가 원하건 말건 간에, 난민 문제는 이미 다가왔고, 전 세계로부터 이에 대한 책임을 요구받고 있다. 난민 문제는 성경과 교회 역사 가운데 항상 접해왔던 유구한 문제이며, 특히 세계화 현상을 맞은 오늘날 그 중요성이 더욱 인식되기 시작한 문제이다. 급기야 2016년 브라질에서 개최된 하계 올림픽에서는 난민들이 한 팀을 이뤄 참여하기도 하였다.[71] 이런 맥락에서 우리는 종교개혁가 칼뱅의 삶과 사역을 통하여, 난민 사역의 한 측면을 들여다보았다.

---

69 위의 책.
70 위의 책.
71 http://teamrefugees.com.

우리는 칼뱅을 종교 난민, 난민 목회자, 난민 사역의 관점에서 살펴보았다. 먼저 칼뱅은 종교 난민이었는데, 그는 이방인에서 이웃으로 다시 시민으로 신분이 바뀌었지만, 난민의 정체성을 지녔고, 그것이 그의 신학과 사역에 영향을 미쳤다. 또한 칼뱅은 난민 목회자였는데, 그는 난민 목회에 대한 문제의식을 지녔고, 이를 해결하고자 구조와 사역자를 마련하였다. 이런 칼뱅의 난민 사역의 유산을 검토하면서, 난민의 정체성, 난민의 연대, 상황과 목회라는 교훈과 도전을 살펴보았다.

특히 칼뱅의 삶과 사역을 통하여, 난민 나아가 이주민이 경험할 이주, 추방, 외국인 혐오 등의 문제를 들여다볼 수 있었으며, 따라서 환대의 신학의 중요성이 다시금 대두되었다. 더구나 기독교가 중심이 아닌 주변의 위치에 설 때 신학적 개혁이 가능하다는 도전도 살펴보았다. 이제 한국 교회도 난민 사역의 근거가 되는 난민신학을 구성하고, 난민 사역을 개발해야할 당위성에 직면하고 있다.

이주민, 특히 난민은 이동, 즉 이주와 관련된 존재인데, '이동 중인 인간'은 가장 위약한 존재이고, 가장 도움이 필요한 존재이며, 동시에 복음에 대한 수용성이 가장 높은 존재이다.[72] 따라서 난민은 마태복음 28장의 복음 선교는 물론이고 마태복음 25장의 긍휼 선교의 우선적인 대상이요, 또한 주체인 것이다.

---

72 삶의 변화가 복음의 수용성과 연관된다는 것은 교회 성장학파의 고전적인 주장이다.

제7장 • 디아스포라신학

: 한국 사회의 세계화와 한국 교회의
디아스포라신학의 발전

Ⅰ. 서론

Ⅱ. 용어에 대한 고찰

Ⅲ. 디아스포라신학 및 이와 관련된 기존의 신학적 노력들

1. 이민신학

2. 이주민신학

3. 디아스포라신학

Ⅳ. 디아스포라신학 구성을 위한 서설

Ⅴ. 결론

출처 "한국의 디아스포라신학 발전에 관한 한 소고", 「장신논단」 46-2 (2014.6), 89-113.

Ⅰ. 서론

오늘날 세계화는 전 세계를 규정짓는 중요한 맥락이 되고 있다. 이것은 교회도 마찬가지이다. 교회는 세계화에 영향을 받을 뿐 아니라 이에 대하여 응답한다. 세계화에 대한 교회의 응답 가운데 하나가 바로 디아스포라 문제이다. 한국 교회도, 한국 사회와 더불어, 디아스포라 문제에 관심을 갖고 대처해 왔다.[1] 디아스포라 문제는 교회의 사역, 특히 선교 사역뿐 아니라 교회의 본질 자체에 대하여 질문을 제기하였다. 이런 질문에 대하여 본격적으로 대답하기 위한 신학적 노력으로 디아스포라신학이 대두되었다.

한국의 경우 디아스포라신학은 21세기 들어서서 본격화하고 있다.[2] 그러나 이 신학은 아직 초보단계에 있으며, 이와 관련된 전반적인 상황에 대한 연구도 드물다. 특히 이 신학의 발전 과정

---

1 가령 한국 사회의 대응에 대하여서는 다음 책을 보라. 윤인진, 『코리안 디아스포라: 재외한인의 이주, 적응, 정체성』 (고려대학교출판부, 2004); 대한민국역사박물관 편, 『세계의 한인이주사』 (나남, 2013).

2 가령 2009년 10월에 개최된 한국기독교학회 제38차 정기학술대회에서는 디아스포라 문제를 특강으로 다뤘을 뿐 아니라, 무려 3개 학회가 주제로 다뤘다. 권수영, "다문화 한국사회에서의 목회 상담의 모형 연구", 『한국기독교학회 제38차 정기학술대회 자료집 (상)』 (미간행 자료집, 2009), 245-64; 김현수, "다문화, 다인종 사회에서 정체성의 문제: 본회퍼를 중심으로", 『한국기독교학회 제38차 정기학술대회 자료집 (하)』 (미간행 자료집, 2009), 403-15; 류혜옥, 이현철, "외국인 근로자들의 한국사회 적응과 삶에 관한 질적 연구", 『한국기독교학회 제38차 정기학술대회 자료집 (하)』: 465-78; 한국염, "다문화시대, 이주민의 인권과 기독교의 과제", 『한국기독교학회 제38차 정기학술대회 자료집 (하)』: 583-97. 이밖에도 2000년대 중반에 여러 기독교 학술 잡지 및 일반 잡지에서 디아스포라 문제를 특집으로 다뤘다. 「기독교사상」 606 (2009.6); 「목회와 신학」 (2008.2); 「사목」 330 (2006.7); 「선교와 신학」16 (2005.12); 「복음과 상황」 (2007.10). 또한 최근에 개최된 "제9회 한국선교지도자 포럼"에서도 디아스포라 문제를 다각적으로 다루었다. 『제9회 한국선교지도자 포럼 핸드북』 (미간행 자료집; 서울 한국세계선교협의회, 2009).

에 대한 연구가 부족하여, 다양하게 시도되는 신학적 노력들의 위치를 역사적인 맥락 가운데서 파악하기 쉽지 않다.

이런 맥락에서 한국의 디아스포라신학의 발전 과정을 분석하고자 한다. 물론 디아스포라신학이 갑자기 돌출한 것은 아니다. 이미 이전부터 이와 관련된 신학적 노력이 이뤄져 왔는데, 바로 이민신학, 이주민신학 등이다. 필자는 이 같은 이민신학, 이주민신학, 디아스포라신학 등 관련된 신학의 전반적인 발전 과정을 분석할 것이며, 또한 이런 분석과정에서 발견된 바에 기초하여 디아스포라신학 구성에 있어서 유념해야 할 사항들을 제시하고자 한다. 따라서 이 글은 기존의 디아스포라신학의 발전에 대한 연구사적 성격을 띨 것이며, 아울러 본격적인 디아스포라신학 구성을 위한 디아스포라신학 서설의 성격을 띨 것이다. 이를 위하여, 첫째, 본 논문에서 사용하는 용어에 대하여 간단히 일별하고자 한다. 둘째, 디아스포라신학 및 이와 관련된 기존의 신학들을 정리하고자 한다. 셋째, 이런 배경에 힘입어 디아스포라신학 서설을 제시하고자 한다.

서론을 마치기 전에 한 가지 언급할 것은, 이민신학, 이주민신학, 디아스포라신학은 이전의 신학이 새로운 신학으로 발전해 나가기도 하지만 동시에 공존하기도 한다는 사실이다. 왜냐하면 관련된 현상들이 중첩되어 나타나기 때문이다. 또한 이로 인하여, 이민신학, 이주민신학, 디아스포라신학의 내용과 개념이 중첩되어 혼란을 초래하기도 한다. 바로 이런 맥락에서 세 가지 신학의 발전 과정을 통괄하여 살펴볼 필요가 있고, 중첩으로 인한 혼란을 분석할 필요가 있다.

Ⅱ. 용어에 대한 고찰

논지를 전개하기에 앞서, 관련 용어들에 대하여 간단히 살펴보고자 한다. 오늘날 디아스포라와 관련하여 다양한 용어들이 혼란스럽게 사용되고 있다. 외국인 노동자(외국인 근로자), 이주 노동자, 이주민, 탈북자/북한이탈주민, 난민, 이민, 결혼 이민자, 다문화/다민족 사회 등. 또한 최근 관련 현상이 복잡해지고 관련 연구가 폭발적으로 증가함에 따라, 이런 현상과 관련된 영어 용어들도 혼란스럽게 사용되고 있다.[3] 이 자리에서는 영어 용어에 대한 논의는 생략하고, 오늘날 한국에서 사용되는 용어들에 대해 간략히 언급하고자 한다.

오늘날 한국에서의 보편적인 용례에 따르면, '이주민'이란 용어는 주로 타국에서 한국으로 오는 경우를 가리키고, '이민'이란 용어는 주로 한국에서 타국으로 가는 경우를 가리킨다. 원래 이주민(移住民, migrant)은 전자(immigrant)와 후자(emigrant) 모두를 가리키지만, 현재 한국의 경우, 이주민은 주로 전자를 의미한다. 굳이 두 가지를 구분하려면 전자는 입이주민(入移住民), 후자는 출이주민(出移住民)이라고 부를 수 있을 것이다.[4] 그러나 본 논문은 다

3 S. Hun Kim and Wonsuk Ma, eds., *Korean Diaspora and Christian Mission* (Oxford: Regnum Books International, 2011).

4 '입이주민'(immigrant)과 '출이주민'(emigrant)은 본 논문을 진행하면서, 두 가지 이주민의 형태를 구분하기 위하여 편이상 필자가 조어한 단어이다. 박찬식은 이런 논의와 관련하여 유사한 분류를 하고 있다. 즉 박찬식은 '출이주민'의 경우에 해당하는 선교를 'daspora mission'으로, '입이주민'의 경우에 해당하는 선교를 'migrant mission'으로 구분하고 있다. 그러나 이주민(migration/migrant)는 원래 출이주민과 입이주민 모두를 가리키기 때문에, 이러한 구분은 범주의 오류를 범할 수 있다. 따라서 필자는 출이주민, 입이주민, 디아스포라 세 가지 용어를 구분하려

소 혼란의 여지는 있지만 이 용어들이 한국 내에서 사용되어온 역사적 경험과 현재의 보편적인 용례를 고려하여, 이주민은 전자 즉 한국으로의 이민을, 이민은 후자 즉 한국으로부터의 이민을 가리키는 용어로 사용할 것이다. 또한 두 가지를 망라하는 포괄적인 용어(umbrella term)로 '디아스포라'(diaspora)라는 용어를 사용할 것이다.[5] 따라서 디아스포라라는 새로운 용어는 두 가지를 모두 지시할 뿐 아니라 두 가지의 상관 관계도 염두에 두는 것이다.[6]

한 가지 덧붙일 것은, 이주는 넓은 의미에서 국제 이주(international migration)와 국내 이주(domestic migration) 모두를 포함하지만, 이 자리에서는 주로 국제 이주를 중심으로 다룬다는 점이다.[7]

Ⅲ. 디아스포라신학 및 이와 관련된 기존의 신학적 노력들

최근 들어 한국 사회와 한국 교회에서 디아스포라 문제가 회자되고 있지만, 디아스포라 문제는 어제오늘의 일이 아니다. 사

고 한다. 다음 논문을 보라. 박찬식, "21C 선교환경변화와 이주자 선교의 관점과 전략", 『제9회 한국선교지도자 포럼 핸드북』, 129-40.

5 물론 디아스포라라는 단어의 뜻에 대해서는 다양한 의견이 있다. 다음 책을 보라. Jana Evans Braziel, *Diaspora: An Introduction* (Oxford: Blackwell, 2008), 11-36. 본 논문은 이주 현상 자체에 대해서는 다루지 않는다. 이주(migration) 현상과 관련 이론에 대해서는 다음 책을 보라. Mohsen M. Mobasher & Mahmoud Sadri, *Migration, Globalization, and Ethnic Relations: An Interdisciplinary Approach* (Upper Saddle River: Pearson Prentice Hall, 2004), 1-28.

6 용어와 관련하여 한 가지 더 언급할 것이 있다. 한국에서 오늘날 '이주민'과 '이민'을 이주 기간을 기준으로 주로 장기의 경우는 이민을, 주로 단기의 경우는 이주민을 가리키기도 한다. 그러나 점차 단기 이주민과 장기 이주민의 구분이 모호해지는 한편, 이주 기간이 장기화하는 현상을 보이고 있다. 따라서 1세대의 이주기간보다는 디아스포라의 세대차이 문제가 중요시될 것이다.

실 디아스포라 문제는 한국 교회의 역사를 관통하고 있으며, 한국 교회의 중심적인 문제였다. 한국의 근현대사에 있어서, 제국주의, 냉전, 세계화 등의 사회 변동을 통하여 다양한 디아스포라가 출현하였고 이에 대하여 교회가 대응하였는데, 이런 양자의 관계사 자체에 대해서는 별도의 연구가 필요하다. 필자는 특히 20세기 후반부터 대두하기 시작한 신학적 반성에 집중하고자 한다. 이런 신학적 노력들은 크게 세 가지인데, 기존의 신학적 노력으로는 이민신학과 이주민신학을, 최근의 것으로 디아스포라신학을 들 수 있다.

1. 이민신학

한국 교회는 디아스포라 교회로 시작하였다. 19세기말 한국 정부의 쇄국정책에 따라, 중국의 만주와 일본 등 국외에서 먼저 한국인 신앙 공동체가 출발하였기 때문이다. 구한말과 일제 강점기에 첫 번째 이민 현상이 벌어졌는데, 이것은 생계형이라고 규정할 수 있다. 한국인들은 불법적으로 혹은 합법적으로, 중국의 만주 및 상해 등 기타 지역, 러시아의 연해주 지역, 일본, 나아가 하와이와 미국 본토, 심지어 멕시코와 쿠바에까지 진출하였다. 이들 가운데는 귀국한 사람들도 있었지만 현지에 영주한 사람들도 있었다. 이들을 위하여 한국 교회는 동포 선교를 하였는데, 이

---

7 이주는 국내 이주와 국외 이주가 있다. 사실, 이전의 용법에 의하면, 'migration'은 국내 이주를, 'immigration'은 국외 이주를 가리키는 경우도 있다.

것이 디아스포라선교의 시작이다.

해방 후 정치적 혼란이 계속됨에 따라, 다양한 국제 이주와 국내 이주가 이어졌다. 전자의 예로는 일본, 중국 및 러시아의 한인디아스포라가 대부분 환국에 실패한 사건을 들 수 있다. 후자의 예로는 북한이탈주민 1세대라고 할 수 있는 월남민 대량 탈북 사태와 급격한 도시화를 들 수 있다.[8]

그런데 20세기 3/4분기부터 다시 두 번째 이민 현상이 벌어졌는데, 이것은 보다 나은 삶 추구형이라고 규정할 수 있다. 이 이민 현상은 남북미 지역 국가들을 필두로 하여 영미권 선진국들로 확산되다가, 20세기 4/4분기부터는 전 세계에 이르게 되었다. 그리고 이런 이민이 이뤄진 까닭은 주로 경제적인 이유였지만, 초창기에는 미국의 이민법 개정, 사이공 함락 등 정치사회적 불안, 기타 정치적 불만 등의 다양한 이유들도 손꼽을 수 있다. 그런데 여기서 주목할 점은, 바로 이 시기부터 이민 현상을 신학화하려는 노력이 시작되었다는 것이다. 그 내용을 요약하면, 이민이 하나님의 뜻에 의한 선교적 사건이고 따라서 이민자들에게는 선교적 사명이 있다는 것이다. 그리고 이런 과정에서 역사를 섭리로 해석하는 사관을 도입한다. 이런 신학화 작업은 소위 '이민신학'을 낳았으며, 대표적인 학자로는 이상현을 들 수 있다.[9]

---

8 In Cheol Kang, "Protestant Church and Wolnamin: An Exploration of Protestant Conservatism in South Korea", *Korea Journal* 44-4 (Winter 2004), 157-90. 북한의 기독교인들이 남하한 이유가 종교적인 것인지 혹은 종교 이외의 복합적인 것인지에 대해서는 학자들마다 견해가 다르다. 다음 논문을 보라. Joo-Seop Keum, "Remnants and Renewal: A History of Protestant Christianity in North Korea, with Special Reference to Issues of Church and State, 1945-1994" (Unpublished Ph.D. diss., University of Edinburgh, 2002).

9 이상현, "이민신학의 정립을 위하여", 「기독교사상」 254 (1979.8), 63-83. 이 논문은 특집 "해방과 주변인간"의 일부이며, 이 특집에서는 혼혈인, 화교, 월남난민 등이 다뤄졌다. 그 밖의 이상현의 저술은 다음을 보라. Sang Hyun Lee, "Marginality as Forced Liminality", 강성도 편, 『성서와 이민신학』 (김찬희 교수 회간기념 학술 논문집 간행위원회, 1995), 397-407; "Pilgrimage and Home in the Wilderness of Marginality: Symbols and Context in Asian American Theology", in

이민신학은 이후 다양하게 발전하였다. 첫째, 주제에 있어서 다양성을 보였다. 먼저 이민사회의 당면 과제들인 한인 이민자의 동화, 전도, 이민목회, 간세대 문제 등을 다루었다.[10] 점차 세계 선교, 사회참여, 통일 운동 등으로 주제가 확대되었다.[11] 심지어 최근에는 재미한인교회가 미국 기독교의 주요 구성원으로서의 위상을 인정받아야 한다는 주장까지 나왔다. 즉 미국교회의 부흥에 관한 연구에 있어서, 이머징처치 운동(emerging church movement) 같은 백인 위주의 운동이 아니라 미국 내 소수 민족 교회의 성장을 주목해야 한다는 것이다.[12] 둘째, 이민신학의 틀에서 기존의 이민사역을 신학적으로 해석하기 시작하였다.[13] 그런데 이런 일들이 최근에 이뤄짐에 따라, 이민보다는 디아스포라라는 용어를 선호하는 성향을 보이고 있다. 셋째, 이민신학을 주로 미국과 한국에서 함께 소개하는 일들이 벌어졌다.[14] 넷째, 최근에는 해외에 정착한 신학자들이 이민자의 주변자로서의 정체성, 이민자의 역

Korean Americans and Their Religions: Pilgrims and Missionaries from a Different Shore, eds. Ho-Youn Kwon et al (Pennsylvania: The Pennsylvania State University Press, 2001), 55-69; *From a Liminal Place: An Asian American Theology* (Minneapolis: Fortress, 2010). 또한 다음 논문을 보라. 장영일, "이민신학의 성서적 주제: '출애굽과 가나안 정착'", 「교회와 신학」 34 (1998.9), 160-96. 이주를 출애굽과 가나안이란 주제와 연결시키는 사고유형은 미국으로 이주한 청교도, 남아프리카로 이주한 개혁교인 등 기독교 이민자에게서 거듭 나타난다.

10 동화문제에 관해서는 많은 연구가 이뤄졌다. 이민 목회에 관해서는 다음 책을 보라. 김선배, 『(변화를 위한) 이민목회프로그램』 (한국장로교출판사, 2005).

11 세계 선교에 관해서는 많은 연구가 이뤄졌다. 사회 참여에 관해서는 다음 논문을 보라. 옥성득, "미국 한인 개신교회의 사회적 책임", 「한국 기독교와 역사」 29 (2008.9), 165-90. 통일운동에 대해서도 많은 연구가 이뤄졌으나, 다음 책을 보라. 재일대한기독교회, 『평화통일과 KCCJ: 조국의 평화통일과 선교에 관한 기독자 도쿄회의 평가자료집』 (동경: 재일대한기독교회 평화통일선교위원회, 2000).

12 Soong-Chan Rah, *The Next Evangelicalism: Freeing the Church from Western Cultural Captivity* (Downers Grove: IVP Books, 2009), 108-26.

13 임윤택, 『디아스포라설교신학: 임동선 목사의 설교신학에 관한 연구』 (기독교문서선교회, 2009).

14 Hwaja Kim and Insik Kim, *Living a Life of Diaspora* (Seoul: Publishing House of the PCK, 2008); 해외한인교회교육과목회협의회 편, 『하나님이 보내신 땅에서: 세계 속의 한인 디아스포라 교회와 신학』 (한국장로교출판사, 2008).

사·문화적 배경 등을 신학화하여 새로운 신학을 구성하는 작업 등이 이뤄지고 있다. 한국에서 30년간 선교사로 사역하였던 다니엘 애덤스(Daniel J. Adams)는 이런 종류의 신학을 "디아스포라의 한국 신학"(Korean theology in the diaspora)이라고 명명하기도 하였다.[15] 또한 이런 신학은 2세대신학, 이민자여성신학으로 더 세분되어, 발전하기도 하였다.[16] 이민신학은 점차 이민에 대한(about) 신학으로부터 이민으로부터의(from) 신학으로 변모해 나간다고 말할 수 있을 것이다. 그리고 이민신학은 이런 신학적 개념과 대상의 발전에 따라, 한국에서 출현하는 디아스포라신학과 더불어, 국내외를 망라한 광의의 한국 디아스포라신학을 구성해 나갈 것이다.

그러나 이러한 이민신학에서 한 가지 더 거듭 강조할 사항은 이민신학이 주로 한인 이민자 자신들에 의해서 이뤄졌다는 사실이다. 개신교의 경우, 한국 교회는 모교회였지만 처음에는 한인 이민자와 그들이 설립한 재미한인교회들에 대해서 상대적으로 소홀했다. 가령 미주한인장로회(KPCA)는 미국장로교회(PCUSA)도 적극적으로 환영하지 않고, 본국의 대한예수교장로회(PCK)도 적

15 Daniel J. Adams, *Korean Theology in Historical Perspective* (Delhi: ISPCK, 2012), 247-66. 가령 애덤스가 대표적으로 손꼽은 세 사람의 주요저서들은 다음을 보라. Jung-Young Lee, *The Theology of Change: A Christian Concept of God in an Eastern Perspective* (Maryknoll: Orbis, 1979); *Embracing Change: Postmodern Interpretations of the 'I Ching' from a Christian Perspective* (Scranton: University of Scranton Press, 1994); *Marginality: The Key to Multicultural Theology* (Minneapolis: Fortress, 1995). Andrew Sung Park, *The Wounded Heart of God: The Asian Concept of Han and the Christian Doctrine of Sin* (Nashville: Abingdon Press, 1993); *Racial Conflict and Healing: An Asian-American Theological Perspective* (Maryknoll: Orbis, 1998); *Triune Atonement: Christ's Healing for Sinners, Victims, and the Whole Creation* (Louisville: Westminster/John Knox, 2009). Anselm Kyongsuk Min, *The Solidarity of Others in a Divided World: A Postmodern Theology after Postmodernism* (Edinburgh: T. & T. Clark International, 2004).

16 가령 다음을 보라. Sharon Kim, *A Faith of Our Own: Second-Generation Spirituality in Korean American Churches* (Piscataway: Rutgers University Press, 2010); Grace Ji-Sun Kim, *The Grace of Sophia: A Korean North American Woman's Christology* (Eugene: Wipf and Stock, 2010).

극적으로 지원하지 않던 가운데 독자적으로 설립되기에 이르렀다.[17]

이에 비해서 가톨릭의 경우, 한국 가톨릭교회는 처음부터 이주사목위원회를 두고 이민에 관심을 보였다. 다시 말해 한국의 개신교회와는 달리, 본국 교회가 이민 문제를 자신의 과제로 여기고 적극적인 신학적 작업을 시도하였다는 것이다. 최원오는 이주사목위원회에 대하여 이렇게 언급하였다.

> 그동안 해외 이민 사역에 주력했던 한국 천주교 주교회의 이주사목위원회는 사목 외연을 확대하여 국내 이민들의 인권을 세우고 그들과 연대하고자 최근 몇 년 동안 각별한 노력을 기울여 왔다. 이는 '나그네의 모습을 한 하느님'(마태 25:31-46)을 맞아들이라는 주님의 부르심에 대한 우리 교회의 응답이라고 할 수 있다.[18]

한국 교회는, 가톨릭과 개신교를 막론하고, 상이한 태도를 보였지만, 나름대로 응답하기 시작했다. 그렇다면 이민사역과 이민신학에 이어 새롭게 등장한 이주민 사역과 이주민신학은 무엇일까?

---

17 미주한인장로회총회 홍보위원회 편, 『미주한인장로회 20년사』 (미주한인장로회총회; 한국장로교출판사, 2000), 15-22, 특히 17-20. 미주한인장로회총회(Korean Presbyterian Church in America, KPCA)는 2009년에 관할지역을 세계화하면서 해외한인장로회총회(Korean Presbyterian Church Abroad, KPCA)로 이름을 바꾸었다. 그러나 영어 약자는 같다. 해외한인장로회총회에 의하면, "미국교회협의회에 소속된 유일한 소수 민족교단"이다. http://www.kpca.org, 접속일자 2017.7.19.

18 최원오. "누가 내 어머니요 내 형제냐?", 「사목」 330 (2006.7), 8-11; 인용은 9-10.

2. 이주민신학

제2차세계 대전 이후, 특히 1960년대 이후 유럽을 중심으로 이주 노동자 문제가 나타났다.[19] 한국에는 대략 20세기 4/4분기부터, 보다 구체적으로는 1990년대부터 이러한 현상이 일어났다.[20] 한국이 명실상부한 경제 대국으로 부상함에 따라, 해외 이주 노동자 특히 아시아인 이주 노동자들이 소위 코리안 드림을 안고 한국으로 몰려왔다.[21]

한국 교회는 이들 이주 노동자에 대하여 사역을 시작하였는데, 먼저 단기성 사역부터 시작하였다. 이런 사역의 일환으로 복음사역, 긍휼 사역, 인권사역 등의 사역이 나타났다. 그러나 이주 노동자의 양상이 점차 변화하기 시작함에 따라, 관련사역은 단순한 이주 노동자가 아닌 보다 광의의 이주민을 대상으로 하게 되었다. 즉 이주민이 개인에서 가족으로, 단기에서 장기로 전환하여갔고, 이에 따라 사역의 변화도 요청받았다. 특히 최근에는 국제 결혼과 결혼 이민이 급속히 늘어남에 따라, 이주민 문제는 더 이상 손님이나 이웃 같은 그들(they)의 문제 즉 외국인(이방인)의

---

19 다른 나라 특히 서구의 경우, 20세기 후반의 대표적인 디아스포라 현상인 경제 이주가 식민지 유산과 관련 있는 경우가 많으나, 한국의 경우는 그렇지 않다. 과거 한국의 식민세력이었던 일본으로 간 재일교포는 법적 제한으로 인하여 진출이 매우 어려웠고, 한국으로 온 외국인이주민은 식민지와는 관계가 없다.

20 설동훈, 『외국인 노동자와 한국 사회』 (서울대학교출판부, 1999).

21 해외이주 노동자에 대해서는, 외국인 노동자, 외국인 근로자, 이주 노동자 등 다양한 용어가 사용된다. 최근에는 배타성 문제로 인하여 외국인 노동자보다는 이주 노동자라는 용어를 더 선호한다. 다만 이 경우, 국내이주 노동자와 국외이주 노동자의 구분을 어떻게 하는가 하는 문제가 남아있다. 한국염, "국내 거주 이주여성노동자를 통해 본 인종차별주의", 「한국여성신학」 52 (2003 봄), 37-53; 주2를 보라.

문제가 아니라, 가족인 우리(we)의 문제 즉 한국인의 문제가 되었다.[22] 더구나 이주 현상이 전통적으로 유구한 역사를 가진 유대인이나 중국인들 뿐 아니라, 한국인을 비롯한 전 세계 거의 모든 민족과 인종들에게 나타나기 때문에, 이주가 수용사회(hosting society)에 미치는 영향과 이주민 상호 간의 관계는 말로 할 수 없을 만큼 복잡하게 되었다. 특히 단일 민족 패러다임에 익숙한 한국사회의 경우, 그 영향은 더욱 크다고 할 것이다. 이런 맥락에서 신한국론이란 담론이 나올 정도이다.[23]

이주민신학은 바로 이런 이주민현상에 대한 한국 교회의 신학적 응답이었다. 그런데 이주민이 다양한 모습으로 나타남에 따라, 이주민신학도 다양하게 발전하였다. 따라서 이주민신학을 이주민 구성의 변화 모델에 따라 설명하고자 한다.

1) 이방인으로서의 이주민 모델

교회는 먼저 이주민을 나그네, 이방인, 혹은 손님으로 대하였다. 당시 가장 두드러진 이주민이 이주 노동자였기 때문이다. 이런 현상을 해석하려는 가운데 대표적인 신학적 주제들은 다음과 같다. 성경의 이방인 특히 구약의 게르(ger) 개념, 환대(hospitality), 나아가 존경(respect) 등의 주제 등이다.[24] 그런데 이런 신학적 노

---

22 안교성, "다문화사회 선교, '손님 대접' 모델에서 '가족됨' 모델로", 「목회와 신학」 (2009.12), 210-17. 안교성은 위 글에서 외국인 디아스포라에 대해서, 손님, 이웃, 가족이라는 개념으로 구분하고 있다. 이와 유사한 시각으로 외국인 디아스포라를 구분하는 예는 다음 논문을 보라. 「목회와 신학」 (2008.2)의 특집 제목인 "우리 사회의 신(新)이웃 사촌"; 김기석, "이방인과 손님을 넘어 가족이 된 사람", 「기독교 사상」 (2009.8), 150-57. 그러나 김기석의 경우, 가족은 비유적인 표현인 반면, 필자의 용법은 실질적인 것이다.

23 김영명, 『신한국론: 단일사회 한국, 그 빛과 그림자 』 (인간사랑, 2005).

24 허창수 편, 『외국인 노동자 환영받지 못한 손님』 (분도, 1998); 키에란 J. 오마호니 저, 주교회

력에 있어서, 이주민 문제는 근본적으로 타자의 문제요, 그런 타자와의 관계형성의 문제요, 나아가 타자가 수용사회에 대해 요구하는 수용(receptivity), 환대, 동등성(equality) 등의 문제요, 결국 선교(mission)의 문제이다. 즉 이 경우 이주민은 선교의 대상이 된다. 외국의 연구 가운데서도, 이런 문제에 대하여 이방인 모델, 선교 모델로 접근한 연구들이 많다.

이런 신학적 노력에서 특히 주목할 문제는 새로운 이주민이 사회의 소수자를 구성함으로써, 주류사회와의 관계에서 편견, 차별, 억압 등의 불이익을 입을 수 있다는 것이다. 이 같은 문제에 대해서는 타 분야에서 이미 축적된 연구 성과가 있으며, 이것을 이주민 문제에 적절하게 적용하는 것이 필요하다.[25] 특히 다음에서 제시되는 이웃과 가족으로서의 이주민 문제에서는 이러한 평화로운 공존 내지 공생(Konvivenz)의 문제가 심각하게 나타난다.[26]

2) 이웃으로서의 이주민 모델

이 모델은 디아스포라가 이방인에서 장기거주이방인 즉 이웃

의 이주사목위원회 편, "성경이 말하는 이방인: 인종 차별, 이민, 피난처, 다민족 공동체에 관한 성경의 관점』(팜플렛; 한국천주교중앙협의회, 2005); 대한예수교장로회 총회전도부 외국인노동자선교후원회 편,『외국인 노동자 선교와 신학』(한들, 2000); 기독교산업사회연구소 편집부 편,『하나님 나라와 이주 노동자 선교』((사)기독교산업사회연구소, 2004); 박천응,『국경없는 마을과 다문화공동체』(안산외국인노동자센터, 2002); 박천응,『이주민 신학과 국경없는 마을 실천: 안산이주민센터』(국경없는 마을, 2006); Christiana van Houten, *The Alien in Israelite Law*, 이영미 역,『너희도 이방인이었으니』(한신대학교출판부, 2008). 소수 민족 교회의 존경에 대한 요구에 관해서는 다음 책을 보라. Joe Aldred, *Respect: Understanding British-Caribbean Theology* (Peterborough: Epworth, 2005).

25 가령 장애인과 같은 사회의 소수자에 대한 기존 연구를 원용할 수 있다.

26 Theo Sundermeier, 채수일 편역,『선교신학의 유형과 과제』(대한기독교서회, 1995).

으로 자리 잡으면서 나타났다. 특히 한국의 경우, 이민국가가 아니지만 사실상 이민국가가 되어가고 있기 때문에, 국가적 정체성의 문제까지 연구가 필요하게 되었다. 뿐만 아니라, 이 분야의 사역과 연구에 있어서, 대부분은 국내를 중심으로 하는 모델이지만, 국제적인 연대를 중심으로 하는 모델도 있다.[27]

더구나 장기 이주의 경우에도, 과거와는 달리, 거리가 더 이상 중요하지 않게 되었다. 과거에는 이주가 거리의 제한을 받았기 때문에 완전한 동화가 필요했지만, 오늘날은 이동이 자유로워 비교적 거리의 제한을 받지 않기 때문에 완전한 동화가 아닌 간문화(in-between cultures)의 정체성을 갖는 이주민이 많다.[28] 그리고 비교적 자유로운 이동으로 인하여, 고국과 새로운 정착지를 오가거나, 두 군데 모두에 생활 기반을 두거나, 장기적으로 귀향을 염두에 두거나, 새로운 정착지에 정착하면서도 고국과의 연관성을 계속 유지하는 등, 기존의 동화 모델로는 이해하거나 해결할 수 없는 다양한 정착 유형이 나타나고 있다.[29] 다시 말해, 기존의 완전이민 형태가 아닌 새로운 이주 형태가 나타나고 있다. 이로 말미암아, 완전이민을 염두에 두고 나온 개념인 역이민(reverse immigration)이란 개념마저도 수정이 필요할 정도이다.

그런데 이 분야에서 특기할 부분이 바로 여성 이주 노동자 문제이다.[30] 이것은 이주의 여성화(feminization of immigration), 즉 여

27 가령 국내위주의 모델은 이선한 네트워크(이주자 선교를 위한 한국교회 네트워크), 국제위주의 모델은 Asia Pacific Workers Solidarity Links Korea를 들 수 있다.

28 John S. Leonard, "The Church in between Cultures: Rethinking the Church in Light of the Globalization of Immigration", *Evangelical Missions Quarterly* (Jan 2004), 62-70; 인용은 66-67.

29 오늘날 디아스포라는 새로운 사회뿐 아니라, 그들의 고국에도 경제적 기여를 하고 있다. 많은 나라에서—가령 몽골, 네팔 등—이주 노동자나 장기 거주 디아스포라가 송금하는 외화가 국가 경제에 큰 몫을 하고 있다.

30 Margaret Byron & Stephanie Condon, *Migration in Comparative Perspective: Caribbean Com-*

성 단독의 이주 현상의 강화에 따라 주목을 받고 있다. 또한 이것은 결혼 이민을 통하여 가족으로서의 디아스포라 모델로 이행, 발전하고 있다.

3) 가족으로서의 이주민 모델

최근 들어 국제 결혼이 늘어남에 따라 이주민 문제는 새로운 상황에 돌입하였다. 특히 유구한 단일 민족, 단일문화의 유산을 누려왔던 한국의 경우, 이러한 현상은 한국 사회 및 한국 교회에 엄청난 변화를 가져올 것으로 전망된다. 최근에 한국은 다문화, 다민족, 나아가 다종교사회로 이행을 대비하는 조처들이 정부 및 민간 차원에서 강구되고 있다.[31] 신학계에서도 신학적 주제를 다문화, 다민족, 다종교 사회로 확대하는 경향을 보이고 있다.[32] 따라서 '다문화신학'이란 명칭이 필요한 단계에 이르렀다. 가령 강성열이 지적하듯이, 기존의 구약성서 연구의 주제도 '나그네'에서 '다문화 가성'으로 확대되고 있다.[33]

새로운 이주민은 이전 사회의 정체성과 새로운 사회의 정체

---

munities in Britain and France (New York; London: Routledge, 2008), 12-15; 장지연 외 편, 『글로벌화와 아시아 여성』 (한울, 2007). 기독교계의 연구는 다음 책과 논문을 보라. 한국여성신학회 편, 『다문화와 여성신학』 (대한기독교서회, 2008); 오현선, "한국사회 여성이주민의 삶의 자리와 기독교교육적 응답", 오경석 외, 『한국에서의 다문화주의 현실과 쟁점』 (한울아카데미, 2007), 232-59; 한국염, "국내 거주 이주여성노동자를 통해 본 인종차별주의".

31 가령 "평택대학에서는 2006년도에 교육인적자원부[현재 교육부]의 수도권대학 특성화 사업대학의 일환으로 '다문화가족(多文化家族) 복지지원 전문인력 양성' 사업이 선정되어 한국 최초로 대학 내에 다문화가족센터(www.mcfc.or.kr)를 설립, 운영하게" 되었다. Eunsook Lee Zeilfelder, 평택대학교 다문화가족센터 편, 『한국사회와 다문화가족』 (양서원, 2007), 2.

32 다문화, 다민족 사회 문제는 나아가서 다종교 사회의 측면까지 연구되어야 할 것이다. 최근의 연구로는 다음 논문을 보라. "다문화, 다종교 사회에서 신앙", (언더우드 선교사 탄생 150주년 기념 제46회 언더우드학술강좌, 미간행 자료집; 서울 새문안교회, 2009).

33 강성열, "구약성서의 이주민 신학과 한국사회의 다문화가정", 「한국기독교신학논총」 62 (2009), 5-33, 특히 7.

성 사이에서 다양한 정체성을 구성한다. 새로운 이주민이 이전 사회의 정체성을 고집하지 않는 한, 통상적으로 3대가 되면 그 사회의 토착민으로 간주되게 된다. 따라서 제1세대, 2세대, 3세대 간의 세대차 문제도 중요한 주제로 부상하고 있다.

이와 더불어 이 분야에서 특기할 부분은 바로 북한이탈주민(탈북자) 문제이다.[34] 북한이탈주민 문제는 이주민 사역에 관련된 거의 모든 문제가 나타나고 있는 매우 복잡한 현상이다. 이들은 해방 후 및 한국 전쟁 기간에 남하한 북한이탈주민 1세대 즉 월남민과 비교할 때, 북한이탈주민 2세대라고 부를 수 있다.[35] 최근 들어 한국으로 온 북한이탈주민들이 다시 외국으로 정착지를 옮김에 따라, 같은 민족 간의 이주민 문제가 복잡함을 드러냈다.[36] 다시 말해, 같은 민족이라도 손님이 될 수 있고, 다른 민족이라도 가족이 될 수 있다.

4) 선교사로서의 이주민 모델

이 모델은 이주민을 선교 대상에서 선교 주체로 보려는 신학적 입장의 변화에서 비롯된 것인데, 디아스포라신학에서 본격적으로 발전되기 때문에, 아래에서 재론하기로 한다. 따라서 이 모델과 디아스포라신학의 디아스포라선교는 중첩되기도 하지만,

---

34 북한이탈주민에 관한 용어 문제는 다음 책을 보라. 정병호 외, 『웰컴투코리아: 북조선사람들의 남한살이』(한양대학교출판부, 2006), 18-21, 31-35; 윤인진, 『북한이주민: 생활과 의식, 그리고 정착지원정책』(집문당, 2009), 19-24; 김영하, 『새터민을 통해 본 남북한 사회 그리고 통일』(경북대학교출판부, 2010), 16-17.

35 Eun Sik Cho, "The Effect of Religion on Adaptation to South Korean Society: A Study Based on Student Defectors from North Korea", *Korean Journal of Christian Studies* 63 (2009), 245-59.

36 물론 처음부터 남한이 아닌 제3국, 특히 서구선진국을 최종 목적지로 정하는 경우도 있다.

디아스포라선교의 범위는 더욱 넓다고 하겠다. 이에 대해서도 아래에서 재론하기로 한다.

3. 디아스포라신학

1) 디아스포라선교의 대두: 선교자 디아스포라

최근 들어 이주와 선교가 중요한 신학적 주제, 특히 선교적 주제가 되고 있다.[37] 물론 이 경우 이주민은 선교의 대상이 아닌 주체가 되는 것이다. 위에서 언급하였듯이, 한인 이민자, 특히 재미 한인들이 자신들의 이주를 선교적으로 해석하고 자기가 처한 새로운 사회에서의 선교적 사명을 고취하다가, 나아가서 새로운 세계 선교의 선교 세력으로 자임하는 현상을 보였다.[38] 가령 미국의 경우, 미국의 선교 동원 기관인 한인세계선교협의회(KWMC)가 한국의 한국동반자선교협의회(KPMF)와 협력하여 선교대회를 개최하였고, 그 결과 국내의 유사 기관인 한국세계선교협의회(KWMA)의 설립에 일조하였다. 재미 한인들이 국내 선교에서 세계 선교로, 나아가서 본국에 영향을 미치는 역선교까지로 선교 영역을 확장하는 모습을 보인 것이다.

---

37 Stephen Spencer, ed., *Mission and Migration* (Calver: Cliff College Publishing, 2008);「선교와 신학」, 제16집:「디아스포라 선교」16 (Fall 2005); Michael Pocock et als., *The Changing Face of World Missions* (Grand Rapids: Baker Academic, 2005), 특히 45-78.

38 다음 책을 보라. 정석기,『한민족의 디아스포라: 한민족 이민의 대하는 흐른다』(쿰란출판사, 2005); 김화자,『디아스포라의 삶을 살아가며』(한국장로교출판사, 2002);『디아스포라의 삶을 살아가며 II』(2003).

한국 교회는 이런 과정에서 20세기말부터 점차 한국 교회 자체를 넘어서, 한인 이민자, 나아가 한국 내 외국 이주민들 특히 2/3세계(제3세계 혹은 다수세계) 출신의 이주민들을 선교 동원하려는 노력을 기울이기 시작하였다.[39] 이주 현상이 복잡해지고, 이주를 통한 선교 유형도 일방적 선교에서, 역방향 선교로, 다시 쌍방적 선교로, 최근에는 다방적 선교로 확장되는 등 복잡해짐에 따라, 이를 망라하는 용어로 점차 디아스포라선교라는 단어를 사용하게 되었다. 세계적인 추세도 이런 방향으로 나아가고 있다.

한국 교회의 재한 외국인 디아스포라 선교의 발전 단계에 대하여 좀 더 상세히 설명하면 다음과 같다. 첫째, 그들을 선교 동원하면서 한국내의 동족 선교를 목표로 했다. 둘째, 그들의 귀향이나 고국방문을 통하여 그들의 고국의 국내 선교를 목표로 했다. 셋째, 최근에는 제삼국에 거주하는 동족 선교를 목표로 하고 있다. 넷째, 궁극적으로는 그들 스스로가 타문화권 선교에도 참여하는 것을 목표로 하고 있다. 물론 넷째 단계에 재한 외국인 디아스포라는 물론이고 그들의 고국 및 제3국에 거주하는 동족들도

---

39 한국에서는 디아스포라몽골리안네트워크(Diaspora Mongolian Network, DMN)란 단체가 국내 몽골인사역뿐 아니라, 국외 몽골인사역 활성화에 관심을 기울이고, 나아가 국제적인 몽골인네트워크가 선교에 동원되는 것을 목표로 하고 있다. 오늘날 2/3세계 디아스포라의 이주를 선교와 연결하려는 주장이 다양하게 제기되고 있다. 디엠엔의 입장에 대해서는 다음 논문을 보라. 서기원, "몽골리안 디아스포라 네트워크 선교전략" (미간행 선교학석사논문, 아세아연합신학대학교, 2002); 이해동, "재한 이주민과 몽골인 사역의 과거, 현재, 미래" (2009 재한 몽골인 사역자 세미나, 미간행 발표문, 2009). 사무엘 에스코바(Samuel Escobar)는 '가난의 선교(mission of poverty)'를 제창하면서, 그것의 두 가지 방법으로 '협력의 선교(mission of cooperation)'와 '이민의 선교(mission of migration)'를 제시하고 있다. 그의 *Changing Tides: Latin America and World Mission Today* (Maryknoll: Orbis, 2002), 162-63. *Missiology: An International Review*는 XXXI (Jan. 2003)호를 선교와 이주 특집으로 다뤘다. 그 밖에 다음 논문을 보라. P. Emil Chandran, "South Asian Diaspora: Challenges and Opportunities", *Evangelical Missions Quarterly* (Dec 2004), 450-55; James W. Sutherland, "Time for African American Missionaries", *Evangelical Missions Quarterly* (2004,10), 500-11; Joseph G. Healey, "Now It Is Your Turn: East Africans Go in Mission", *Missiology: An International Review* (July 2003), 329-66; Jehu J. Hanciles, "Migration and Mission: Some Implications for the Twenty-first-Century Church", *International Bulletin of Missionary Research* 27 (Oct 2003), 146-53.

선교적으로 동원될 것을 기대하고 있다.

한국 내에서 최근에 이런 분야에 한국 교회를 포함한 한인디아스포라가 참여하는 모델을 만들어가는 노력도 시도되어 왔다. 바로 확대된 디아스포라 사역 모델이다. 가령 '디아스포라 몽골리안 네트워크'(Diaspora Mongolian Network, DMN)를 들 수 있다. 이러한 확대된 디아스포라 사역을 계기로 디아스포라신학이 등장하게 된 것이다. 그런데 디아스포라신학은 우선적인 당면 과제인 선교에 주목함으로써, 디아스포라선교학의 형태로 나타나기 시작하였다.

불과 얼마 되지 않았지만, 디아스포라 선교학은 비약적으로 발전하기 시작하였다. 특히 디아스포라 선교가 실제적으로 활발하게 이뤄지는 곳이 한국이고, 이것을 감당할 주요 세력이 한국 교회라는 점에서, 한국 교회는 이 분야에서 주목받고 있다. 즉 한국 교회는 스스로의 디아스포라 선교학을 구성하고 있으며, 세계 교회의 신학적 노력에도 동참하고 있다.[40] 또한 관련된 선교 포럼, 신학 포럼 등을 적극적으로 구성하거나 동참하며, 관련된 기관이나 기구 등을 마련하고 있다.[41]

2) 디아스포라신학의 발전: 디아스포라 선교학을 넘어서

디아스포라선교학은 디아스포라 교회론로 발전될 필요성을 직면하고 있다. 그 이유는 두 가지이다. 첫째, 교회의 구성과 관

---

40 가령 다음 책을 보라. S. Hun Kim and Wonsuk Ma, eds., *Korean Diaspora and Christian Mission*; Enoch Wan and Sadiri Joy Tira, eds., *Missions Practice in the 21st Century* (Pasadena: William Carey International University Press, 2009).

41 Kim and Ma, *Korean Diaspora and Christian Mission*, 1-7, 11-24, 287-92.

련해서이다. 한국 교회가 변하고 있다. 즉 한국 사회가 다문화, 다민족, 다종교 사회가 됨에 따라, 한국 교회도 다문화, 다민족 교회가 되고 있으며, 특히 귀화, 국제 결혼, 국제 결혼을 통한 2세 등으로 인한 새로운 한국인이 구성원이 되는 새로운 한국 교회가 등장하고 있다. 이것은 단일 민족 패러다임에 익숙한 한국 교회에 있어서 크나큰 도전이 아닐 수 없다. 이런 도전은 한국 교회가 기존의 민족주의적 관점에서 세계주의적 관점으로 발전해나갈 것을 요청한다. 해외 한인 디아스포라 교회도 급속한 변화를 겪고 있다. 이들 교회는 한국적 동질성을 유지하기도 하고, 세대에 따라 새로운 모습이 되기도 하고, 아예 다민족 교회로 바뀌기도 한다. 따라서 해외한인교회의 정의도 문제시되고 있다. 심지어 최근에는 한국으로 재입국하는 해외 한인 디아스포라들이 그들만의 교회를 개척하는 모습도 나타나고 있다. 둘째, 교회의 본질과 관련해서이다. 교회는 이 땅에서 순례자의 교회(church of pilgrims)로 존재하는데, 디아스포라 교회론은 바로 이런 전통을 현재에 재각성시키고 있다.

최근에는 보다 종합적인 디아스포라신학의 발전 가능성이 엿보이고 있다. 이미 이주민신학과 관련하여, 성서신학, 선교신학, 실천신학 등의 연구 및 간학문적인 연구가 활발해진 바 있다. 최근에는 디아스포라신학의 시도가 조직신학, 기독교교육에서도 이뤄지고 있다.[42] 가령 최윤배는 호주 이민 교회 목회자인 홍길복의 신학과 실천을 조직신학의 관점에서 분석하고 있다.[43] 이런 신

42 김효준, "한인 디아스포라를 위한 기독교교육적 함의", 「장신논단」 44-4 (2012.12), 291-315.

43 최윤배, "호주 디아스포라 신학과 실천에 관한 연구: 홍길복을 중심으로", 「조직신학연구」 19 (2013 가을·겨울), 39-82.

학적 노력이 축적됨에 따라, 한국적 디아스포라신학의 윤곽이 드러나게 될 것이다.

Ⅳ. 디아스포라신학 구성을 위한 서설

디아스포라 사역이 봇물처럼 터져 나오고 있다. 사역의 발전과 더불어 필요한 것이, 그 사역의 본질을 담보할 수 있는 신학의 개발이다. 이와 관련된 신학인 디아스포라신학도 이제 막 형성기에 들어섰다. 따라서 바람직한 디아스포라신학을 구성하기 위하여 제기되고 있는 다양한 관점들을 요약함으로써 이 글을 마치고자 한다.[44]

1. 선교적 과제에서 교회적 과제로

위에서도 여러 차례 강조하였듯이, 디아스포라를 교회 외적인 대상으로 여기는 협의의 선교적 관점에서 비롯되는 접근방법

44 세계교회협의회에서 이주 및 디아스포라에 관련된 많은 성명서, 신학적 논문 등을 내놓고 있다. 가령 다음 글을 보라. "Discussion platform - Theological reflection on migration", http://www.oikoumene.org/en/resources/documents/wcc-programmes/unity-mission-evangelism-and-spirituality/just-and-inclusive-communities/global-platform-for-theological-reflection-and-analysis/2007-reflection-on-migration.html, 접속일자 2017.7.30; Jean S. Stromberg, "Responding to the Challenge of Migration: Churches within the Fellowship of the World Council of Churches (WCC)", *Missiology: An International Review 31* (Jan 2003), 45-50. 한국기독교교회협의회의 경우, 다음 글을 보라. 이영, "이주민과 함께 세우는 에큐메니칼 선교", http://www.kncc.or.kr/sub03/sub03.php?ptype=view&idx=9456&page=22&code=old-pd3, 접속일자 2017.07.30.

이 도전받고 있다. 다시 말해 디아스포라신학은 교회의 사역만이 아닌, 교회의 본질에 대해서도 근본적인 도전을 하고 있다. 가령 세계교회협의회 전 총무였던 사무엘 코비아(Samuel Kobia)는, 디아스포라 문제는 공공의 문제인 동시에 "교회 자체에 매우 심각한 영향을 미치고 있으며, 지역적으로 동시에 세계적으로 그들[교회]의 에큐메니칼 관계에 대하여 중대한 도전을 한다"고 주장하였다.[45] 디아스포라의 이주는 그들의 고국 교회에도 영향을 주고, 그들의 새로운 정착지 교회에도 영향을 준다.[46] 후자의 경우, 소수 민족 교회가 많이 나타날 뿐 아니라, 수용 사회의 교회가 디아스포라에 대하여 개방할 때 교회 구성원의 양상까지 바뀌고 있다. 가령 뉴질랜드 감리교의 목사 대부분은 남태평양 섬 출신이다. 이러한 남태평양 섬 출신 기독교인들의 보다 보수적인 사회신학이 호주와 뉴질랜드 교회의 정책과 실천 방식을 바꾸고 있다. 또한 소수 민족 교회들이 현지 교단에 소속되기도 하고, 에큐메니칼 기구에 참여하기도 한다.[47] 한국 교회도 이런 변화에 대비해야 할 필요성이 있다. 다시 말해 소극적인 동화 모델에서 적극적인 통합모델로의 변화를 준비할 필요가 있다. 이런 자기 변화의 노력을 위해서는, '교회는 선교를 위하여 존재하고 선교는 교회를 지향한다'는 선교적 교회(missional church)론이 요청된다.[48]

---

45 Samuel Kobia, "Global migration and new ecclesial realities", (25 April 2007), http://www.oikumene.org/en/resources/documents/general-secret ary/speeches/global-migration-and-new-ecclesial-realities.html, 접속일자 2009.10.30.

46 선교적 시각을 갖는 사람들은 전자보다는 후자를 강조하는 경향이 있다.

47 Kobia, "Global migration and new ecclesial realities".

48 Darrell L. Guder, ed., *Missional Church: A Vision for the Sending of the Church in North America*, 정승현 역, 『선교적 교회: 북미교회의 파송을 위한 비전』(주안대학원대학교출판부, 2013).

2. 그들을 위한 사역에서 그들과 함께 하는 사역으로

필자는 디아스포라를 대하는 태도로 세 가지를 제시한 바 있다. 손님대접, 함께 살기, 새로운 가족됨.[49] 이런 관점에서 교회는 나그네 대접에 힘쓰는 안식처요, 함께 살아갈 힘을 공급하는 지원처요, 나아가 만민이 기도하는 집이 되어야 할 필요성이 있다. 따라서 디아스포라 사역은 그들을 위한 과제에서 그들과 함께 하는 과제로 나아갈 필요가 있다.[50] 디아스포라신학도 마찬가지이다. 존 캅(John B. Cobb, Jr.)은 이민신학(immigrant theology)에 대하여 이렇게 주장한다.

> 한 세대 전에는, 이 명칭[즉 이민신학]은 단지 이민자(immigrants)의 신앙에 대한 사회학적 기술을 가리킬 뿐이었다고 할 수 있다. 오늘날 이것은 전혀 다른 그 무엇이 되었다. 이것은 이민자의 시각을 표출하고 그들의 상황에 걸 맞는 기독교적 사고구조를 가리킨다.[51]

다시 말해 이민신학은 이민자 중심의 주체적인 신학이어야 하고, 이민자 상황이 반영된 상황신학이어야 한다. 이런 주장은 디아스포라신학에도 원용될 수 있다. 오늘날 진정한 세계 기독교

---

49 안교성, "다문화사회 선교, '손님 대접' 모델에서 '가족됨' 모델로".

50 새로운 선교 모델에 대해서는 다음 논문을 보라. 김영동, "'WCC 선교와 전도에 대한 새로운 확언'에 대한 비평적 고찰", 「장신논단」 45 no.2(2013. 6), 41-66.

51 John B. Cobb. Jr., "Immigrant Theology", 강성도 편, 『성서와 이민신학』, 387-96; 인용은 387.

를 반영하려면, 서구 신학이 신학을 독점해서는 안 되고, 비서구 신학의 새로운 목소리에 귀기울여야한다는 주장들이 나오고 있다. 한국 교회도 한국 교회의 목소리를 서구에 들려주는 동시에, 한국 교회 안에서 이미 들려오기 시작한 디아스포라의 새로운 목소리에 귀 기울일 필요가 있다.

디아스포라의 선교 동원 문제도 마찬가지이다. 한국인이 주도하여 다른 디아스포라를 선교에 동참시키는 모델에서, 그들 스스로 선교에 참여하도록 힘을 부여하는 자(enabler)의 역할을 하는 모델 및 그들과 함께 선교에 동역하는 모델로 발전해나갈 필요가 있다. 가령 용어네일(Jan A.B. Jongeneel)은 소수 민족교회는 세 가지 선교를 할 수 있다고 주장한다. 즉 동질 집단을 대상으로 한 내적 선교(internal mission), 수용사회의 교회에 영향을 주는 역선교(reverse mission), 그리고 수용사회의 교회와의 공동의 선교(common mission) 등.[52]

나아가서 재한 외국인 디아스포라가 그들의 고국이나 제삼국에서 사역할 때, 현지 교회들과 연대함으로써, 디아스포라 사역이 일방적인 외부로부터의 사역이 아니라 동시에 현지 교회의 선교 사역이 될 수 있도록 하는 에큐메니칼 선교 연대가 필요하다. 그리고 이런 인식을 위한 에큐메니칼 교육이 필요하다.

---

52 Jan A. B. Jongeneel, "The Mission of Migrant Churches in Europe", *Missiology: An International Review 31* (Jan 2003), 29-33; 인용은 29.

3. 시급한 필요 채우기에서 다양한 사역의 균형 잡기로

한국의 경우, 다양한 디아스포라 사역을 해왔지만, 가장 대표적인 대상은 이주 노동자였다. 최근 들어, 국제 결혼 등을 통하여 다문화, 다민족 사회가 쟁점이 되고 있다. 그런데 이와 같은 당면 과제 중심적 양상은 중대한 문제를 제기한다. 과연 디아스포라 사역은 균형 잡힌 것인가?

첫째, 이주 노동자는 결국 경제적 이주 영역이며, 주로 후진국이나 개발도상국에서 선진국으로 이동하고 있다. 따라서 비서구에서 서구로, 혹은 가난한 비서구에서 부유한 비서구로 이동이 이뤄지고 있다.[53] 이주 노동자는 오늘날 디아스포라에서 가장 중요한 집단 중 하나요, 여타 집단의 이동을 유발한다는 점에서 여전히 관심을 가져야 함에 틀림없다. 그러나 이와 같은 서구형, 경제적 이주형 디아스포라 문제에 집착할 때, 비서구, 특히 가난한 비서구에서 일어나는 보다 비참한 비경제적 이주형 디아스포라 문제에 소홀할 수 있다. 오늘날 비서구 내에서 국내 이주나 인근의 가난한 비서구 국가로의 국외 이주 과정에서 가장 비참한 디아스포라가 존재하고 있다는 사실을 염두에 두고, 사역의 방향을 넓히고 균형을 잡을 필요가 있다.

둘째, 경제적 이주 영역에 관심을 가지면서, 비경제적 이주 영역인 난민(refugee, asylum seeker) 등에 대한 사역이 활발하지 못

---

53 시골에서 도시로, 가난한 비서구에서 부유한 비서구로, 비서구에서 서구로는 현대 이주의 세 가지 주요한 방향이다.

하다. 나라마다 디아스포라 사역 가운데 활발한 영역이 다르다. 가령 영국 등에서는 난민 관련 사역이 상당히 활발한데, 한국의 경우는 그렇지 못하다. 물론 이런 사정에는 한국의 독특한 정치·사회적 요인도 작용하고 있다.

셋째, 지금까지 주로 국내 중심의 사역이 강조되었는데, 보다 국외적인 혹은 국제적인 사역에도 관심을 갖아야 할 것이다.

넷째, 아직까지 교회는 전위적인 사역에 인색한 편이다. 따라서 디아스포라 사역이 선교 자원 문제 등으로 인하여 기존의 다른 전위적인 사역들과 갈등할 소지가 있다. 물론 디아스포라 사역을 포함한 소위 전위적인 사역들이 전위적으로 보이는 상황 자체가 속히 타개되어야 할 필요성이 있다. 장차 발전되어나갈 디아스포라신학은 이런 디아스포라 사역의 균형과 전반적인 상황 파악을 위한 길라잡이 역할이 요청된다.

4. 사변적 이론에서 현장성 있는 이론으로

이 글에서는 주로 현재의 상황을 다루었지만, 기독교 역사를 보면 풍부한 관련 사례들이 나타난다. 가령 이 자리에서 상술할 수 없지만, 장로교의 비조인 칼뱅(Jean Calvin) 자신이 디아스포라였고, 디아스포라 사역 가운데서 신학과 목회를 담당하였다.[54] 그

54 가령 다음 논문을 보라. 안인섭, “칼빈의 디아스포라 사역”, 『칼빈탄생500주년기념포럼: 디아스포라2009사역포럼자료집』 (미간행 자료집, 2009), 1-14; 박경수, 『한국교회를 위한 칼뱅의 유산』 (대한기독교서회, 2014), 72-77.

의 디아스포라적 정체성과 디아스포라 사역 경험이 그의 신학과 목회에 구체적으로 어떻게 반영되었는가는 계속 연구해나가야 할 분야이다. 그러나 간단히 말해, 그의 신학은 책상에서 현장으로가 아닌, 현장에서 책상으로 나아갔다. 뿐만 아니라, 디아스포라 선생이었던 칼뱅은 디아스포라 학생이었던 존 녹스(John Knox)를 배출하였고, 그런 과정을 통해 제네바 본거지의 종교개혁에 견줄 수 있는 스코틀랜드의 종교개혁을 가능케 했다. 디아스포라 신학은 현장에서 문제를 발견하여 다시 현장에 대답을 주는 신학이 될 필요가 있다.

V. 결론

이제 결론을 맺고자 한다. 한국 교회는 세계화를 맞이하여 디아스포라 사역에 헌신해왔고, 또한 신학화 작업을 하고 있다. 우리는 한국 교회 역사 자체에 디아스포라라는 주제가 관통한다는 것을 확인했다. 또한 그동안의 사역과 신학적 노력을 개관하였다. 한국 교회, 특히 해외한인교회는 스스로의 디아스포라 체험을 통하여 이민신학을 만들어냈다. 그리고 한국 교회는 새로운 디아스포라를 맞이하면서 이주민신학을 만들어냈다. 이런 새로운 디아스포라는 이방인, 이웃, 가족, 선교사의 모습으로 변모하였고, 그 결과 한국 교회는 디아스포라신학을 만들어내고 있다.

필자는 이런 새로운 디아스포라신학 구성을 위한 네 가지 전제를 제시했는데, 그것은 곧 선교적 과제에서 교회적 과제로, 그들을 위한 사역에서 그들과 함께 하는 교역으로, 시급한 필요 채우기에서 다양한 사역의 균형잡기로, 사변적 이론에서 현장성 있는 이론으로이다. 이제 이러한 역사적 개관과 전제 조건들을 바탕으로 하여 디아스포라신학을 함께 구성해 나갈 것을 기대한다.

제8장 • 선교적 교회론 신학

: 지역교회의 선교공동체적 정체성과 과제

출처 "지역 교회 선교 공동체론에 관한 소고—선교적 교회론의 지역 교회 적용", 「선교와 신학」 37 (2015), 45-73.

Ⅰ. 서론

교회는 선교 공동체이다. 하나님께서는 선교를 위하여 교회를 만드셨고 따라서 선교는 교회의 본질이다. 다시 말해 교회는 선교를 위해서 존재하며 선교는 교회를 낳게 된다. 이처럼 교회는 선교를 낳고, 선교는 교회를 낳고, 다시 교회는 선교를 낳는 '교회와 선교의 선순환'(善循環)이 교회와 선교의 본질적이고 바람직한 관계이다. 그러나 교회사를 보면 이런 선순환이 제대로 이루어진 경우는 의외로 많지 않다. 오히려 교회와 선교는 이상적인 동반자라기보다는 갈등 내지 소원의 경쟁자 관계를 보인 적이 더 많다.

그런 점에서 최근 들어 교회론과 선교론의 재검토와 더불어, '선교적 교회론'과 같은 구체적인 이론들이 대두되는 것은 다행스런 일이 아닐 수 없다.[1] 물론 교회는 위에서 언급한 것처럼 본질상 언제나 선교적 교회였다. 그러나 그런 본질에 대한 천명으로만 만족할 수는 없는 노릇이다. 교회, 그것도 구체적으로 지역 교회가 선교 공동체가 되는 일, 즉 지역 교회가 선교 공동체로서의 본질을 회복하고 사역을 감당하는 것이야말로 교회와 선교가 같이 사는 길이다. 이런 맥락에서 과연 지역 교회가, 특히 21세기에 처한 한국 교회의 지역 교회들이 선교 공동체가 되는 것이 무엇

---

1 Darrell L. Guder, ed., *Missional Church: A Vision for the Sending of the Church in North America*, 정승현 역, 『선교적 교회: 북미 교회의 파송을 위한 비전』 (주안대학원대학교출판부, 2013). 원본인 영어본은 1998년에 출간되었다. 「선교와 신학」 30 (2014 가을)의 특집 논문들(13-196); 『1910년 에딘버러세계선교사대회 100주년기념 2010한국대회 논문집』, 6집: 『선교와 교회/목회』 (미션아카데미, 2011).

인가에 관하여 그 이론과 실천을 논하고자 한다. 이를 위하여, 첫째, 선교 공동체로서의 지역 교회의 자기 이해를 위하여 선교의 새로운 맥락의 이론과 상황의 변화를 살펴보고, 둘째, 선교 공동체로서의 실천을 위하여 새로운 모델의 과제와 방법을 살펴보고자 한다.

II. 선교의 새로운 맥락

1. 교회론과 선교론의 변화

지난 20세기는 격변의 세기였다. 이것은 기독교계 그리고 신학계도 마찬가지였다. 특히 신학 가운데서도 교회론과 선교론의 변화가 컸다. 사실 교회론은 최근까지 크게 발전되지 못한 분야였다. 오히려 자명한 것으로 이해되어 이론적 발전이 부진했던 것이 사실이다. 그러나 교회가 급속도로 문명화되고 세계화되는 세계와 직면하는 가운데 자기 정체성에 대해서는 물론이고, 교회가 처한 세계와의 관계에 대해서도 인식을 새롭게 할 필요를 느끼게 되었다.[2]

---

2 Richard R. Gaillardetz, *Ecclesiology for a Global Church* (Maryknoll: Orbis Books, 2008). 한국에서도 최근에 한국 교회와 세계화를 종교학과 교회사 등 다양한 분야에서 연결코자 하는 시도들이 이뤄지고 있다. 김성건, 『글로벌사회와 종교』 (서울대학교출판문화원, 2015); 민경배, 『글로벌시대와 한국, 한국교회: 민족교회에서 글로벌교회로』 (대한기독교서회, 2011); S. Hun Kim & Wonsuk Ma, eds., *Korean Diaspora and Christian Mission* (Oxford: Regnum, 2011).

한편 선교론은 비교적 최근의 학문이다. 그러나 교회론과 마찬가지로 선교가 급변하는 세계 속에서 엄청난 변화를 겪음에 따라 선교론도 크나큰 변화를 경험하였다.[3] 비록 이런 선교론의 변화가 한국 교회에 충분히 소개되지 않았지만, 오늘날 선교론의 변화를 염두에 두지 않고는 선교를 제대로 감당할 수 없는 것이 사실이다. 이 자리에서 교회론과 선교론에 대한 이론적인 논의를 상세하게 할 수는 없다. 다만 이 글의 전제가 되는 부분에 한하여 간략하게 소개하고자 한다.

1) 교회론의 변화

지난 20세기로부터 시작하여 현재에 이르기까지 교회론은 크게 변화했다. 이 가운데 오늘날의 지역 교회의 선교에 있어서 특히 염두에 두어야 할 것은 다음 세 가지이다.

(1) 평신도의 중요성에 대한 재발견

지난 1900여 년 동안 평신도가 거의 활성화되지 않았다. 그러나 평신도의 활성화는 교회 내적으로 교회 민주화를 위해서 필요할 뿐 아니라, 교회 외적으로도 선교를 감당하기 위해서 반드시 필요하다는 사실을 세계 교회는 절감하게 되었다. 이런 맥락에서 다양한 신학이 대두되었다. 먼저 '평신도신학'(theology of the laity)이 나와서, 평신도의 중요성을 부각하고 평신도를 각성하고자 하였다.[4] 특히 1960년대 가톨릭교회의 제2차 바티칸공의회를 통하

---

3 Francis A. Oborji, *Concepts of Mission: The Evolution of Contemporary Missiology* (Maryknoll: Orbis Books, 2006).

여, 하나님의 백성이란 개념은 교회론의 중요요소로서 확고하게 자리잡았다. 그 후 이런 신학적 노력은 발전하여 '하나님의 백성 신학'(theology of the people of God)으로 이어졌다.[5] 하나님의 백성 신학의 요점은 성직자나 평신도 어느 일방이 주도권을 쥐어서는 안 되고, 성직자와 평신도는 하나님의 백성이라는 상위 개념에 같이 속하며, 하나님의 백성이 하나님의 백성에 되도록 각기 맡은 바 소명을 다해야 한다는 깨달음이다. 이런 점에서 성직자와 평신도의 역할에 대한 이해도 달라지고 있다. 간단히 말해 성직자와 평신도 모두를 포함하는 '교회가 교회답게' 되기 위하여, 성직자는 교회 전반을 활성화시키는 사역자이며, 평신도는 교회의 실제적인 사명을 감당하는 사역자인 것이다.[6] 이런 맥락에서 '회중신학'(theology of the congregation)이란 용어까지 나왔다.[7] 다시 말해 이런 새로운 역할에 대한 이해 없이 지역 교회는 선교 공동체가 되기 어렵다. 즉 지역 교회가 평신도의 활성화에 실패한다면 지역 교회의 선교는 사실상 불가능하다.

(2) 교회와 세계의 관계에 대한 새로운 시각

교회 역사의 오랜 기간 동안 교회는 교회중심적 관점에서 교회와 세상을 보았다. 이런 관점에서 교회와 세상의 관계는 적대적인 관계나 아전인수식으로 이해되었다. 그러나 20세기는 이 관

---

4 Hendrik Kraemer, *A Theology of the Laity*, 유동식 역, 『평신도 신학: 평신도운동의 신학적 기초』 (대한기독교서회, 1963).

5 John Macquarrie, *The Faith of the People of God: A Lay Theology* (London: SCM, 1972).

6 Alan J. Roxburgh & Fred Romanuk, *Missional Leader: Equipping Your Church to Reach a Changing World* (San Francisco: Jossey-Bass, 2006).

7 Craig L. Nessan, *Beyond Maintenance to Mission: A Theology of the Congregation* (Minneapolis: Augsburg, 1999).

계에 대하여 새롭게 이해하기 시작하는데, 본 연구와 관련된 것은 크게 두 가지다.

먼저 교회는 전 세계적인 존재라는 사실이다.[8] 또한 교회는 세계 속의 존재이며 세계의 일부라는 사실이다. 성서에 의하면, 하나님이 독생자를 주기까지 사랑하신 것은 단순히 교회가 아니라 세상(곧 세계)이다.[9] 이런 인식은 다양한 신학으로 발전해나갔다. 첫째, 에큐메니칼이란 단어의 원래 뜻인 인간이 사는 세계란 차원을 재발견한 '에큐메니칼신학'이 발전하였다. 이제 교회는 단순히 교회의 일치(unity of church)를 추구하는 교회만이 아니라 인류의 일치(unity of humanity), 나아가 인류 공동체의 갱신(renewal of human community)을 추구하는 교회로 나아가게 된 것이다.[10] 이런 맥락에서 '신앙과 직제'(Faith and Order)는 한편으로는 '값비싼 일치'(costly unity) 등의 주제를 통하여 '삶과 봉사'(Life and Work)와 수렴하는 경향을 보이고, 다른 한편으로는 교회와 선교의 불가분성을 통하여 '세계선교와전도위원회'(Commission on World Mission and Evangelism)와 수렴하는 경향을 보인다.[11] 둘째, 이런 인식은 20세기 신학 전반에 걸쳐 강조된 '하나님의 나라'라는 관점을 통해서 더욱 강화되었다.[12] 셋째, 최근 들어 각광받는 '공공신학'(혹

---

8 Veli-Matti Kärkkäinen, *An Introduction to Ecclesiology: Ecumenical, Historical & Global Perspectives* (Downers Grove: InterVarsity, 2002).

9 요한복음 3:16.

10 Geiko Müller-Fahrenholz, *Unity in Today's World: The Faith and Order Studies on:* "Unity of the Church-Unity of Humankind" (Geneva: WCC, 1978); Commission on Faith & Order, *Church and World: The Unity of the Church and the Renewal of Human Community* (Geneva: WCC, 1990).

11 한국기독교교회협의회 신앙과직제위원회 편, 이형기, 송인설 공역, 『신앙과직제와 삶과봉사의 합류』 (한국기독교교회협의회, 2009); Jooseop Keum, ed., *Together Towards Life: Mission and Evangelism in Change Landscapes-With a Practical Guide* (Geneva: WCC Publications, 2013).

12 Do-Hoon Kim & Seoung-Gyu Park, eds., *A World-Changing Theology: 50th Anniversary of Jürgen Moltmann's Theology of Hope Commemorative Volume* (Seoul: Presbyterian University and Theological Seminary Press, 2015).

은 공적신학)도 교회와 세계의 새로운 관계의 중요성을 촉구한다.[13] 현대 사회에서는 국가와 개인 사이에 '작은 집단들'(little aggregations)이 사라지는 추세인데, 종교사회학자들은 이러한 '매개 구조들'(mediating structures)의 중요성을 강조하고 있다.[14] 이런 맥락에서 지역 교회가 작은 집단들로서 또는 매개구조들로서 그 역할이 주목된다. 즉 지역 교회는 시민사회의 육성을 위한 시민 교육의 장으로서의 역할을 회복해야 할 뿐 아니라 그 자체가 시민사회의 일원으로서 자리매김을 해야 할 필요성에 직면하고 있다. 더구나 지역 교회는 최근 들어 종교가 비가시적 종교(invisible religion)가 되고 개인적 영성이 강조되며 기성 교회의 약화를 기회삼아 신종교가 득세하는 상황 속에서, 이런 과제들을 감당해야 하는 부담을 안고 있는 것이다.

(3) 교회의 선교적 본질에 대한 회복

20세기 교회론의 또 다른 특징은 교회의 선교적 본질에 대한 회복이다. 첫째, 협의의 선교 즉 기존의 세계 선교(혹은 해외 선교)가 강조되었다. 이런 협의의 선교를 감당하는 '선교하는 교회'(missionary church)로서의 교회의 선교적 본질이 계속 강조되고 있다. 둘째, 광의의 선교 즉 기존의 국내 선교와 해외 선교를 구분하지 않고 전 세계를 하나님의 나라의 관점에서 섬기는 선교가 강조되었다. 이런 맥락에서 나온 것이 바로 '하나님의 선교'(missio Dei) 개

---

13 이형기, 『성경의 내러티브 신학과 교회의 공적책임: 아더톤의 기독교적 사회윤리를 지향하며』 (한들출판사, 2010); 『하나님 나라와 공적신학: 교회와 세상의 공적 책임』 (한국학술정보, 2009); 이형기 외, 『공적신학과 공적교회: 공적신학은 교회의 본질』 (킹덤북스, 2010).

14 김종서, 『종교사회학』 (서울대학교출판문화원, 2005), 185-92. 미국 같은 상황에서는 '공민종교론'도 중요한 흐름으로 등장한다. Robert Wuthnow, *Christianity and Civil Society: the Contemporary Debate* (Valley Forge: Trinity Press International, 1996).

념이다.[15] 이 같은 종합적 선교를 감당하는 '선교적 교회'(missional church)로서 교회의 선교적 본질이 계속 강조되고 있다. 정승현은 이런 맥락에서 나온 선교적 교회론의 뿌리를 살피면서, 멀게는 요하네스 호켄다이크, 헨드릭 크래머, 데이빗 보쉬의 교회론을 소개하고, 가깝게는 레슬리 뉴비긴의 교회론을 소개한다.[16] 그러나 미국에 선교적 교회론을 확산시킨 대럴 구더 자신의 '교회의 회심'이란 교회론도 놓쳐서는 안 될 것이다.[17] 만일 구더의 교회론도 추가할 경우, 선교적 교회론에는 '선교에 대한 강조'와 '교회 개혁'이란 두 가지 물줄기가 흐르고 있음을 보다 선명하게 알 수 있다. 따라서 선교는 개혁을 통해서 가능하고, 개혁은 선교를 지향한다고 말할 수 있다.

2) 선교론의 변화

지난 20세기 동안 선교론도 엄청난 변화를 겪었다. 이런 변화 가운데 가장 두드러진 것을 몇 가지 살펴보도록 하자.

(1) 선교사 중심에서 현지인 중심으로

1910년에 개최된 에딘버러 세계 선교대회는 전통적인 선교의

---

15 하나님의 선교론에는 두 가지 입장이 있다. 교회의 역할에 대하여 회의적인 좌파와 교회의 역할에 대하여 강조하는 우파가 있다.

16 정승현, "서구에서 선교적 교회론의 태동 및 발전", 「선교와 신학」 30(2014, 가을), 13-48. 또한 다음 논문을 보라. 정승현, "선교적 교회론의 과거, 현재 그리고 미래: GOCN 연구를 중심으로", 『선교와 교회/목회』 (미션아카데미, 2011), 31-68.

17 Darrell Guder, *The Continuing Conversion of the Church* (Grand Rapids: Eerdmans, 2000), xiii-xiv. 구더는 책 서문에서, 『선교적 교회』 프로젝트와 이 책의 저술을 동시에 진행하였고 양자 간에는 상호연관성이 있다고 언급하였다. 또한 구더는 이 책의 초고를 이미 1996년부터 실험했다고 밝히고 있다. 결국 선교의 심화 및 확장은 복음축소주의(the reductionism of the gospel)의 탈피를 포함한 교회의 변화 없이는 불가능한 것이다.

절정이자 새로운 선교의 시작을 이루는 분수령이 되었다. 이 세대 내에 선교를 완수한다는 식의 서구 교회 및 서구 선교기관 중심의 선교적 낙관론이 팽배한 가운데, 천여 명의 참석자 중 십여 명 남짓한 비서구 교회 대표자들은 기존의 선교관에 대하여 다양하게 도전하였다. 즉 인도의 아자리아 신부(V. S. Azariah, 후에 주교가 됨)는 일방적인 온정주의(paternalism) 대신 친구라는 평등한 관계를 요구하였다. 더구나 한국 교회의 비공식 대표였던 윤치호는 선교자금 운영까지도 선교사와 현지인이 협력할 때 효율적일 수 있다는 주장을 했다. 1925년에는 한국에서 열린 1928년 예루살렘 대회 준비모임 중에 한석진 목사가 30년 지기였던 사무엘 마펫(S. A. Moffett) 선교사에게 고향으로 가든지 본향으로 가라는 말을 하면서 선교사 철수의 필요성을 강조한 바 있다. 이런 생각은 1970년대 전 세계적인 선교 유예(missionary moratorium)로 이어졌다.

이제 선교사의, 선교사를 위한, 선교사에 의한, 선교사 중심적 선교는 지나갔다. 물론 선교사의 역할이 완전히 부정되는 것은 아니지만, 선교사와 현시 기독교인이 협력하는 선교, 더 나아가 현지기독교인 중심적 선교가 절대적인 추세이다. 그러나 이 같은 선교의 변화를 요구하는 목소리는 중국, 일본, 인도 등 아시아 전반에 걸쳐 나타났지만, 한국의 경우는 상대적으로 잘 인식되지 못했다는 것을 기억할 필요가 있다. 따라서 이런 역사적 교훈이 한국 교회의 선교, 특히 한국의 지역 교회의 선교에 반영되도록 유의할 것이 요청된다.

(2) 협의의 선교에서 광의의 선교로

선교의 의미가 협의의 선교에서 광의의 선교로 바뀌게 된 것에 대해서는 위에서 이미 다루었기 때문에 두 가지 점만 강조한다. 첫째, 교회는 단순히 선교 사역 몇 개를 수행하는 조직이 아니라 그 자체가 선교적 공동체라는 자기정체성을 갖출 필요가 있다.[18] 다시 말해 교회에 있어서 선교 사역도 중요하지만, 더욱 중요한 것은 선교적 본질이다. 바로 이런 의미에서 교회의 전교인이 선교적 존재라는 인식이 매우 중요하다.

둘째, 광의의 선교가 중요하지만, 광의의 선교를 지역 교회의 차원에 적용할 때는 문제가 있다. 과연 일개 지역 교회가 전방위적인 선교를 감당할 수 있겠느냐 하는 질문이다. 이런 맥락에서 지역 교회 선교의 '선택과 집중' 및 '선교 협력'이라는 주제가 제기된다. 먼저, 지역 교회는 광의의 선교를 지향하면서도 구체적인 선교 사역에 있어서는 지역 교회의 자원과 상황을 고려해서, 어떤 형태(type)의 선교를 할 것인가를 결정해야 한다.[19] 또한 각 지역 교회는 선택과 집중을 통해 특정 선교 사역을 감당하지만, 동시에 다른 지역 교회들과의 선교 협력을 통하여 전 방위적인 선교를 감당할 수 있다. 따라서 선교의 선택과 집중 그리고 선교 협력은 배타적이거나 갈등적인 관계가 아니라 상호 보완적인 관계에 있다. 이런 점에서 지역 교회의 선교는 인근 지역 교회들과의 '지역 에큐메니즘'(local ecumenism) 혹은 지역 에큐메니칼 연대를 추구해야 할 당위성에 직면한다.[20] 이런 지역 에큐메니즘을 통하여 한편으로는 교회의 일치를 이루고, 다른 한편으로는 세계(지역

---

18 가령 장로교회가 총회 산하에 세계 선교부를 둔 것은 바로 교회가 선교 공동체라는 인식을 갖게 된 결과로, 치리회 밖에 없는 장로교회의 구조에 변화를 준 것이다. 안교성, "현지선교회의 본질과 과제",「PCK 해외선교 저널」2 (2016), 187-226.

19 Stephen Spencer, *SCM Studyguide: Christian Mission* (London: SCM, 2007), 188-93.

20 André Birmelé, ed., *Local Ecumenism: How Church Unity Is Seen and Practised by Congregations* (Strasbourg: Institute for Ecumenical Research, 1984).

사회)의 일치와 개혁을 이뤄나가게 된다.

(3) 서구 기독교 중심에서 세계 기독교 중심으로

지난 천여 년 동안 기독교의 중심은 서구였다. 그러나 1980년대에 들어서면서 기독교의 절반은 다시 비서구인이 되었고, 이런 맥락에서 '새로운 기독교 세계'(new Christendom), '남반구 기독교'(Southern Christianity), '세계 기독교'(world Christianity, global Christianity)라는 용어들이 등장하기 시작하였다.[21] 기독교의 무게중심의 변화(shift of the gravity of Christianity)가 일어난 것이다.

이런 맥락에서 비서구 기독교는 몇 가지 선교적 사명을 갖게 되었다. 첫째, 비서구 기독교는 각각의 독특성을 통하여 세계 기독교를 함께 이뤄나간다. 둘째, 비서구 기독교 특히 비서구 교회는 각자가 처한 현장에서 광의의 선교를 감당하는 선교 공동체로서 선교를 수행한다. 셋째, 비서구 기독교 특히 비서구 선교기관(초교파 선교회 및 교파 선교부 모두)은 현지 교회와의 협력을 통하여 협의의 선교 및 광의의 선교를 지속해나간다. 이런 맥락에서 비서구 기독교의 지역 교회는 선교 모판으로서 또한 선교 공동체로서 중요한 함의를 지닌다.

21 Philip Jenkins, *The Next Christendom: The Coming of Global Christianity*, 3rd ed. (Oxford: Oxford University Press, 2011); William R. Burrows et al. eds., *Understanding World Christianity: The Vision and Work of Andrew F. Walls* (Maryknoll: Orbis, 2011).

2. 선교 상황의 변화

1) 한국 교회의 상황 변화

협의의 선교든 광의의 선교든, 선교를 감당할 선교 공동체인 한국 교회가 크게 변하고 있다. 한국 교회는 그동안 급속한 교회 성장으로 유명하였고, 이 같은 교회 성장은 한국 교회의 교회론 및 선교론에 큰 영향을 미쳤다. 즉 한국 교회의 교회론과 선교론은 성장 패러다임에 기초하며, 이런 의미에서 한국 교회의 교회론과 선교론은 서로 닮은꼴이다. 그런데 한국 교회의 교회 성장에 위기가 닥쳤다.[22] 이런 위기는 한국 교회의 선교에도 직접적인 영향을 준다. 그 이유는 한국 교회의 선교가 한국 교회의 성장에 기초하고 있고 성장 패러다임 이외의 다른 패러다임을 가지고 있지 못하기 때문이다.

2) 한국 교회의 선교상황 변화

오늘 한국 교회의 선교는 이런 한국 교회의 상황의 변화를 염두에 두어야 한다. 한국 교회의 위기가 심각해지면 크게 두 가지 문제가 생길 가능성이 높다. 첫째, 한국 교회는 갑작스럽게 한국 교회의 선교를 중단할 수 있다. 한국 교회가 선교 공동체로 자기

22 안교성, "한국교회 성장가능성을 전망한다", 「기독공보」 (2012년 12월 12일), http://www.pckworld.com/news/articlePrint.html?idxno=57272, 접속일자 2017.7.19.

정체성을 확고하게 하지 않는 한, 이런 결정은 가장 가능성이 높다. 둘째, 한국 교회와 한국선교가 발전 과정의 시차로 인하여 문제를 일으킬 수 있다. 한국 교회와 한국 교회의 선교는 모두 성장 패러다임을 고수하고 있는데, 한국 교회의 선교가 후발 주자라는 이유로 인하여 교회의 위기에도 불구하고 계속 성장 패러다임을 고수하면, 양자의 간극은 갈수록 넓어지고 결국 갑작스런 파국을 맞게 될 것이다. 이상의 두 가지 문제 중 전자가 한국 교회의 선교적 정체성의 문제라면, 후자는 한국 교회의 선교의 현실 인식의 문제라고 할 수 있다. 현실을 실감나게 파악하기 위하여 한국 교회의 선교 중 대표적인 선교인 세계 선교의 경우를 살펴보자.[23]

한국 교회의 세계 선교는 비약적으로 발전했고 그 결과 선교사 수가 급증했다. 그런데 한국 교회 교인 1인당 선교사의 비율을 계산하면,[24] 1980년대 6,250:1 (교세 1,000만 명, 선교사 1,600명), 1990년대 4,669:1 (교세 1,200만 명, 선교사 2,570명), 1994년 6월 3,636:1 (교세 1,200만 명, 선교사 3,300명), 1996년 2,726:1 (교세 1,200만 명, 선교사 4,402명) 등이다. 만일 최근 통계를 추가로 대입하면, 2010년 409:1 (교세 약 900만 명, 선교사 22,014명)이다. 즉 최근에는 한국의 중형교회라고 할 수 있는 교인 400명 정도의 교회 하나가 선교사 한 명을 책임지는 구조라고 할 수 있다. 이것만도 일개 지역 교회로서는 결코 작지 않은 부담이다. 바로 이런 맥락에서 세계 선교는 출구전략 논의, 선교비 축소 시대의 선교 등 다양한 주제들을 논의하였다.[25] 그런데 문제는 한국 교회가 협의의 선교 즉

---

23 이하 몇 단락은 다음 논문에 기초한 것이다. 안교성, "한국선교 30년의 명암", 「한국 기독교와 역사」 38 (2013. 3), 89-118.

24 이태웅, 『한국 교회의 해외선교: 그 이론과 실제』 (죠이선교회출판부, 1994; 개정판, 1997), 23.

25 안교성, "세계선교운동사와 선교사철수계획", 『한국선교의 출구전략』 (예영커뮤니케이션,

세계 선교만 하고 있지 않다는 것이다. 그렇다면 과연 한국 교회가 협의의 선교는 물론이고 광의의 선교를 감당할 수 있는 선교 자원이 무엇인가라는 질문이 제기된다. 따라서 총회 및 노회, 교단 산하 기관, 기독교 언론, 신학교, 기독교 학교, 기독교 병원, 국내 선교의 다양한 사역들(군 선교, 농어촌 선교, 장애인 선교, 이주민 선교, 복지 선교), 에큐메니칼 기관, 나아가 국가 및 지역 사회의 사회복지 사역 참여 등, 현재 한국 교회의 지원과 참여가 이뤄지는 전 분야에 대한 일대 검토와 재조정(구조 및 업무 조정)이 필요한 시점이다.

Ⅲ. 지역 교회 선교 공동체의 새로운 모델: 과제와 방법

1. 지역 교회 선교의 과제

지역 교회 선교의 과제는 위에서 살펴본 내용들에 근거하여 다음과 같은 몇 가지 측면에 대한 고려가 요청된다.[26]

2012), 123-45; "선교비 축소 시대의 선교: 청지기적 선교를 향하여" (미간행 발표논문, 2012년 대한예수교장로회 총회 세계선교부 중견선교사 전략회의, 부산 백양로교회, 2012년 7월 9-11일).

26 한국일은 그의 논문에서 마을 만들기라는 주제를 강조하면서, 선교관의 전환이란 관점에서 필자와 유사한 네 가지를 제안한다. 첫째, 지역 사회를 선교 현장으로, 지역 교회를 선교적 교회로, 둘째, 지역 사회와 함께하는 교회, 셋째, 평신도의 선교적 역할: 교회 제직을 지역 사회의 리더로, 넷째, 선교적 교회구조 형성: 교회 조직과 구조를 선교적으로 전환하기 등이다. 한국일, "마을 만들기와 지역교회의 역할", 「농촌과 목회」 64 (2014 겨울), 205-29, 특히 215-22. 다음 논문도 참조할 것. 한국일, "선교적 교회의 실천적 모델과 원리: 한국교회 현장으로부터 배우는 선교적 교회", 「선교신학」 36 (2014), 355-401.

1) 지역 교회 중심적 선교보다는 지역 사회 중심적 선교

지역 교회의 선교는 선교를 위한 선교, 목회를 위한 선교, 선교사의 선교 비전을 구현하는 선교가 아니라, 선교 현장의 필요성에 응답하는 선교, 선교를 위한 목회, 선교적 진정성을 유지하는 선교가 되어야 한다. 한국 교회의 선교 행태를 볼 때, 제프리 한(Geoffrey W. Hahn)의 표현을 빌린다면, '교회론적 가치'가 '상황화 가치'를 압도한다고 말할 수 있는데,[27] 이런 부정적인 상황을 교정하는 일에서부터 선교를 시작해야 한다.

이를 위해서는 선교과제를 지역 교회가 일방적으로 결정하기보다 현장인 지역 사회에서 나오도록 해야 한다. 물론 이런 선교적 행태는 낯설고 모험적인 것이다. 그러나 20세기 후반 이 같은 새로운 선교적 변화의 노력이 있었고, 그것이 한국 교회 역사에도 나타났다는 것을 기억할 필요가 있다. 가령 미북장로교회는 1956년 레이크 모호크(Lake Mohonk) 대회를 개최하면서 선교 과제를 스스로 결정하기보다 자매 교회들과의 협의를 걸쳐 결정하자고 제안한 바 있다. 이런 선교 협력의 결과 중 하나가 오늘날의 서울여자대학교의 설립이다. 이 안은 한국 교회 대표인 한경직이 제안했고 미북장로교회가 수용했으며 이를 위해 예산 지원, 교수요원 훈련 등의 과정이 진행된 것이다.[28]

---

27 Jonathan Bonk et al, *Accountability in Missions: Korean and Western Case Studies*, 『선교 책무: 21세기 한국과 북미 선교 연구』(생명의말씀사, 2011), 130-31.

28 *Report of the World Consultation of the Board of Foreign Missions of the Presbyterian Church in the USA Held at Mountain House, Lake Mohonk, New York –22 April-1 May, 1956* (mimeographed).

따라서 지역 교회의 새로운 선교는 자기희생적이고 겸손한 선교, 현장인 지역 사회과 교류하고 연대하는 선교, 현장인 지역 사회에서 출발하는 선교라는 것이 부각될 필요가 있다. 이를 위해서 철저한 현장 분석이 전제되어야 하고 현장의 목소리를 듣고 배우는 것이 요청된다. 더 나아가서 현장의 참여 심지어 현장의 주도권까지 인정해야 한다. 이런 맥락에서 초대교회가 발전한 이유 중 하나가 세상에 대한 개방성이었다는 로드니 스타크(Rodney Stark)의 주장도 실용적인 차원에서 고려해볼 만하다.[29]

물론 지역 교회의 선교를 수행하는 과정에서 지역 교회 내부의 목소리를 들어 교회적 공감대를 형성하는 것도 매우 중요하다. 또한 지역 교회의 기존의 선교 사역을 평가하고, 장단점을 평가하여 지속하거나 발전할 사역과 중단하거나 축소해야 할 사역을 구분해야 한다. 아울러 지역 교회의 선교적 역량을 정확하게 분석하고 파악해야 한다. 그리고 만일 현장인 지역 사회와 대화하는 과정에서 선교과제에 대하여 제시해야 할 필요가 있을 경우는 지역 교회 내지 한국 교회 전체의 기존의 선교 사역을 현장인 지역 사회와 함께 분석하고 평가하는 일도 가능하다.

이런 과정을 거쳐야 지역 교회의 선교는 지역 사회가 책임감과 주인의식을 느끼는 선교를 할 수 있고, 나아가 지역 사회의 도움과 참여를 확보할 수 있다. 뿐만 아니라 지역 교회는 교회의 선교 사역을 지역 사회와 공유함으로써 상호 시너지 효과를 얻을 수도 있다. 가령 스코틀랜드장로교회의 관련 문건이 소개하는 사

29 가령 로드니 스타크는 초대교회 발전에 있어서 여인의 역할과 관련하여 비기독교인과의 결혼(exogamous marriage)이 남편 등의 회심(second conversion)을 가져오는 등 큰 역할을 했다고 주장한다. Rodney Stark, *The Rise of Christianity: How the Obscure, Marginal Jesus Movement Became the Dominant Religious Force in the Western World in a Few Centuries* (New York: HarperOne, 1997), 111-18.

례에 의하면, 지역 사회도 해외에 대한 관심과 이해가 있다는 점에 착안하여 교회가 해외 동역 교단과 교류할 때 교회 행사로만 그치지 않고 지역 사회의 행사로 연계, 확장하면서, 지역 사회의 선교 자원을 활용하고 지역 사회의 참여를 이끌어내었다. 이런 과정에서 지역 사회가 교회에 관심을 갖게 되었고 교회도 지역 사회와 협동하는 경험을 가졌다. 심지어 지역 사회가 이런 사역을 주도하면서 교회와 독립된 사역으로 발전시키는 사례까지 소개하고 있다. 이런 일은 교회가 사회에 비하여 일반적으로 자원이 부족하지만, 풀뿌리 차원의 국제교류 같은 특정 분야에 있어서는 교회가 훨씬 풍부한 자원을 가진다는 사실에 기인한다.[30] 가령 오늘날 지역 사회의 각 학교들이 세계화를 위한 국제 교류를 원하는데, 지역 교회가 자체의 국제 교류 프로그램을 지역학교와 공유하거나 기회를 제공한다면 좋은 결과를 가져올 수 있을 것이다.

2) 광의의 선교관에 입각한 선교

위에서 언급하였듯이, 지역 교회는 광의의 선교관에 의하여 전반적인 선교의 균형을 고려하는 한편, 지역 교회의 특수성을 고려해야 한다. 비록 지역 교회는 특수한 과제를 수행한다고 하

---

30 Overseas Mission and Local Communities Group, Panel on Review and Reform, Church of Scotland; Austin Reid & et. al. ed., "Overseas Mission in the Life of the Local Church, Report", [2009], 38. 또한 미국장로교회에 관해서는, 다음 지침서를 보라. "General Guidelines for International Partnerships Between PC(USA) Congregations, Presbyteries and Synods and International Church Governing Bodies and Institutions", [n.d.]; "Presbyterian Do Mission in Partnership: 2003 General Assembly Policy Statement Presbyterian Church (U.S.A.)", [2003]; Philip L. Wickeri, *Partnership, Solidarity, and Friendship: Transforming Structures in Mission: A Study Paper for the Presbyterian Church (U.S.A.)* (Louisville: Worldwide Ministries Division, June 2003).

더라도 전반적인 선교의 비전을 상실해서는 안 된다.

이를 위해서는 우선적으로 지역 사회와 관련된 선교과제, 전국 내지 교단과 관련된 선교과제, 그리고 협의의 선교인 세계 선교를 골고루 수행하면서 각 분야에서 우선적이고 실천 가능한 사역을 선정하여 집중해야 한다. 이를 위해서 지역별로 전반적인 조망(mapping)을 위한 모임을 상설화하는 것이 필요하다. 그리고 소위 총회나 노회 단위(혹은 전국 단위나 광역지역 단위) 등 상위 차원에서 전반적인 조망을 위한 모임과 더불어 정보와 자원을 공유하고 분배하는 일종의 정보 센터(clearing house)를 운영하는 것이 필요하다.

3) 선교 교육과 선교 실천이 병행되는 선교

크레이그 네산(Craig L. Nessan)은 그의 책에서 회중신학에 대하여 설명하면서, 회중신학의 핵심은 정체성(identity)과 선교(mission)라고 했다.[31] 이런 설명에서도 알 수 있듯이, 지역 교회는 선교 과제에 있어서, 선교 과제를 수행하는 것 자체만이 아니라, 선교 공동체로 발전하는 것에 관심을 가져야 한다. 즉 선교 과제 실천 뿐 아니라 선교 교육도 필요하다.[32] 선교 교육에는 지역 교회 전체가 선교 공동체로서 자기정체성을 인식하는 것 뿐 아니라, 지역 교회의 각 구성원이 선교 사역자로 준비되는 것이 포함되어야 한다.

---

31 Nessan, *Beyond Maintenance to Mission: A Theology of the Congregation*, viii.

32 손윤탁, 『선교교육과 성장목회』 (한국장로교출판사, 2011).

2. 지역 교회 선교의 방법

1) 입구 전략에서 출구 전략까지 전반적인 과정을 고려한 선교

선교 사역에서 가장 큰 문제는 선교 사역에 대한 종합적인 이해 없이 시작하고 진행한다는 점이다. 가령 사역에 따라, 바자회 같은 일회성 단기사역이 있고 교육 같은 백년대계적 장기 사역이 있다. 이런 인식이 없어 용두사미꼴로 중단된 선교 사역은 헤아릴 수 없다. 또한 지역 교회 내의 개인이나 한 부서가 맡을 수 있는 사역이 있고 지역 교회 전체도 감당할 수 없는 사역이 있다. 그리고 선교 사역은 성격상 계속할 것도 있고 그렇지 않은 것도 있다. 따라서 사역의 목적, 시한, 규모, 지속성 등 다양한 측면이 고려되어야 한다. 최근에는 장기사역일지라도 중단기 사역으로 나눠서 중간 점검을 하는 형태를 선호하는 추세이다.

특히 지역 교회의 경우, 담임목사나 당회 등의 지도력의 변화가 선교 사역의 변화로 이어지는 경우가 적지 않다. 따라서 교회의 지도력 같은 선교 외적인 요인도 고려해야 한다. 이를 방지하기 위하여 인근 지역의 교회들이 컨소시움을 만들어 책임과 역할을 분담하는 방안을 고려할 수 있다. 또한 지역 사회 및 국가의 변화라는 거시적 맥락도 고려해야 한다.

이런 맥락에서 선교 사역은 입구 전략, 유지 전략, 출구 전략, 나아가 지속 전략이란 차원을 고려해야 한다.[33] 특히 오늘날 선교 기관 이외에도 다양한 비정부기구(NGO)들이 현지 사역을 한 결과, 지속성을 확보하지 않는 모든 사역은 수포로 돌아간다는 점을 강조하고 있다. 바로 이런 맥락에서 선교 사역의 이양이 중요한 주제로 대두되고 있다. 따라서 지역 교회는 사역별로 입구 전략, 유지 전략, 출구 전략, 지속 전략을 마련해야 하고 동시에 이런 전략들의 관점에서 사역을 평가해야 한다. 모든 것이 시작도 중요하지만, 중간도 끝도 중요하다. 지속적인 평가, 반성, 재조정을 통하여 건전하고 실속 있는 선교 사역의 추진을 도모해야 할 것이다.

2) 평신도 선교 사역자 파송

지역 교회가 선교 공동체가 되는 것은, 위에서도 누차 언급했듯이, 반드시 평신도 활성화와 연결되어야 한다. 그런데 만일 모든 평신도가 활성화할 경우 그들을 전부 교회 내에 수용할 수 없다. 평신도의 참여를 극대화할 경우 극소형 교회를 제외하고는, 대개 평신도의 30% 정도가 교회 내 사역에 참여할 수 있다. 그렇다면 나머지 70%는 어떻게 할 것인가?

광의의 선교관에 의하면, 세계(혹은 지역 사회)가 하나님의 나라 건설의 현장이요, 선교의 현장이다. 따라서 교회는 평신도 활성화를 통하여 한편으로는 교회 전반이 활성화되게 하여야 하고, 다른 한편으로는 세계의 다양한 선교 사역을 감당해야 한다. 최근 아이린 박(Irene Yung Park)은 이와 유사한 맥락에서 한국가톨릭교회 선교의 미래에 대한 4가지 제안 가운데 하나로 "평신도와

33 남정우, 『이야기로 푼 선교학』 (케노시스, 2012), 451-73.

세상 중심적인 교회를 향하여"(towards a laity-and-world-centered church)를 제안한 바 있다.[34]

즉 교회는 평신도를 활성화할 뿐 아니라 활성화된 평신도를 통솔해야 할 책임이 있다. 이를 위하여 지역 교회 내에 선교 센터(mission hub)가 필요하다. 이것은 건물을 의미하는 것이 아니라 지역 교회의 선교 전반을 통솔하고 관리하며 운영하는 중심적 구조를 의미한다.

선교센터는 몇 가지 기능이 있다. 첫째, 지역 사회의 필요에 기초한 선교 사역의 수요(demand)와 이런 사역에 투입될 선교 인적자원인 선교 사역자의 공급(supply)을 맞춘다. 둘째, 선교 사역자를 정식으로 파송해야 한다. 그래야 교회와 협력 기관 특히 파라처치(준교회, para-church; 최근에는 교회와의 협력 관계를 강조하는 pro-church라는 용어도 사용된다)와의 관계에서 투명한 협조 관계가 가능하다. 다시 말해 교인의 선교적 열정과 역량을 긍정적으로 개발하고 발산할 수 있게 해주어야 한다. 그렇지 않을 경우 교인은 교회의 인정이나 축복 없이 음성적으로 외부에서 사역하게 되고, 그 결과 죄 의식이나 소속감 혼란, 나아가 교회 이탈 등의 문제를 낳게 된다. 셋째, 필요할 경우, 선교 사역자를 협력 기관에 위탁(seconding)하는 것도 가능하다. 넷째, 선교 사역자로 사역하는 교인들의 목양적 돌봄(member care)를 해야 한다. 선교 사역자를 파송하는데 그치지 않고 그들이 사역 현장에서 경험하는 문제를 해결해주고 관심을 보이며 사역을 평가하는 등 전 기간에 걸

34 Irene Yung Park, "The Future of the Missionary Engagement of the Korean Catholic Church: Opportunities and Challenges", in *Korean Church, God's Mission, Global Christianity*, eds. Wonsuk Ma and Kyo Seong Ahn (Oxford: Regnum, 2015), 362.

친 서비스를 제공해야 한다. 그리고 이들이 선교 사역을 감당하는 도중, 특히 선교 사역을 완수했을 경우 인정하고 환영해주어야 한다. 다섯째, 선교 사역의 점검 및 평가 과정을 하고, 그 뒤에는 재파송할 수 있다. 이런 선교 협력을 통하여 선교 사역자, 교회, 협력 기관 등이 선교적으로 동반 성장할 수 있다. 다시 말해 평신도 선교 사역자 교육, 파송, 관리 등 제반 과정을 통하여 지역 교회는 교인을 선교 동원화할 수 있고 선교 사역을 감당할 수 있으며 지역 사회의 외부 기관과 협력할 수 있다.

그런데 이런 선교 사역자 파송 제도는 지역 교회가 주도하는 교회 개척 사역에도 활용될 수 있다. 새로 개척한 작은 교회도 교회로서의 기능은 다 있고, 따라서 다양한 사역자가 필요하다. 이때 지역 교회가 개척 교회를 위하여 일정 기간 교인들을 개척단으로 파송할 수 있다. 그리고 개척 교회가 정착 단계에 이르면, 개척단은 모교회로 돌아오거나 개척 교회의 일원으로 남을 수 있다.

3) 외주선교

위에서도 반복적으로 언급하였듯이, 지역 교회는 모든 선교를 염두에 두되, 모든 선교를 감당할 수는 없다. 따라서 지역 교회의 탁월성이 발휘할 수 있는 선교 사역 이외에는 전문가나 전문기관에 과감하게 외주(outsourcing)를 주는 것이 좋다.

여기에는 몇 가지 경우가 있다. 지역 교회가 반드시 소유권을 가져야 하지만 감당할 수 없어서 외주를 주는 경우, 지역 교회가 선교적 필요성을 느끼지만 감당할 수 없어서 사실상 외주의 형태를 빌어 협력하는 경우, 혹은 외부기관이 교회의 탁월성을 인정하여서 외주를 주는 경우 등. 이런 각 경우에 교인을 선교 사역자로 파송할 수 있다. 외주 선교는 주로 사회복지 분야와 관련될 수 있다.

4) 협력선교

이것은 처음부터 선교의 협력(partnership)을 전제로 한 선교이다. 이것을 위해서는 선교 사역 전 과정이 협력을 통해 진행되어야 한다. 특히 철저하게 파트너로서 책임을 공유하는 자세가 필요하다.

협력 선교는 주로 국내 교회 개척이나 세계 선교에 해당된다. 오늘날 국내 교회 개척이나 세계 선교 가운데 목사나 선교사 단독으로 이룰 수 있는 일은 많지 않다. 그런데 가뜩이나 선교 개인주의 현상이 심한 한국 교회에서 선교적 교회론을 잘못 이해하여, 개교회 특히 대형교회가 선교를 독점하는 현상을 정당화할 위험이 있어서 우려되는 바가 없지 않다. 각설하고, 최근에는 국내 교회 개척이나 세계 선교를 일개 지역 교회가 단독으로 후원을 감당하기 어려운 경우가 대부분이다. 따라서 이 두 분야에는 특히 교회의 협력선교가 필요하다.

5) 참여선교

지역 교회가 단독선교, 외주선교, 협력선교 이외에도 단순 참여선교를 할 수 있다. 이 같은 참여선교의 경우도, 해당 단체와의 소통과 선교 사역자 파송을 통하여 보다 의미 깊게 참여할 수 있다.

Ⅳ. 결론

이상에서 선교의 새로운 맥락을 교회론과 선교론의 변화 및 선교 상황의 변화를 통하여 살펴보았다. 또한 지역 교회 선교 공동체의 새로운 모델을 위하여 그 과제와 방법에 대하여 살펴보았다. 기존의 선교와 공통된 것도 있고 새롭고 도전적인 것도 있다.

여기에서는 특히 다음과 같은 네 가지를 강조하였다. 첫째, 지역 교회는 선교의 새로운 맥락에 대한 이해가 필요하다. 둘째, 지역 교회는 선교 공동체로서의 정체성과 선교를 위하여 선교 교육과 선교 실천이 필요하다. 셋째, 지역 교회는 광의의 선교관을 지니고 구체적인 선교 사역을 감당하기 위하여, 선택과 집중 및 선교 협력의 정책을 모두 붙잡아야 한다. 넷째, 지역 교회의 선교는 지역 교회와 지역 사회가 동반자가 되어야 한다.

이제 본 연구를 마치면서, 교회의 선교적 진정성과 책임감에 대한 질문을 다시 한 번 던지고자 한다. 첫째, 선교, 과연 누구를 위하여 종은 울리나? 교회는 이제 한풀이식의 선교를 지양해야 한다. 둘째, 선교, 어떤 마음가짐으로 임할 것인가? 교회는 선교의 대가를 분명히 따져보고 그것을 치를 각오를 해야 한다. 그리고 특정 선교사에게만 고난을 강요하는 것이 아니라 전 회중이 선교 사역자로서 선교사적 삶을 통해 선교사와 함께 책임을 나누는 자세를 가져야 할 것이다.

제9장 에큐메니칼신학

: 아시아 에큐메니칼 운동 역사와 한국 교회의 역할

Ⅰ. 서론

Ⅱ. 아시아의 맥락과 해방 이후기 한국 교회의 에큐메니칼 운동의 관계

1. 해방 이전기: 서구선교 운동, 제국주의와 아시아 에큐메니칼 운동

2. 해방 이후기(1), 1945-1961년: 국가 건설과 에큐메니칼 운동

3. 해방 이후기(2), 1961-1994년: 시민사회와 에큐메니칼 운동

4. 해방 이후기(3), 1994년 이후: 세계화와 에큐메니칼 운동

Ⅲ. 결론

출처 "아시아 상황과 한국 교회의 에큐메니칼 운동", 「장신논단」 45-3 (2013.9), 37-62. (영문논문을 한글로 번역)

I. 서론

2013년 세계교회협의회(WCC) 제10차 총회가 한국 제2의 도시인 부산에서 열렸다. 세계교회협의회 총회가 한국에서 열리는 것은 처음이지만, 좀 더 시선을 넓혀 대륙적 차원에서 보면, 한국이 속한 대륙인 아시아에서 열리는 것은 두 번째이다. 즉 1961년 제3차 인도 뉴델리(New Delhi) 총회 이래 거의 50년만인 셈이다.

부산총회를 준비하는 과정에서, 부산총회의 역사와 의의를 세계적 관점과 한국적 관점에서 살펴보는 작업은 만족할만한 정도는 아니지만 어느 정도 이뤄졌으나, 아시아 대륙적 관점에서 살펴보는 작업은 거의 이뤄지지 않았다.[1] 에큐메니칼 운동이 미시적 차원에서 국가적 운동(national movement)이고 거시적 차원에서 세계적 운동(world movement)이지만, 중간적 차원에서 지역적 운동(regional movement, 혹은 권역적 운동)이기 때문에, 지역적 운동의 관점에서 부산총회를 살펴보는 것도 중요한 일이다. 그렇다면 과연 이번 총회가 아시아에서, 특히 아시아에 속한 한국에서 열린다는 것은 어떤 의미가 있을까? 이 질문은 너무나 큰 질문이라서 여기서는 이 질문에 답하기 위한 연구의 일환으로, 아시아 상황과 한국 교회의 에큐메니칼 운동, 특히 해방 이후기 한국 교회의 에큐메니칼 운동의 관계를 살펴보려고 한다. 그러나 이런 관계에 있어서 중요한 흐름을 살펴보려고 하며, 통사(通史)를 기술

---

1 최근 한국에서 출간된 에큐메니칼 운동 관련 서적에도 아시아 에큐메니칼 운동에 관한 내용은 거의 찾아볼 수 없다. 아직까지 아시아 에큐메니칼 운동사가 단행본으로 나오지 않았다.

하려고 하지는 않는다. 그런 시도는 별도의 본격적인 연구가 필요할 것이다.

그동안 아시아 에큐메니칼 운동사에 관한 연구들은 활발하지 못했다. 그러나 최근 들어 점차 축적되고 있는 상황이다. 아시아 에큐메니칼 운동사의 고전적인 연구로는 1966년 출간된 웨버(Hans-Ruedi Weber)의 『아시아와 에큐메니칼 운동, 1895-1961』(Asia and the Ecumenical Movement, 1895-1961)을 들 수 있다.[2] 그러나 이 책은 이미 쓰인 지 반 세기가 넘었고, 또한 비(非)아시아인에 의하여 기술되었다. 다행스러운 것은 최근 들어 아시아 에큐메니칼 운동에 직접 참여했던 아시아 각국의 운동가들이 아시아 운동사에 대한 연구들을 논문이나 단행본의 형태로 소규모나마 지속적으로 내놓고 있다는 사실이다. 이런 연구들을 통하여 아시아인의 관점에서 이해한 아시아 에큐메니칼 운동사를 살펴볼 수 있게 되었다.

1992년 한국의 박상증은 자신이 편저한 『한국 교회와 에큐메니칼운동』에서 "아시아 에큐메니칼운동의 흐름"이란 제목의 글을 통하여 아시아 에큐메니칼운동사에 대한 개괄적 역사를 소개하였다.[3] 3년 뒤인 1995년 싱가폴의 얍 킴 하오(Yap Kim Hao)는 『프라팟에서 콜롬보까지』(From Prapat to Colombo)라는 책에서 아시아기독교협의회(Christian Conference of Asia, 이하 CCA)의 탄생부터 콜롬보 대회까지의 역사를 기록하고 있다.[4] 2004년 인도의 나이난 코쉬(Ninan Koshy)는 『아시아 에큐메니칼 운동사』(A History of

---

2 Hans-Ruedi Weber, *Asia and the Ecumenical Movement, 1895-1961* (London: SCM, 1966).

3 박상증 편저, 『한국교회와 에큐메니칼운동』 (대한기독교서회, 1992).

4 Yap Kim Hao. *From Prapat to Colombo: History of the Christian Conference of Asia (1957-1995)* (Hong Kong: CCA, 1995).

the Ecumenical Movement in Asia) 상·하권을 출간하였고, 2006년 이 책은 한국기독교교회협의회에 의하여 번역·소개하였다.[5] 2006년 한국의 안재웅은『에큐메니컬운동이해』에서, "지역에큐메니컬 운동기구의 설립" 및 부록 "아시아 에큐메니컬 운동의 미래"라는 글을 통하여 아시아 에큐메니칼 운동의 역사를 간략히 소개하고 있다.[6] 2007년 일본의 야마모토 도시마사(山本俊正)는『아시아 에큐메니칼 운동사』(アジア·エキュメニカル運動史)를 출간하였다.[7] 이런 연구들을 통하여 부족하나마 아시아 각국의 관점을 살펴볼 수 있는 최소한의 여건이 마련되었다고 할 수 있다. 이런 연구들에 기초하여, 아시아 상황과 한국 교회의 에큐메니칼 운동의 상호관계를 살펴보고자 한다. 특히 이런 양자의 관계를 살핌에 있어서 해방 이후 시기에 집중하려고 한다.

Ⅱ. 아시아의 맥락과 해방 이후기 한국 교회의 에큐메니칼 운동의 상호관계

교회의 일치는 교회의 본질이다. 이런 사실은 예수 그리스도 자신의 말씀뿐 아니라,[8] 니케아-콘스탄티노플 신조에도 나타난다.[9]

---

5 Ninan Koshy, ed., *A History of the Ecumenical Movement in Asia*, 김동선, 정병준 역,『아시아 에큐메니칼운동사 I, II』(한국기독교교회협의회, 2006).

6 안재웅,『에큐메니컬 운동 이해』(대한기독교서회, 2006).

7 山本俊正(야마모토 도시마사),『アジア·エキュメニカル運動史』(아시아 에큐메니칼 운동사) (東京: 株式會社新教出版社, 2007).

8 요 17:21. "아버지여, 아버지께서 내 안에, 내가 아버지 안에 있는 것 같이 그들도 다 하나가 되어 우리 안에 있게 하사 세상으로 아버지께서 나를 보내신 것을 믿게 하옵소서".

9 "하나요, 거룩하고 보편적이며 사도적인 교회".

따라서 거듭되는 교회의 분열에도 불구하고, 교회의 일치를 추구하는 움직임은 초대교회부터 현재에 이르기까지 꾸준히 이어져 왔다. 그러나 오늘날 에큐메니칼 운동이라고 부르는 본격적인 교회 일치 운동은 20세기 초부터 본격화되었다. 이런 에큐메니칼 운동은 크게 두 가지 특징을 보인다.

첫째, 이큐메니칼 운동은 근대 서구 선교 운동의 맥락 가운데 탄생하였다. 즉 에큐메니칼 운동은 선교 현장에서부터 비롯되었다. 바로 이런 이유로 해서 에큐메니칼 운동은 선교 운동의 자녀라고 부른다. 그런데 에큐메니칼 운동이 선교 현장에만 머물지 않고 선교본국에도 영향을 미친다는 점에서, 에큐메니칼 운동은 처음부터 역선교(mission in reverse)의 성격을 나타냈다. 선교사 주도의 에큐메니칼 운동은 1910년 에딘버러 세계선교사대회(World Missionary Conference)를 기점으로 보다 확대된 에큐메니칼 운동으로 발전하였다.

그 결과 에큐메니칼 운동은 소위 에큐메니칼 운동의 3대 흐름이라고 부르는 증언·봉사·일치의 운동으로 세분되어 나갔다. 즉 계속위원회(Continuation Committee)와 그 후신인 국제선교협의회(International Missionary Council)로 대표되는 증언(witness), 삶과 봉사(Life and Work)로 대표되는 봉사(service), 신앙과 직제(Faith and Order)로 대표되는 일치(unity). 그런데 첫 번째 흐름인 증언 곧 선교 운동은 그 운동의 성격상, 서구 교회(보다 정확하게는 서구 선교)와 비서구 교회가 함께 참여하였다. 비서구 교회의 참여는 초창기에는 극히 제한되었으나 점차 비중이 증가되어 이미 1938년 탐바람 국제선교협의회 대회에는 절반을 넘어서고 있다. 그러면서도 서구 교회(및 서구 선교)의 영향력은 지속되었다. 그러나 두 번째와 세 번째 흐름인 봉사 운동과 일치 운동은 주로 서구 교회 중심으로 운영되었고, 비서구 교회의 참여는 거의 제한되었다. 가령 주로 북대서양 지역(즉 유럽과 미국)의 맥락 가운데서 시작된 신앙과 직제는 타 지역의 맥락의 중요성을 인식하는 가운데 첫 번째 아시아태평양 지역회의가 1992년이 돼서야 홍콩에서 비로소 개최되었다. 그리고 태평양 지역회의 개최 필요성이 논의된 것도 1996년 방콕에서 개최된 두 번째 아시아 지역회의에서였다.[10]

전반적으로 말해 에큐메니칼 운동은 20세기 전반에는 주로 서구 교회 위주의 운동이었다고 해도 과언이 아니다. 그런데 20세기 후반은 식민주의 및 제국주의의 종식으로 인한 비서구의 대두의 세기였다. 이런 정치·사회적 변화는 기독교에도 나타났다. 오늘날 기독교는 소위 남반구 기독교의 대두로 인한 기독교의 무게중심의 변환으로 말미암아, 서구 중심의 기독교에서 다중심적 기독교(polycentric Christianity) 혹은 비서구 중심의 기독교가 되었으며, 이런 새로운 판도를 '세계 기독교'라고 부른다. 20세기 후반의 에큐메니칼 운동에도 이런 변화가 나타난 것은 물론이다.

둘째, 에큐메니칼 운동은 교회의 본질과 교역을 근본적으로 도전한다는 점에서 제2의 종교개혁 운동이라고도 부른다. 에큐메니칼 운동은 단순한 문제 해결을 위한 운동에 머물지 않고, 그 바탕을 탐구하고 방향을 제시하는 신학 운동이기도 하였다. 이것은 종교개혁 운동에 있어서 운동과 신학이 더불어 진행된 것과 마찬가지이다. 이런 맥락에서 에큐메니칼 운동의 정신이라고 할 수 있는 신학은 여러 가지 특성이 나타나는데, 그중에서 대표적

---

10 Commission on Faith and Order, *Faith and Order Asian Regional Consultation, Bangkok, Thailand, 15-19 January 1996*, Faith and Order Paper No. 175 (Geneva: WCC Publications, 1996), 1, 주1.

인 것은 신학이 언제나 당대의 문제와 씨름하고 그것에 대한 기독교적 응답을 마련하기 위하여 노력하였다는 점이다. 따라서 에큐메니칼신학은 완벽한 신학이나 완전한 신학은 아니지만, 당대(contemporary) 신학이고 첨단(cutting-edge) 신학이며 삶과 사상, 개인과 사회, 교회와 세상을 아우르는 통전적(wholistic) 신학이다. 이 같은 에큐메니칼 운동과 에큐메니칼신학의 특성은 특히 20세기 후반에 온갖 문제가 터져 나오고 그런 도전에 대하여 응답해야 했던 아시아 교회의 에큐메니칼 운동에 있어서 매우 의미 깊은 것이었고, 또한 아시아 에큐메니칼 운동의 특성이 되기도 하였다. 다시 말해 아시아 에큐메니칼 운동의 신학적 주제들은 아시아의 현실을 반영한 것이었는데, 아시아의 현실이 고난이었기 때문에 아시아 에큐메니칼신학은 고난의 신학이었고 따라서 종종 과격한 신학으로 비화되는 것은 충분히 예상할 수 있다.

이상에서 언급한 에큐메니칼 운동의 두 가지 특징은 20세기로부터 21세기에 이르는 아시아 에큐메니칼 운동에 지대한 영향을 미쳤고, 아시아 에큐메니칼 운동의 근본적인 특성이 되기도 하였다.

1. 해방 이전기: 서구 선교 운동, 제국주의와 아시아 에큐메니칼 운동

본 논문이 해방 이후기를 중심으로 하지만, 이해를 돕기 위하여 해방 이전기의 아시아 에큐메니칼 운동, 특히 한국 교회의 에큐메니칼 운동을 간략히 살펴보자.

위에서 살펴본 대로, 에큐메니칼 운동은 근대 서구 선교 운동의 맥락 가운데 시작되었고, 당시는 정치적으로 제국주의의 시대였다. 이런 두 가지 사실은 비서구 교회인 아시아 교회 특히 한국 교회의 에큐메니칼 운동에 근본적인 영향을 미쳤다. 첫째, 에큐메니칼 운동이 선교사 중심적 운동인데 이에 대하여 아시아 교회 및 한국 교회는 어떻게 대응하였는가? 둘째, 에큐메니칼 운동을 포함한 서구 선교 운동이 제국주의의 배경에서 진행되었는데, 이에 대하여 서구의 식민지가 되거나 서구의 지속적인 침략 위협 아래 있던 아시아 교회 및 한국 교회는 어떻게 대응하였는가?[11]

1) 저항과 민족주의

근대는 서구의 비서구를 향한 전진의 시기였다.[12] 또한 서구의 민족주의의 발흥기이었다. 이 두 가지가 합하여 서구 열강에 의한 제국주의 침략의 시대이기도 하였다. 이런 서구의 진출에 항거하여 비서구는 소위 저항적 민족주의의 시대를 맞게 되었다.[13] 이런 시대 상황, 특히 비서구의 민족주의는 비서구 내의 모든 운동에 영향을 미쳤다. 이것은 에큐메니칼 운동의 경우에도 마찬가지였다.

---

11 이에 대한 상세한 내용은 다음 논문을 보라. 안교성, "해방 전 한국 에큐메니칼 운동의 특징"(미간행 발표논문, 한국기독교역사학회 제276회 학술발표회, 2009년 9월 5일, 서울 새문안교회언더우드교육관); "한국 에큐메니칼 운동과 일본 제국주의"(미간행 발표논문, 한국교회사학회 정기학회, 2009년 9월 19일, 연세대학교신학관 2층예배실).

12 K. M. Panikkar, *Asia and Western Dominance: A Survey of the Vasco Da Gama Epoch of Asian History 1498-1945* (London: George Allen & Unwin Ltd., 1959).

13 Gi-Wook Shin, *Ethnic Nationalism in Korea: Genealogy, Politics, and Legacy*, 이진준 역, 『한국 민족주의의 계보와 정치』(창비, 2009).

2) 선교사 에큐메니즘에서 토착 교회 에큐메니즘으로

에큐메니칼 운동은 기본적으로 일치의 운동이었지만, 동시에 분열의 운동이기도 하였다. 그 이유는 다음과 같은 문제가 원만히 해결되지 않을 때, 분열이 일어날 수 있기 때문이다.

> 다른 선교지와 마찬가지로 한국에서도 에큐메니칼 운동은 선교사에 의하여 주도되었고, 따라서 이것은 이식된 기독교(transplanted Christianity)의 일부로 간주할 수 있다. 선교사 기독교(missionary Christianity)가 민족 기독교(national Christianity)로 전환되어야 하듯이, 선교사 에큐메니즘(missionary ecumenism)도 민족 에큐메니즘(national ecumenism)으로 전환되어야 한다.[14]

다시 말해 민족 에큐메니즘은 토착 교회 지도자가 주도하는 에큐메니칼 운동이라는 점에서, '토착 에큐메니즘'(indigenous ecumenism) 혹은 '교회 에큐메니즘'(church ecumenism)이라고 할 수 있다. 선교사 에큐메니즘과 민족 에큐메니즘을 비교한다면, 전자가 주로 협력을 강조하는 '실용적 에큐메니즘' 혹은 '행위의 에큐메니즘'(ecumenism of doing)에 머문다면, 후자는 사역보다 관계에 관심을 더 가지며 가능한 한 교회합동에 관심을 갖는 '존재의 에큐메니즘'(ecumenism of being)을 추구한다. 그러나 전반적으로 해방 이전 시기에는 이런 이행이 제대로 이뤄지지 않았 고, 해방 이후 시

---

14 안교성, "해방 전 한국 에큐메니칼 운동의 특징".

기에 가서야 본격적으로 이뤄지기 시작했다.

3) 제국주의 에큐메니즘에서 민족주의 에큐메니즘으로

서구 선교 운동과 에큐메니칼 운동이 제국주의 시대라는 시대적 배경 가운데 이뤄지기 때문에, 에큐메니칼 운동에 제국주의의 영향이 나타나는 것은 어쩌면 당연한 것일 수 있다. 그런데 한국의 경우는, 한국을 위협하는 제국이 서구 제국이 아니라 비서구 제국 즉 같은 아시아에 속한 일본 제국이라는 예외적 현상이 나타났다. 이 자리에서 이 예외적 현상이 의미하는 바를 상술할 수는 없지만,[15] 여하튼 일본 제국은 기독교와 에큐메니칼 운동을 종교정책의 대상으로 여겼다. 일본 제국은 초창기에는 기독교와 에큐메니칼 운동의 존재를 인정하는 가운데, 한편으로는 통제하고 다른 한편으로는 회유하는 전술을 썼다. 그러다가 최종에는 강제적인 기독교 통폐합을 통하여 여러 교파를 하나의 연합 교단으로 만들고, 이에 따라 초교파 연합 기관이었던 조선예수교연합공의회(Korean National Christian Council)라는 국가별 기독교 연합회를 폐쇄하였다. 이런 과정은 일본 본토와 식민지 한국 모두에서 벌어졌다.

한국 교회의 에큐메니칼 운동은 민족주의 에큐메니즘으로서, 국내적으로 민족적 과제에 동참하는 민족주의적 성향을 보였다. 한 예로 일제 강점기의 최대 정치 사건이었던 3·1 독립운동의 주체는 기독교와 천도교 등 당시 한국의 주요 신흥 종교의 지도자

15 안교성, "한국 에큐메니칼 운동과 일본 제국주의".

들이었다. 양 종교는 민족적 과제인 독립 앞에서 호국 종교로서의 전통을 이어받으면서, 종교간 에큐메니칼 연대를 실현하였다. 이런 전통은 해방 이후기에도 나타난다. 그러나 일본 제국주의 하에서 국제적으로 에큐메니칼 연대를 실현하기는 점차 어려워졌다. 일본은 제국주의를 확장하면서 반서구주의를 표방하였고, 그로 인하여 서구와의 관계 단절을 가져왔다. 이런 관계 단절은 당시 주로 서구 교회에 기반을 둔 에큐메니칼 운동에도 동일하게 나타났다. 그 결과, 일본 제국주의의 침략성과 황국 기독교화와 같은 문제들에 대하여 에큐메니칼 연대의 혜택을 누리지 못하게 되었다. 이것은 20세기 후반 한국의 민주화 운동 및 통일 운동과 남아프리카공화국의 인종차별 반대 운동이 국제적인 에큐메니칼 연대를 통하여 성공했던 것과는 큰 차이를 보인다.

2. 해방 이후기(1), 1945-1961년: 국가 건설과 에큐메니칼 운동

제2차 세계 대전의 종전은 식민주의의 종식을 가져왔고, 이것은 국가, 교회, 선교 등에 막대한 영향을 미쳤다. 이제 비서구 국가의 제반 분야에 있어서 비서구인의 주도권은 현실이요 당위가 되었다. 해방 이후기의 아시아 에큐메니칼 운동은 바로 이런 맥락에서 시작되었다. 해방 이후기는 크게 국가 건설이 중요했던 1945-1961년, 시민사회가 중요했던 1961-1994년, 세계화가 중요했던 1994년 이후로 나눌 수 있다.

1) 애국과 민족주의

아시아 각국들은 독립과 더불어, 극심한 혼란 가운데 국가 건설의 대업을 담당하게 되었다. 따라서 이런 격변기의 국가 건설 과정을 흔히 혁명이라고 불렀다. 이것은 우선적으로 반제국주의적 혁명이었지만, 국내적으로 혁명 혹은 군사정변으로도 나타났다.[16] 바로 이런 맥락에서, 1952년 인도 루크노우에서 열린 동아시아에큐메니칼연구협의회(The Ecumenical Study Conference for East Asia)에서는 기독교와 아시아 혁명이란 주제를 다루었던 것이다.[17]

해방 이후기의 민족주의는 제국주의 하에서의 저항적 민족주의에서 애국적 민족주의로 그 모습이 바뀌었고, 애국적 민족주의는 국가 건설을 모든 과제보다 우선시하는 경향이 있었다. 이런 맥락에서 애국적 민족주의는 많은 경우 친정부적 성향으로 나타나게 되었다. 그런데 아시아 각국에서 정부가 독재 현상을 보이며, 점차 개발 독재의 모습을 보이면서, 국가 건설이란 과제는 민주화라는 과제로 이어지게 되었다.

한국 교회의 경우도 해방 이후기에 전반적으로 친정부적 성향을 보였다. 한국 교회의 에큐메니칼 운동도 예외가 아니었다. 한국 교회의 에큐메니칼 운동은 산업화와 민주화의 문제가 본격

---

16 제2차세계 대전 종전후, 서구 제국주의의 식민지였던 비서구의 독립이 즉각적으로 평화적으로 이뤄진 것은 아니다. 한국의 독립도 지연되었고 급기야 6·25전쟁이라는 내전을 겪었을 뿐 아니라, 대부분의 국가들도 반제국주의 전쟁 혹은 내전을 겪고 나서야 비로소 독립을 쟁취하게 되었다. 이런 과정에서 아시아지역의 공산주의의 대두에 대해서는 다음 책을 보라. Robert A. Scalapino, ed., *The Communist Revolution in Asia: Tactics, Goals, and Achievements*, 2nd ed. (Englewood Cliffs: Prentice-Hall Inc., 1969).

17 Rajah B. Manikam, ed., *Christianity and the Asian Revolution* (New York: Friendship Press, 1954).

화되기 전인 20세기 3/4분기에는 대개 친정부적인 성향을 보였다. 가령 해방 후 재건된 한국기독교연합회(조선예수교연합공의회의 후신)는 이승만 정부, 장면 정부, 박정희 정부 초기까지 친정부적인 성향을 보였다. 그러나 한일협정과 관련해서는, 반일(反日)이란 요소와 친정부란 요소가 상충하자, 한일협정반대운동에 적극적으로 참여하면서 반정부적인 성향을 보이기도 하였다.

2) 에큐메니칼선교와 에큐메니칼 관계[18]

아시아 에큐메니칼 운동은 국가 건설에도 관심을 가졌지만, 에큐메니칼 운동 자체의 구조에 대해서도 관심을 가졌다. 아시아인들은 에큐메니칼 운동에 대하여 새로운 목소리를 강력히 제시하기 시작하였다.

첫째, 아시아적 특성을 인식하면서, 지역 에큐메니칼 운동을 시작하려고 하였다. 이에 대하여는 아래에서 별도로 논의하도록 하겠다.

둘째, 선교의 구조 변화를 요구하였다. 곧 에큐메니칼선교의 대두이다. 서구 선교와 비서구 교회는 더 이상 상하 관계가 아닌 동등 관계라는 인식을 하게 되었다. 가령 1947년 휘트비 국제선교협의회 대회에서는 '순종 속의 동역'(partnership in obedience)이라는 주제가 논의되었다. 또한 서구 선교가 아닌 비서구 교회가 선교 주도권을 가진다는 인식을 하게 되었다. 더 나아가 각국의 교회는 각자 처한 곳에서 선교 사명을 감당한다는 인식을 하게

18 Daniel J. Adams, "The Biblical Basis for Mission, 1930-1980", in *Missions and Ecumenical Expressions*, ed. Martin E. Marty (Munich: K. G. Sauer, 1993), 82-101.

되었다. 이것이 '6대륙에서의 선교'(mission in six continents)라는 주제로 표명되었다. 이런 맥락에서 아시아 교회는 아시아대륙에 대한 선교적 사명감을 느끼게 되었다.

셋째, 교회의 관계 개선을 요구하였다. 즉 에큐메니칼 관계의 확장이다. 해방 이전기에 서구 교회는 두 가지로 교회적 관계를 유지했다. 한편으로 서구 교회와 서구 교회 간의 관계는 교회 대 교회 관계(church-church relationship)였고 이런 관계는 에큐메니칼 관계(ecumenical relationship)였다. 다른 한편으로 서구 교회와 비서구 교회 간의 관계는 서구 선교를 매개로 한 선교 대 교회의 관계(mission-church relationship)였다. 비록 선교 대 교회의 관계가 해방 이후기에는 상하 관계에서 동등 관계로 변한 에큐메니칼 선교의 관계가 되었지만, 그런 단계를 넘어서 에큐메니칼 관계로 나아가는 변화가 추구되었다. 바로 이런 맥락에서 미북장로교회(1958년부터 1983년까지는 미국연합장로교회, 1983년 이후에는 미국장로교회)가 이원화된 교회 관계를 일원화하기 위하여 선교부 명칭을 '에큐메니칼선교 및 관계위원회'(Commission on Ecumenical Mission and Relations, COEMAR)로 바꾸었다.[19]

3) 지역 에큐메니칼 운동의 시작

아시아 교회가 아시아 상황에 맞는 에큐메니칼 운동을 시작하면서 주목하게 된 것은 아시아지역의 연대성이다. 바로 이런 맥락에서 아시아의 지역 에큐메니칼 운동 및 그 운동을 수행할

19 미북장로교회는 1958년 미연합장로교회가 되었고, 1983년 마침내 미국장로교회가 되었다.

에큐메니칼 기구 결성을 추진하게 되었다. 그러나 이런 움직임은 순탄케 전개된 것만은 아니었는데, 그 과정은 아래와 같다.

(1) 아시아의 지역 에큐메니칼 운동의 대두

아시아 교회는 아시아지역의 특성에 따라, 지역 에큐메니칼 운동을 전개하고자 하였다. 그러나 뜻하지 않게 세계교회협의회와 국제선교협의회는 국제-국가(global-national 혹은 global-local)라는 2중 구조를 고집하면서, 지역(regional)이란 중간 구조가 에큐메니칼 운동을 복잡화하고 장애를 초래할 우려가 있다는 이유로 허용하지 않았다. 따라서 조정 기간이 필요했고, 결국 국제-지역-국가(global-regional-national)라는 3중 구조로 발전하였다. 이런 아시아 교회의 통찰력은 정당하고 탁월한 것이었다. 그 이유는 이런 지역 에큐메니칼 운동이 세계교회협의회 내에서도 전 세계적으로 확산되었기 때문이다. 또한 세계 정치적으로 보더라도 유엔이라는 세계적 구조 이외에 경제·외교·군사 등의 분야에 다양한 지역 구조가 출현하였기 때문이다. 사실 오늘날 세계는 지역 구도로 재편되었다고 해도 과언이 아니다.

(2) 서구의 간섭과 참여

아시아의 지역 에큐메니칼 운동은 크게 말해 아시아인의 자발성과 서구인의 협력을 통하여 발전하였다. 아시아 에큐메니칼 운동의 대표기구인 아시아기독교협의회의 형성 과정이 그런 과정을 대표적으로 보여주고 있다.

가. 국제선교협의회 극동사무소에서 동아시아기독교협의회로 이행

1938년 탐바람 국제선교협의회 대회에서 이미 국제선교협의회 극동사무소(Far Eastern Office of the IMC) 개설의 문제가 제기되었다. 한편 당시 유럽에서 에큐메니칼 운동의 3대 흐름 가운데 나머지 두 개인 삶과 봉사, 신앙과 직제가 세계교회협의회를 구성하려는 움직임도 있었다. 그러나 야마모토가 비판하였듯이, 1937년 세계교회협의회 구성 준비위원회 35인 가운데는 비서구 교회 혹은 아시아 교회의 참여가 없었다.[20] 세계교회협의회는 제2차 세계 대전 발발로 결성이 연기되었고, 대신 세계교회협의회 임시위원회(The Provisional Committe for the World Council of Churches)로 존속하다가, 마침내 1948년에 결성되었다.

1946년 국제선교협의회 모임에서 극동사무소 문제가 재론되었다. 이후 이 문제는 국제선교협의회 및 세계교회협의회 공동 극동사무소(East Asia Regional Office) 개설로 발전하였다. 그러나 아시아 교회 지도자들의 요청으로 사전 모임 성격의 동아시아기독교협의회(Eastern Asia Christian Conference, EACC)를 갖게 되었고, 이를 추진하기 위하여 공동위원회(Joint Commission)를 구성하였다.

1948년 공동위원회는 한편으로는 스티븐 니일(Stephen Neill) 같은 이의 지역 에큐메니칼 기구 결성 반대 의견에 부딪혔고, 다른 한편으로는 국제선교협의회와 세계교회협의회 공동 사무소 개설을 추진하는 움직임을 보였다. 즉 공동위원회는 1950년 1월

---

20 山本俊正,『アジア·エキュメニカル運動史』, 23.

을 시작으로 3년 기간 동안 잠정적인 국제선교협의회 및 세계교회협의회 공동 동아시아 사무국(a Joint Eastern Asia Secretariat of the IMC and the WCC)을 결성하기로 합의하였다. 이 사무국은 지역 에큐메니칼 운동과 세계 및 각국의 에큐메니칼 운동의 사무를 보게 되었다. 아울러 호주와 뉴질랜드의 편입이 논의되었다.

1949년 방콕에서 동아시아기독교협의회가 열렸고, 동아시아 및 호주와 뉴질랜드를 포함시켰다. 그리고 명칭에 관해 두 가지 변화가 있었다. 첫째, 지역명인데 극동사무소 개설 안에서 제기되었던 '극동'(far eastern) 대신 '동아시아'(eastern)가 채택되었다. 둘째, 단체명인데 'council' 대신에 'conference'라는 용어가 채택되었다. 그 이유는 전자는 교회만을 회원으로 하지만 후자는 교회와 국가별 기독교협의회를 회원으로 할 수 있기 때문이다.[21] 그 결과, 극동사무소의 꿈은 다소 변화가 있었지만, 동아시아기독교협의회(Eastern Asia Christian Conference, EACC)로 실현되었다. 그리고 동아시아기독교협의회는 1957년 본격적인 협의체인 동아시아기독교협의회(East Asia Christian Conference)로 바뀌었고,[22] 다시 1973년 아시아기독교협의회(Christian Conference of Asia)로 바뀌었다.

나. 아시아에큐메니칼선교협의회

아시아의 지역 에큐메니칼 운동이 전개 과정에서 반대에 부딪히고 지연되자, 아시아 교회 지도자들이 이런 반대를 서구 교

21 Yap, *From Prapat to Colombo*, 6.

22 두 단체의 명칭 가운데 전자의 Eastern이 후자의 East로 바뀌었음을 주목할 것, 또한 두 단체의 영어약자와 한글명이 동일하여 혼동을 주기 때문에 유의할 것.

회의 구시대적 간섭의 연장으로 여기면서 불만이 증대되어 갔다. 이때 미북장로교회의 선교국 총무 찰스 레버(Charles T. Lever) 등에 의하여 이에 대한 전향적 응답의 일환으로 1954년 아시아에큐메니칼선교협의회(Asia Council on Ecumenical Mission)가 결성되었다. 그 목적은 서구 교회와 비서구 교회의 선교 동역을 증진시키고자 하는 것이었다. 목적은 좋았지만, 일부 지역과 일부 교파만 참가하게 되자, 결과적으로 몇 가지 문제가 야기되었다. 가령 유사한 교파 구성체가 생길 염려가 있었고, 동아시아기독교협의회의 흐름과 중복될 염려가 있었다. 1956년 방콕에서 국제선교협의회 및 세계교회협의회 공동동아시아사무국과 아시아에큐메니칼선교협의회의 관계 조정을 위한 모임이 결성되었고, 결국 이것은 1957년 동아시기독교협의회 결성으로 나아갔다. 아시아에큐메니칼선교협의회는 동아시아기독교협의회 결성을 위하여 발전적인 해체를 하였다.

이 과정에서 아시아의 지역 에큐메니칼 운동에 나타난 몇 가지 문제들을 검토할 필요가 있다. 첫째, 서구 교회의 영향력이 지속되었다. 둘째, 아시아 교회가 자립 문제를 해결하지 못하여 서구 교회의 재정적 도움을 받았고, 그 결과 서구 교회의 간섭과 관여는 어느 정도 예상할 수밖에 없었다. 그러나 자립문제는 점차 해결되어 나갔다. 셋째, 아시아의 지역 에큐메니칼 운동이 발전되어 나갔지만, 이런 움직임이 지교회 차원에까지 제대로 전달되지 못했다. 가령 한국 교회의 경우, 특히 대한예수교장로회의 경우, 이런 움직임에 참여했지만 문제가 없지 않았다. 먼저 아시아의 지역 에큐메니칼 운동은 총회 차원에서 이뤄질 뿐 지교회에는 잘 알려지지 않았다. 또한 한국 장로교회들이 분열 과정에서 에큐메니칼 운동을 빌미로 삼으면서, 한국 교회에는 에큐메니칼 운동의 역사가 왜곡되거나 제대로 소개되지 않았는데, 아시아의 지역 에큐메니칼 운동의 역사도 마찬가지였다.

(3) 한국 교회의 참여

한국 교회는 동아시아기독교협의회 결성 및 그 이후의 과정에 지속적으로 참여했다. 하지만 그 역사는 한국에 구체적으로 알려지지 않았다. 아시아 에큐메니칼 운동은 초창기인 20세기 3/4분기에는 주로 남아시아 교회가 지도력을 발휘하였고, 따라서 남아시아 교회 출신 운동가들이 적극적으로 활동하였다. 그러나 20세기 4/4분기부터는 점차 동아시아 교회가 지도력을 발휘하였고, 따라서 한국 교회 출신 운동가들이 꾸준히 활동하였다. 이런 맥락에서 아쉬운 것은 아시아 최대국이며 동시에 세계강국인 중국이 정치적 여건 등의 이유로 20세기 후반에 세계 에큐메니칼 운동과 아시아 에큐메니칼 운동에 거의 참여하지 못하거나 매우 소극적인 관계를 유지하기 때문에 큰 공백을 남긴다는 점이다.

한국 교회는 회의에 참여할 뿐 아니라, 지역 에큐메니칼 운동의 일환인 교회 간 협력(inter-church aid)의 형태로 세계 선교를 수행하였다. 비록 한국에 잘 알려지지 않았지만, 태국 선교를 한 최찬영, 방글라데시선교를 한 정성균 등 선교사들은 개인적으로는 보수적인 신학 성향을 보였지만 모두 아시아 교회 협력 선교의 형태로 선교를 시작하였다. 아쉬운 것은 그들이 이에 대한 인식이 부족했거나 기타 이유로 점차 다른 선교형태를 선택하였다는 점이다.[23] 한국 교회가 아시아 교회와의 연대를 통하여 수행했던 이 같은 연합 선교는 1980년대부터 폭발적으로 증대한 한국 교회의 선교 운동에는 제대로 반영되거나 이어가지 못하는 아쉬움을 남기었다. 오늘날 한국 교회의 선교가 현지 교회와 소통하거나 연합하지 못해 생기는 많은 갈등과 문제들은 이 같은 교회 간 협력 선교의 전통이 단절되거나 활성화되지 못한 것과 무관하지 않다고 평가할 수 있다.

3. 해방 이후기(2), 1961-1994년: 시민사회와 에큐메니칼 운동

1) 시민직과 민족주의

서구 민족주의가 민족국가 결성과 더불어 민주화의 발전을 병행해왔다면, 비서구 민족주의는 국가 건설의 과제가 우선시되면서 민주화의 과제가 지연되거나 무시되는 경향이 있었다. 아시아에서 전반적으로 독재가 보편화되었고, 특히 개발 독재의 형태가 나타났다. 그리고 개발 독재를 통하여 경제 발전을 이룩한 국가들도 출현하였다. 이런 경제 발전은 두 가지 결과를 가져왔다. 첫째, 아시아 국가 간에 경제적 격차가 나타나기 시작했다. 둘째, 경제 발전을 이룩한 국가들도 여전히 민주화의 과제를 안고 있었다. 다만 경제 발전을 이룩한 국가의 경우, 이로 인하여 형성된 중산층이 시민사회 결성의 주축이 될 수 있었고, 결국 민주화의 발전으로 나아갔다. 이런 현상은 개발 독재의 모순이라고 할 수 있

23 안교성, "한경직 목사와 세계선교", 「한국교회사학회지」 32 (2012.9), 205-35.

다. 즉 개발 독재는 정당성을 확보하기 위하여 경제 발전을 도모할 수밖에 없지만, 결과적으로 경제 발전은 개발 독재에 도전하게 되는 것이다. 이런 모순에 대하여, 일부는 결과론을 내세워 개발 독재를 옹호하며, 일부는 과정론을 내세워 즉 민주화는 개발 독재의 목표가 아니라 예상치 못한 결과라는 점에서 개발 독재를 비판한다. 특히 일부 학자들은 아시아 개발 독재를 일종의 패거리 정치로 해석하는데, 그렇다면 개발 독재는 국가 전체의 유익이 아닌 특정 집단의 유익을 위한 정치 행태였다고 볼 수 있다.[24]

각설하고, 오늘날의 시점에서는 개발 독재에 대한 결과론도 과정론도 가능할지 모르지만, 당시로서는 민주화는 결코 저절로 이뤄졌거나 개발 독재가 제공하지 않았다는 점을 지적할 수 있을 것이다. 바로 이런 점에서 아시아의 민주화는 투쟁을 통하여 이뤄졌다. 그리고 민주화는 과거와 현재와 미래를 망라해야 하고 또한 철저히 완수되어야 한다는 점에서, 민족·민주·민중이라는 세 가지 관점에서 종합적으로 제기되었다. 한국의 경우는 국가 건실(정치 민주화)에서, 민주화(혹은 사회 민주화), 다시 오늘날 용어로 경제 민주화로 이어지는 과정을 보이고 있다. 아시아 전반을 보면, 민주화의 다양한 과제들이 신학화되었고, 그 결과 다양한 신학들이 나왔다. 가령 필리핀의 민중 투쟁의 신학(people's struggle theology), 대만의 본토신학(homeland theology), 한국의 민중신학 등이다. 그런데 한국 교회는 상대적으로 서구 교회에 친숙하고 자매 교회들인 아시아 교회들에 대하여 익숙하지 않은 결과, 남미의 해방신학은 알면서도 아시아 교회들의 다양한 신학적 노

24 David C. Kang, *Crony Capitalism: Corruption and Development in South Korea and the Philippines* (Cambridge: Cambridge University Press, 2002).

력은 잘 모르는 경향을 보이기도 하였다. 이밖에 특히 아시아기독교협의회는 도시 선교, 그것의 발전 단계인 도농 선교, 이주민 선교, 소수 민족 선교 등 다양한 민중들의 문제를 신학적으로 도전하고 선교적으로 응답하려는 노력을 이어나갔다.

2) 에큐메니칼 연대와 하나님의 선교

아시아의 민주화 과정에서 중요한 역할을 한 것이 바로 에큐메니칼 운동이고, 그중에서도 에큐메니칼 연대이다. 왜냐하면 당시 아시아 각국에서 벌어지는 독재와 반민주화에 대하여 저항하기에는 각국의 시민사회의 발전이 미흡했기 때문에, 국제적인 연대가 절실하였다. 이런 국제적인 연대의 대표적인 사례가 바로 에큐메니칼 연대였다. 즉 에큐메니칼교회 및 에큐메니칼 기구를 통한 국제적 에큐메니칼 연대를 통하여 아시아의 민주화가 어느 정도 가능하였다고 해도 과언이 아니다. 한국과 대만을 대표적인 예로 들 수 있다.[25] 이런 에큐메니칼 연대에서 특히 주목할 것은 아시아 교회간의 연대이다. 가령 일본 교회는 한국의 민주화 운동에 지속적인 관심을 보인 에큐메니칼 교회 가운데 대표적인 교회이다.[26] 이런 현상은 가톨릭교회에도 동일하게 나타났다. 한국과 필리핀을 대표적인 예로 들 수 있다. 또한 개신교 중심의 에큐메니칼 운동과 가톨릭교회가 교파 간 연대를 나타내기도 하였다.

---

25 당시 이에 관한 서구인의 관찰에 대해서는 다음 책을 보라. Wolfgang R. Schmidt, *Memoir in Dialogue* (Seoul: Christian Literature Society of Korea, 2002).

26 가령 다음 책을 보라. 日本キリスト教団白人町教會(일본그리스도교단백인정교회) 편, 『東アジアの平和とキリスト教: 日韓教會連帶の20年』 (동아시아의 평화와 기독교: 일한교회연대의 20년) (東京: 新教出版社, 1999); 韓國キリスト者緊急會議(한국기독자긴급회의) 편, 『韓國民主化闘争資料集, 1973-1976』 (한국민주화투쟁자료집, 1973-1976) (東京: 新教出版社, 1976).

이런 맥락에서 아시아기독교협의회는 아시아가톨릭주교회의와 긴밀한 관계를 발전시켜나갔다.

한국의 경우 한국기독교교회협의회(National Council of Churches in Korea [NCCK] 혹은 Korean National Council of Churches [KNCC])가 중심이 된 민주화 운동에서 국제적인 에큐메니칼 연대를 빼놓을 수 없다.[27] 한국기독교교회협의회의 기여도는 이 기관이 민주화를 위해 애쓴 역사를 국가적으로 기리는 현판을 통해 입증되고 있다. 대다수의 한국 교회가 교회 성장 운동에 매진할 때, 극소수의 목회자만이 민주화 운동에 참여할 수 있었는데, 주요인은 바로 회중의 압력이었다. 박정신이 지적하듯이, 그 결과 한국기독교교회협의회나 교단 사무실이나 신학교 같은 교회 관련 기구에서 일하는 소위 기관목사들이 민주화 운동의 주축이 되었고, 한국기독교교회협의회는 국내외적인 에큐메니칼 연대에 힘입어 기독교 민주화 운동 나아가 한국 민주화 운동의 상징이 되었던 것이다.[28] 바로 이런 점에서 당시 한국 정부는 에큐메니칼자금 유용 사건을 일으켰는데, 이것은 역설적으로 한국 민주화 운동의 해외 의존도를 말해주기도 한다. 최근 들어 한국기독교교회협의회의 활동이 위축되는 요인 중 하나가 바로 자립 문제와 무관하지 않다. 한편으로 국내 에큐메니칼 운동의 활성화가 이뤄지지 않아 국내 모금이 어렵고, 다른 한편으로 한국이 더 이상 에큐메니칼 연대의 수혜국이 아니기에 해외 자금 확보도 쉽지 않기 때문이다.

---

27 조선예수교연합공의회와 한국기독교교회협의회는 영어 약자가 같아서 혼동을 초래하기도 한다. 그러나 전자의 명칭에는 Christian이, 후자의 명칭에는 Churches가 사용된다. 한편 한국기독교교회협의회는 영어 약자로 NCCK와 KNCC의 두 가지를 사용한다.

28 Chung-Shin Park, *Protestantism and Politics in Korea* (Seattle: University of Washington Press, 2003), 107.

민주화 운동이 에큐메니칼 운동의 주된 과제가 되기 위한 신학적 토대를 제공한 것이 바로 하나님의 선교이다. 오늘날은 보수적인 진영까지 하나님의 선교라는 개념을 별 거부감 없이 사용하고 있지만, 불과 몇 십 년 전만해도 하나님의 선교를 용공 사상으로 매도하고 하나님의 선교의 관점에서 이뤄지는 회의나 사역을 방해하는 일이 비일비재했다. 하나님의 선교는 선교관의 극적인 전환을 가져왔다. 즉 선교란 단순히 영혼 구원의 편협한 사역이 아니라, 이 땅의 교회가 각자가 처한 지역을 선교지로 여기고 하나님의 나라가 임하기 위하여 수행하는 모든 사역을 의미하는 광범위한 사역이란 사상을 제공하였다. 따라서 민주화는 선교의 선택 사항이 아니고 필수 사항이며, 아시아처럼 민족·민주·민중의 문제가 산적한 곳에서는 우선적인 과제라는 인식을 확산할 수 있었다. 오늘날 한국 교회는 교회 성장을 통하여 그 위상을 인정받게 되었다면, 민주화 운동을 통하여 그 정당성을 인정받게 되었다. 문제는 한국 교회가 이 두 가지를 어떻게 융합하여 그 진정성을 인정받게 될 것인가이다.

3) 민주화에서 통일로

한국의 경우 민주화 운동은 통일 운동으로 이어졌다. 1980년대 민주화와 통일은 동시에 진행되어야 한다는 인식에 이르렀다. 한때 '선 민주 후 통일'이냐, '선 통일 후 민주'냐는 담론 등도 나왔지만, 모든 통일 담론은 한반도를 둘러싼 지정학적인 여건에 따른 국내외 변화에 좌우되는 사실도 무시할 수 없다. 초기 통일 운동에서 에큐메니칼 연대는 매우 중요하였다. 특히 통일 문제를 정부가 독점하는 상황에서 에큐메니칼 운동의 통일 운동이 사실상 유일하고 대표적이고 대안적인 민간 통일 운동이었고, 에큐메니칼 연대의 중요성은 아무리 강조해도 충분하지 못할 것이다. 민주화에 이어, 통일에 있어서도 에큐메니칼 연대가 중요한 역할을 감당하였던 것이다.

4. 해방 이후기(3), 1994년 이후: 세계화와 에큐메니칼 운동

20세기 4/4분기 이후 21세기 초인 오늘에 이르기까지 세계에 가장 큰 영향을 주는 현상 가운데 하나가 바로 세계화이다. 이 현상은 세계를 변화시킬 뿐 아니라, 에큐메니칼 운동에도 지대한 영향을 주고 있다.

1) 나인종(다민족)주의와 민족주의[29]

세계에는 국가수보다 인종 수가 더 많다. 따라서 모든 국가는 다인종 국가일 가능성이 높다. 물론 예외적으로 단일 인종 국가가 없는 것이 아니다. 가령 일본이나 한국을 들 수 있다. 그러나 오늘날 국제 이주 현상에 의하여 모든 국가가 다인종 사회는 물론이고, 다인종 국가가 되고 있다. 그 이유는 국제 이주 현상은 이주민은 물론이고 이민도 배출하기 때문에, 단순하게 다인종이 더

29 여기서는 인종과 민족에 대한 논의는 생략하기로 한다.

불어 사는 다인종 사회가 아니라, 국민의 구성이 달라지는 다인종 국가가 되고 있기 때문이다.

세계화는 교회로 하여금 크게 세 가지 과제를 직면하게 한다. 하나는 임시적인 이주와 관련된 제반 문제를 다루는 선교적 과제이다. 다른 하나는 외국인 정착으로 인한 다인종 사회에서 더불어 사는 시민사회를 만드는 사회적 과제이다. 또 다른 하나는 아직까지 제대로 관심을 받고 있지 않지만, 다인종 사회라는 맥락에서 교회가 단일 인종 교회로부터 다인종 교회로 전환하는 교회론적 과제이다. 이 모두는 에큐메니칼적 과제이며, 특히 세계화의 압력을 강하게 받으면서도 단일 인종 패러다임을 고수하려는 한국 같은 국가는 더욱 심각성을 안고 있다.

2) 디아스포라선교

오늘날 이주 현상은 복잡하고 다양하다. 이주의 방향도 일방적, 쌍방적, 다방적으로 이뤄지며, 이주의 기간도 단기, 장기, 불특정기로 이뤄진다. 이주의 양상도 단기 이주민, 이민자, 복수 지역 거주민으로 이뤄진다. 이런 차원에서 선교도 변모하고 있다. 과거 해외 선교(세계 선교)의 패턴에서, 이민 선교, 이주민 선교, 디아스포라 선교의 형태로 변하고 있다. 문제는 오늘날 디아스포라라는 같은 주제를 다루면서도, 복음 진영과 진보 진영의 과제와 접근이 이원화되었다는 것이다.[30]

---

30 Jean S. Stromberg, "Responding to the Challenge of Migration: Churches within the Fellowship of the World Council of Churches (WCC)", *Missiology: An International Review* 31 (Jan 2003), 45-50; John S. Leonard, "The Church in between Cultures: Rethinking the Church in the Light of the Globalization of Immigration", *Evangelical Missions Quarterly* (Jan 2004), 62-70; Stephen Spencer, ed., *Mission and Migration* (Calver: Cliff College Publishing, 2008).

3) 에큐메니칼 운동과 에큐메니칼 운동들

20세기 후반은 복음주의 진영의 에큐메니칼 운동이 활성화된 시기이기도 하였다. 한국 교회도 이런 흐름에 동참하였다. 가령 대한예수교장로회(통합측)를 포함한 한국 교회가 1960년대에 에큐메니즘으로 인한 갈등을 해소하는 방법의 일환으로 세계교회협의회와의 관계를 소원하고 있는 동안, 장로교의 한경직과 감리교의 김활란 등 한국 교회 지도자들이 1966년 베를린 세계복음화대회에 적극 참여했고, 이어서 이종성과 함께 1968년 아시아태평양대회에 참여했다. 1974년에는 교회지도자의 새로운 세대에 속하는 한철하, 김옥길, 김장환, 조동진, 김의환 및 김사무엘 등이 로잔 세계복음화대회에 참여했다.[31] 로잔 세계복음화운동과 세계복음주의협의회(World Evangelical Alliance, World Evangelical Fellowship의 후신) 같은 복음주의적 에큐메니칼 기구가 한국에서 전국적으로 영향력을 발휘하기 시작한 것은 한국 교회가 에딘버러 세계선교사대회 100주년 기념대회를 개최했던 2000년대에 이르러서야 가능했다.

복음주의적 에큐메니칼 운동의 대두와 더불어 신학적 양극화와 에큐메니칼 기구 간의 대립 현상이 나타났다는 것은 잘 알려

---

31 Carl F. H. Henry and W. Stanley Mooneyham, eds., *One Race, One Gospel, One Task: World Congress on Evangelism, Berlin 1966, Official Reference Volumes: Papers and Reports*, Vol. I (Minneapolis: World Wide Publications, 1967), 107-15; Carl F. H. Henry and W. Stanley Mooneyham, eds., *One Race, One Gospel, One Task*, Vol. II, 291-93; W. Stanley Mooneyham, ed., *Christ Seeks Asia: Official Reference Volume, Asia-Pacific Congress on Evangelism, Singapore, 1968* (Hong Kong: Rock House, 1969); J. D. Douglas, ed., *Let the Earth Hear His Voice: International Congress on World Evangelization, Lausanne, Switzerland: Official Reference Volume: Papers and Responses* (Minneapolis: World Wide Publications, 1975).

진 사실이다. 그러나 세계적인 차원에서는 최근 들어 세계기독교포럼(World Christian Forum) 등의 기구를 통하여 재통합이 시도되기도 한다. 그러나 한국의 국가적인 차원에서는 에큐메니칼 운동을 둘러싼 양극화가 축소되기는커녕 여전히 심각하며, 오히려 2013년 세계교회협의회 부산총회를 계기로 더욱 이슈화하면서, 해묵은 갈등이 활성화하는 모습까지 나타났다. 단적으로 말해, 이런 양극화는 세계적 차원보다 한국적 차원에서 더 심각하고 지속적으로 나타나고 있다.

그런데 한국 교회에는 이런 신학적 양극화 이외에도 국내 에큐메니칼 운동의 복잡화 현상도 나타났다. 가령 20세기 3/4분기에 보수 진영에 의한 에큐메니칼 운동이나 에큐메니칼 기구 결성의 시도가 여러 차례 있었지만, 단명하였고 성격도 분명하지 않았다. 그러던 중 1989년 자생적 에큐메니칼 기구인 한국기독교총연합회(Christian Council of Korea, CCK)가 결성되었고, 성장하였다. 그러나 한국의 대표적인 에큐메니칼 기구인 한국기독교교회협의회는 지난 20년간 국내 에큐메니칼 기구의 양자구도 혹은 복수현상을 제대로 인식하거나 대처하지도 못했다. 그동안의 관계를 일종의 애매한 공존의 관계라고 할 수 있다. 최근 한국기독교총연합회가 파행적으로 운영되면서, 한국기독교총연합회 구성에 핵심적인 역할을 했던 통합측이 새로운 기구 결성에 주도적 역할을 한 바 있다. 이 자리에서 통합측의 역할에 대한 논의를 상술할 수는 없지만, 우리가 주목해야 할 것은 이제는 한국을 대표하고자 하는 에큐메니칼 기구의 복수 혹은 다수 시대가 도래했기 때문에, 이 문제를 해결해야 될 필요성이 대두한다는 점이다. 그리고 이런 갈등 구조가 세계교회협의회 10차 총회 준비 과정에 나타나는 문제들과 결코 무관하지 않았다.

4) 확대 에큐메니즘(Wider Ecumenism)

에큐메니칼 운동과 관련하여 종교 다원주의가 항상 거론되어 왔다. 최근에는 종교 다원주의와 관련하여, 종교 간 대화보다 종교 간 연대로 그 방향을 돌리려는 시도가 있다. 가령 세계교회협의회의 세계선교와전도위원회 총무 금주섭은 정상에서의 만남이 아닌 골짜기에서의 만남을 주창한다.[32] 즉 구원론로부터 사회 참여로 관심을 전환하자는 것이다. 이런 시도는 두 가지 의의가 있는데, 하나는 종교 간 대화에 머물던 종교 다원주의 논의에 새로운 변화를 초래하여, 논의의 장을 넓혔다는 것이다. 다른 하나는 종교 간 연대의 시급성과 필요성과 가능성에 관심을 돌렸다는 것이다. 특히 앞으로 전 세계의 모든 사회가 세계화로 인하여 다인종, 다문화, 다종교 사회로 급변하는데, 이런 종교 간 연대는 더욱 주목받을 것이다.

그러나 종교가 인간의 정체성의 핵심을 이룬다는 점에서, 또한 현대 사회가 세속화 이론과는 달리 서구를 제외한 대부분의 지역에서는 더욱 종교화된다는 점에서, 종교 다원주의의 주제는 종교 간 연대로만 환원될 수는 없을 것이다. 결국 종교 간 대화의 문제에 대한 다차원적인 논의가 공감대 형성과 더불어 진행될 것

32 Jooseop Keum, "Mission as an Invitation to the Feast of Life: Re-visioning Ecumenical Understanding of Mission in the 21st Century" (Unpublished paper, presented at the 9th International Symposium, "Centenary of 1910 Edinburgh World Missionary Conference: Retrospect and Prospect of Mission and Ecumenism", Luce Center for the Global Church, Presbyterian University and Theological Seminary, 2009).

이다.

한국 교회는 더 이상, 이전의 종교 갈등 패러다임이나 종교 공존 패러다임에 머물 수 없을 것으로 예상된다. 왜냐하면 신(新) 한국인(다양한 형태의 새롭게 귀화하는 외국인)이, 그것도 기독교가 아닌 다른 종교를 믿는 신한국인이 급속도로 증가하고 있기 때문이다. 아시아는 전통 종교의 대륙인데, 대부분의 신 한국인이 바로 아시아에서부터 오고 있다. 따라서 한국은 아시아 전통 종교의 새로운 각축장 혹은 공존장으로 변해가고 있다.

Ⅲ. 결론

우리는 아시아 상황과 한국 교회의 에큐메니칼 운동의 관계를 살펴보았다. 아시아 상황은 한국 교회를 비롯한 아시아 교회의 에큐메니칼 운동에 영향을 미쳤고, 아시아 교회의 에큐메니칼 운동은 아시아 상황에 응답하였다. 아시아는 다양한 역사 단계에 따라, 서구 선교 운동, 제국주의, 국가 건설, 민주화, 세계화 등의 거대 담론의 상황에 직면했고, 아시아 교회의 에큐메니칼 운동도 이런 상황과 무관하지 않았다. 아시아 교회, 특히 한국 교회는 에큐메니칼 운동의 지도력의 이양, 반제국주의적 성향, 국가 건설에 따른 민족주의적 성향, 시민사회 형성, 다인종·다문화·다종교 사회에의 공존 등의 주제와 씨름해왔고, 이를 통하여 한국 교회와 한국 사회의 발전에 크게 기여했다. 그리고 지역 에큐메니칼 운동과 교회간 연대라는 유산을 통하여 세계 에큐메니칼 운동에도 기여했다. 그러나 이런 소중한 에큐메니칼 운동의 역사와 유산은 아직도 한국 사회는 말할 것도 없고 한국 교회의 풀뿌리 교인들에게 제대로 소개되거나 확산되지 않았다. 그런 가운데 세계 에큐메니칼 운동의 최대 축제를 목전에 두고도 여전히 갈등이 빚었던 것이다. 바로 이런 관점에서 한국 에큐메니칼 운동의 직접적인 맥락인 아시아 에큐메니칼 운동을 살펴보는 것은 의의가 있을 것이다.

제10장

자기신학화 신학

: 신학에 있어서 '성년의 시대'는 과연 언제 도래하는가?

출처 "한국의 자기신학화 담론에 관한 한 소고",「교회와신학」80 (2016), 139-66.

Ⅰ. 서론

최근 한국에서 '자기신학화'(혹은 자신학화, self-theologizing)에 대한 논의가 활발해지고 있다.[1] 세계적으로도 '자아'(self) 개념을 이용한 신학적, 특히 선교학적 논의가 지속되어 왔으며, 그 결과 수많은 형태가 나타났다. 기존의 삼자정책과 관련된 자전, 자립, 자치 등은 물론이고, 여기에 자기신학화와 '자선교화'(self-missiol-ogizing)를 더해 '5가지 자기'(five selfs)를 주장한 바 있다.[2] 이밖에도 교회의 '자기 이미지'(self-image), '자기 기능화'(self-functioning), '자기 공여'(self-giving) 등 그 목록은 계속 이어진다.[3]

그런데 현 단계에서 이 논의가 본격화되려면 예비적 연구들이 필요할 것이다. 가령 국내외의 자기신학화 논의의 역사와 그 연구사를 정리하는 것이 필요하다. 물론 국내외의 자기신학화와 관련된 개별적인 신학 작품에 대한 연구도 필요하다. 그러나 아직 관련 연구는 일천하고 부족하다.

필자는 이런 예비적 연구의 일환으로, 20세기 전반을 중심으로 한국 기독교와 관련된 선교계의 자기신학화 관련 논의를 살펴보고자 한다. 그 이유는 네 가지이다. 첫째, 신앙과 신학의 생성

1 "특집: 자신학과 자선교학",「한국선교*KMQ*」14-1 (51) (2014 가을), 7-181. 본 논문에서는 자기신학화와 자신학화라는 용어 중에서 전자를 사용할 것이며, 장차 용어 통일에 대한 논의가 필요하다고 여겨진다.

2 William D. Taylor, ed., *Global Missiology for the 21st Century: The Iguassu Dialogue* (Grand Rapids: Baker Academic, 2000), 6.

3 Michael Pocock, et als., *The Changing Face of World Missions: Engaging Contemporary Issues and Trends* (Grand Rapids: Baker Academic, 2005), 328.

에 대하여 선교사 중심의 전래(transmission), 현지인 중심의 수용(appropriation), 최근 등장한 쌍방향적 세계 기독교 이론 등 다양한 담론이 있지만, 어떤 형태든지 선교사들의 영향을 부인할 수 없고 따라서 이에 대한 연구가 선행되어야한다. 둘째, 기존의 자기신학화 연구에서 선교사의 역할에 대해서 의견이 갈렸는데, 이에 대한 객관적인 이해가 필요하다. 셋째, 선교계 내에서도 다양한 의견이 존재했기 때문에, 이에 대한 구체적인 연구가 필요하다. 넷째, 근대서구선교 운동은 서구 기독교의 이식인 동시에 토착기독교의 대두를 가져왔는데, 최근 한국 등 신흥선교강국의 일방적인 기독교 이식으로 말미암아 현지 교회의 자기신학화의 퇴행현상이 나타날 가능성이 우려되고 있다.[4] 따라서 한국 기독교는 국내외에서 이중으로 자기신학화의 문제와 관련된다고 해도 과언이 아니다.

이상의 목적을 위하여, 관련 문서들을 분석하고자 한다. 한국 기독교가 세계 교회와 본격적인 관계를 맺기 시작한 것은 세계 선교대회들, 특히 국제선교협의회(International Missionary Council)가 주관한 세계 대회들을 통해서였다. 따라서 필자는 20세기 전반의 주요 세계 선교 대회였던 1910년 에딘버러 세계선교사대회(World Missionary Conference, 이하 '에딘버러 대회'), 1928년 국제선교협의회 예루살렘 대회(이하 '예루살렘 대회'), 1938년 국제선교협의회 탐바람 대회(이하 '탐바람 대회') 등의 보고서를 분석하고, 당시의 중요 신학 문건도 분석하고자 한다. 이런 작업을 통하여 한국 신학이 생성되기 시작한 20세기 전반에 과연 오늘날 논의되는 자기

4 디트리히 베르너, "신학교육의 질적 기준 수립에 대한 신학적 전망: 에큐메니칼 신학의 관점에서", 『한국신학논총』 10 (2011), 10.

신학화의 맹아가 마련되었는지를 살펴볼 것이다. 물론 당시 자기신학화라는 개념이 아직 나오지 않았기 때문에, 자기신학화에 대한 직접적인 논의를 기대하는 것은 시대착오적인 일이겠지만, 그 역사적 맥락을 살펴보자는 것이다.

Ⅱ. 에딘버러 대회(1910)

한국 기독교가 세계 교회의 논의의 초점이 되었던 것은 에딘버러 대회 이전인 1900년 뉴욕 에큐메니칼 선교대회(Ecumenical Missionary Conference)에서였다. 삼자정책의 성패와 실현가능성이 중요한 의제 중 하나였는데, 한국과 관련하여 크게 두 가지가 언급되었다.[5] 첫째, 한국이 대표적인 성공 사례로 손꼽혔다. 둘째, 과연 한국의 성공 사례가 다른 지역에서도 실현 가능할까 하는 문제였다. 즉 한국의 사례가 예외적이냐 보편적이냐 하는 질문이었다. 그러나 본 대회 보고서에 자기신학화의 주제와 직접적으로 관련된 사항은 드물다. 그 이유는 두 가지이다. 첫째, 한국 기독교의 삼자정책, 특히 자립이 집중적 관심을 받았을 뿐 아직 자기신학화라는 신학적 문제는 거론되지 않았다. 둘째, 한국 기독교는 논의의 참여자가 아닌 논의의 대상이었다.

한국 기독교가 논의에 비공식적으로나마 참여하였고, 한국 기독교의 자기신학화에 관련된 논의가 시작했던 것은 10년 뒤 개

---

5 *Ecumenical Missionary Conference, New York, 1900*, Vol. II (London: Religious Tract Society, 1900), 289-324.

최된 에딘버러 대회에서였다. 따라서 에딘버러 대회는 한국의 자기신학화 연구의 출발점이 될 수밖에 없고, 그 중요성은 재론의 여지가 없다.

1. 에딘버러 대회 보고서의 자기신학화 관련 내용

에딘버러 대회는 『제3분과위원회 보고서』인 『국민 생활의 기독교화에 연관된 교육』(이하 『제3분과위원회 보고서』)이 자기신학화와 관련된 문제를 다뤘다.[6] 이 문제는 문서선교의 일환으로 언급되었다. 전체적인 핵심은 이제 문서선교의 저술이 더 이상 선교사에 의해서나 선교사 위주가 아니라 현지인에 의해서 이뤄져야 한다는 주장이다.

『제3분과위원회 보고서』의 자기신학화 관련 논의는 여러 가지 제약 가운네 다뤄졌다. 첫째, 이 문제는 당시 신학적 관심이었던 토착화라는 틀 가운데서 다뤄졌다. 둘째, 에딘버러 대회는 성공적 대회 개최를 위해, 본 대회를 실무 모임(business meeting)으로 운영하면서 신학과 교회정치 관련 논의를 배제하였고, 따라서 신학은 선교 본국의 신학이든 선교지의 신학이든 본격적으로 다루지 않았다. 셋째, 본 대회에서 신학 교육이 언급될 때는 현지 교회의 신학 교육보다는 주로 선교사 훈련이 대상이었다. 그런데

6 C. Gore, *Report of Commission 3: Education in Relation to the Christianisation of National Life*, 조범연 역, 『1910년 에딘버러세계선교사대회 제3분과위원회 보고서: 국민생활의 기독교화에 연관된 교육』(미션아카데미, 2012).

이런 상황은 『1910년 에딘버러 세계선교사대회 100주년 기념 2010년 한국대회 논문집』에서도 유사한 모습을 보였다. 즉 제7분과는 "한국 선교와 신학 교육"이란 주제를 다뤘는데, 그 목적이 "먼저 한국의 신학 대학교가 모든 신학의 모체인 선교신학 교육에 비중을 두고 가르칠 수 있도록 하는 것"이었다.[7] 그리고 선교사와 현지 신학교 교수의 양성, 그들을 통한 신학 구성, 나아가 현지 교회의 선교까지 염두에 둔다고 밝혔다.[8] 그러나 제7분과에 수록된 논문들은 현지인이 아닌 선교사 중심적 연구에 그쳤다. 즉 100년이 지나도 관련 인식이 크게 변하지 않은 상황이었다. 이런 배경을 염두에 두고 『제3분과위원회 보고서』를 살펴보자.

1) 『제3분과위원회 고서』의 자기신학화 관련 인식

『제3분과위원회 보고서』는 특히 7장 "기독교 진리를 현지인의 사고와 감정에 적용하기"에서 이 문제를 다뤘는데, 그 서두에서 이에 대한 입장을 요약했다.

> 이 주제[즉 기독교 진리를 현지인의 사고와 감정에 적용하기]는 오늘날 매우 중요한데, 중국, 일본, 인도 그리고 아프리카 각 지역에서 매우 독특한 특징을 드러낸다. 우리의 연구에 대해 답신을 보내 온 선교사들은 그 중요성을 인정하고 있다. 동시에 그들은 이 주제에 관해서도 다른 많은 것들의 경우만큼 풍부한 정보

7 한국연합선교회 편, 『1910년 에딘버러 세계선교사대회 100주년 기념 2010 한국대회 논문집』, 제7권: 『제7분과, 한국선교와 신학교육』 (미션아카데미, 2011), 18.

8 위의 책, 18-19.

를 주지는 못하고 있다. 그리고 그 교회가 과거에 겪은 경험은 어려움에 처한 현재교회를 위해서는 너무나 중요해서, 우리는 선교사들의 의견으로 수집된 것을 먼저 여기에 요약해서 정리하려 한다. 그것은 어디에서나 기독교를 전하는 아주 기본적인 원리들을 회상시켜 주고 유럽에 복음이 처음으로 전파된 것과 관련되는 사실을 회상시켜 주는 것이다.[9]

이상의 내용은 짧지만 중요한 사안들을 언급하는데, 정리하면 다음과 같다. 첫째, 이 주제는 매우 중요하다. 둘째, 이 주제는 지역적 독특성을 나타낸다. 셋째, 이 주제는 아직 연구가 충분치 못하다. 넷째, 이 주제는 역사적으로 연속성이 있기 때문에 과거에 대한 연구가 선행되어야 한다. 다섯째, 이것은 기독교 전파의 기본적인 원리와 연관된다. 여섯째, 당시 선교사의 본국(home base)이었던 서구의 복음 전파의 경험과 연관된다. 다시 요약하면, 두 가지이다. 하나는 이 주제는 2,000년 기독교 역사를 관통하는 유구한 문제이다. 다른 하나는 이 주제는 기독교가 "보편적이고 만민을 위한 종교"라는 이상과 "종교를 그 나라나 지역에 속하는 것"이라고 보는 경험 간에 나타나는 갈등과 관련되는, 즉 보편성과 특수성의 문제이다.[10]

2) 『제3분과위원회 보고서』의 선교에 대한 이해와 자기신학화 관련 논의

9 Gore, 『1910년 에딘버러세계선교사대회 제3분과위원회 보고서』, 262.

10 위의 책.

『제3분과위원회 보고서』는 먼저 자신들의 배경에 대해 성찰한다. 이것은 선교사들의 토착화에 대한 기본적인 이해를 보여주기 때문에 매우 중요하다. 그 내용은 다음과 같다.

> 유럽이 기독교로 개종한 것에 대한 일반적인 견해에 대해서 우리는 다음과 같이 말해야만 한다.
> 1. 우리는 여기에서 성령의 특별한 영감을 인정하지 않으면 안 된다. 성령께서는 사도들의 가르침을 이어받은 위대한 일꾼들의 정신(the mind)을 인도하여 원래의 복음적 메시지를 보편적으로 수용하기에 가장 적합한 형태로 전하게 하셨다.
> 2. 이후에 유럽의 복음전도자들은 원래의 교리(original doctrine)를 의식적으로 적용시키는 일은 거의 하지 않았다. 그 메시지는 모든 사람들에게 전해졌고 모두가 그것을 하나님의 변함없는 메시지로 받아들였다.
> 3. 기독교는 처음부터 각 민족과 지역에 토착화된다. 왜냐하면 그것이 거의 즉각적으로 현지인 교사와 지도자들에게 위임되었기 때문이다.
> 4. 어느 정도 세월이 흐른 뒤에 그런 민족적인 종교적 습관에 대한 기독교적 해석과 사용이 허용된다고 생각됨에 따라 그런 종교적 관습을 의식적으로 받아들이게 된다.[11]

즉『제3분과위원회 보고서』는 복음은 보편성의 관점에서, 관습은 특수성의 관점에서 이해하고 있다. 특수성의 문제를 아직

11 위의 책, 264-65.

신학에까지 확장하지 못했다. 『제3분과위원회 보고서』는 유럽선교가 로마부터 러시아에 이르기까지 보편성이 유지된 선교라고 이해했는데, 그 이유는 로마 교육의 보편성 때문이다. 그러나 비서구 선교는 유럽 선교와 성격이 다르다고 강조했는데, 그 이유는 비서구에는 서구의 보편적 교육이 없기 때문이다. 따라서 선교는 복음 전파와 교육이 동시에 종합적으로 이뤄져야 한다는 입장을 나타냈다.

『제3분과위원회 보고서』는 기독교 전파에 대하여 다음과 같이 기술했다. 이것은 서구 교회가 비서구 세계에 대하여 가지고 있는 선교적 책임감과 방법에 대한 요약인 셈이었다.

> 기독교를 전파하는 이상적인 방법은 이미 기독교가 된 국가의 복음전도자를 통해 각 종족에게 복음을 전하는 것이다. 교회는 가능한 한 빨리 현지인 목회자와 교사들에게 권한을 넘겨주어야 한다. 모든 교회가 같은 믿음을 가지고 있고 같은 성경을 사용하며 같은 성례진을 행하고 같은 보편 종교를 표방하고 있으므로 각 지역 교회는 처음부터 지역 특성과 개성에 따라 성장할 기회를 가질 수 있어야 한다. 또한 이상적인 방법은 그들을 기독교인으로 개종시킬 때 그들의 자녀들과 함께 하는 것이며 그들의 민족과 국가 고유의 교육과 사회생활을 그대로 유지하면서 기독교를 받아들이게 하는 것이다.[12]

이런 이해에 드러난 서구 교회의 선교관의 특징은 다음과 같

12 위의 책, 268.

다. 첫째, 선교를 서구 교회 주도적인 것으로 이해하였다. 둘째, 비서구 교회에게 선교 사역을 넘겨줄 것을 기대하였다. 셋째, 기독교 복음을 보편적으로 이해하여 전달의 문제에 대하여 낙관했다. 넷째, 지역 교회의 독특성은 기독교 메시지보다는 기독교적 삶과 관련시켰다. 다섯째, 수용의 성공을 위하여 선교와 교육이 병행할 것을 기대하였다.

그런데 이 같은 낙관적 선교관에도 불구하고, 서구 교회는 비서구 세계 선교의 어려움을 인식하였다. 위에서 살펴보았듯이, 서구 세계는 보편성이 있어서 선교가 상대적으로 용이하였는데, 비서구 세계는 그런 보편성이 없어서 선교가 어려움에 봉착하였다는 것이다. 『제3분과위원회 보고서』는 "최근에 와서 매우 특수한 어려움에 직면하고 있다"고 토로하면서, 그 문제점들을 요약하였다.[13] 이런 지적은 한계를 드러내고 있지만, 오늘날에도 시의성이 있는 내용이 적지 않다. 이런 지적은 한편으로는 초대교회와 당대 서구 교회의 선교를, 다른 한편으로는 서방과 동방의 상황을 비교하였다.

> 1. 기독교의 최초 발생지는 동방과 서방 사이에 있다 할지라도 현대 선교사들은 서방 기독교 방식만을 강하게 정의하고 다시 주장한다. 따라서 현대의 앵글로-색슨족-선교사와 동방사람 사이의 모든 정신적 능력 사이에 다리를 놓는다는 것은 대단히 어려운 일이다... 지금까지 개종자들은 순수하게 서방적 특성에 따라 만들어진 신앙고백과 논쟁들을 소개받았다. 그리고 그것들은

13 위의 책, 269.

전혀 동서방 공통의 기독교적 기초에 속한 것은 아니었다. 전체적으로 첫 사도들의 지혜는 이상하리만큼 결여되어 왔다.

2. 로마 제국에서 기독교는 여러 다른 민족들이 융해되고 있는 과정에 있는 사회에 전파되었다. 그러나 현대선교는 그런 융해 과정의 도움을 전혀 받지 못했다. 기독교가 인도로 들어갔을 때 그것은 정복자의 종교로 들어갔고 지금도 그렇게 간주되고 있다. 그리고 중국과 일본에서도 그렇게 생각되었는데 외국에서 들어오는 악마들 또는 침입자로 종교를 인식하고 있었기에 처음부터 환영받지 못하는 침입자였다. 좀 더 최근에는 서방문명을 향한 열정은 강하게 나타내지만 사회적 융합(social fusion)을 기대하지는 않는다.

3. 기독교는 우상숭배에 깊이 빠져 있는 사회에 직면하고 있다는 사실을 깨닫게 되었다. 개종자들을 '불러내서' 그들의 현재 상황과는 결별하고 '나오라'고 하는 것은 당연한 의무였다. 이것은 또한 초대교회에서 기독교를 전파하는 방법이었다.

4. 마지막으로는 교육문제에 있어서는 로마 제국에서는 이미 널리 퍼져 있던 그런 '일반 교육'(common education)이라고 할 만한 것은 (최소한 일반적으로 또는 아주 최근까지지도) 없었다. 현대 선교사들이 활용할 수 있는 것이 아무 것도 없는 것이다. …

이러한 상황으로부터 기독교가 외래적이 될 수밖에 없는 불가피한 위험에 직면했다.[14]

이상의 주장을 요약하면, 당시 기본적으로 기독교와 기독교

14 위의 책, 269-70.

세계(Christendom)를 보편적인 것으로 이해하고, 비서구를 보편성이 결여된 상황으로 보고, 그런 결여를 보완하는 것을 중시하였다. 따라서 당시 비서구의 특징은 독특성보다는 보편성의 결여라는 관점에서 이해되었다. 즉 문제가 전달자가 아닌 수용자에게 있는데, 서구 교회가 그런 수용자의 문제를 대신 해결하겠다는 자세였다. 이것은 오늘날 해석에 있어서 수용자 중심 내지 독자 중심 해석이란 해석학적 원리의 대두, 선교에 있어서 현지인 중심의 선교관, 역사적·사회적 맥락을 중시하는 상황화 등의 관점과는 상당한 인식의 차이를 보인다.

2. 『제3분과위원회 보고서』에 나타난 한국 기독교와 자기신학화 관련 논의

『제3분과위원회 보고서』는 한국 기독교에 대하여 따로 항목을 배당하거나 심도 깊게 다루지는 않았지만, 한국 기독교의 중요성을 인식하여 주로 부록에서 다뤘다.[15] 아울러 그 이유와 부록의 성격에 대해 간략하게 밝혔다.[16] 『제3분과위원회 보고서』는 한국의 기독교교육의 특징을 논하면서, 다음 사항을 강조하였다.

---

15 위의 책, 401-408.

16 위의 책, 401. 그 내용은 다음과 같다. "본 분과위원회는 일반적으로 한국에 있는 선교사들로부터 정보와 의견을 모으려는 초기단계를 취하지 않은 것을 유감으로 여긴다. 그 나라에서 행해진 중요한 일을 전적으로 간과하지 않고자 차후에 미국 감리교단 선교회[sic. 선교부]의 서울에 있는 선교사 조지 헤버 존스[George Heber Jones] 목사에게 요청되었다. 현 부록은 그가 준비한 서류를 본 위원회의 위원이 일부 삭제, 추가, 정정한 것으로 구성되어 있다. 그러나 손에 들어 온 자료가 적합한 기초가 되기에 부족하기 때문에 본 위원회의 성숙한 결정을 표현하는 것으로서가 아니라 정보 목적으로 인쇄되었다. 이는 비가톨릭 선교사의 사역만 언급하였다."

> 기독교학교가 한국 국가생활에 새 교육과정만 가져온 것이 아니라 국민생활에 있는 최고의 것에 자신들을 지혜롭게 활용하였다.[sic. 최고의 것을 이용하였다.] 예를 들면, 한국인은 자국민의 생각의 표현과 자국 문학의 창조를 가능케 하는 존경할 만한 문자를 소유하고 있다. … 그러므로 기독교 선교는 한국의 공교육제도에 자국민의 글과 혼합된 글 두 가지를 도입하는 데 도구가 된 것으로 보인다. 이는 국가사상의 발전에 심오한 영향을 끼친 것이다.[17]

위의 인용에서 알 수 있듯이, 당시 기독교 선교는 교육 분야에서 현지의 자원을 활용하고, 현지의 사상이 발현되기를 바랐다. 또한 그런 정책이 공교육과 사상 발전에 기여했다는 것도 인식하였다. 더구나 한국의 교육선교의 초기 역사를 보면, 서구화냐 한국화냐라는 교육관에 관한 논의가 진지하게 검토된 바 있다. 그런데 이런 전향적인 사고가 막상 신학 분야에까지 확장되지 못한 것은 아쉬운 일이 아닐 수 없다.

이상의 논의를 종합해볼 때, 결론적으로 에딘버러 대회 당시 자기신학화가 발전할 만한 여건이 아직 성숙되지 못했다고 말할 수 있다.

---

17 위의 책, 402-403.

Ⅲ. 예루살렘 대회(1928)

1. 예루살렘 대회 보고서에 나타난 자기신학화 관련 내용

예루살렘 대회는 세계 선교 대회 중 한국에 가장 잘 알려졌고, 또한 영향을 미친 대회이다. 그 이유는 두 가지이다. 첫째, 예루살렘 대회는 국제선교협의회가 결성된 후 첫 번째로 가진 정식 대회였다. 따라서 대회 준비나 진행 등에 노력을 기울였던 대회였고, 한국도 이런 과정에서 대회에 참가하였을 뿐 아니라 다양한 영향을 받았다. 가령 조선예수교연합공의회(한국기독교교회협의회의 전신)라는 에큐메니칼 기구가 결성되었고, 본 대회 이후 보고서 번역 출간 및 대회 주요 의제 중 하나였던 농촌 운동이 시작되었다. 그렇다면 예루살렘 대회 보고서에는 자기신학화와 관련하여 어떤 내용이 나왔을까?

예루살렘 대회의 주 관심은 신학 자체보다는 세속주의였는데, 타종교에 대한 논의도 있었다. 따라서 신학, 특히 자기신학화와 관련된 논의는 매우 제한적이었다. 오히려 신학 자체보다는 종교 교육에 더 큰 관심을 보였다. 예루살렘 대회에서 신학에 대해 논의된 바는 다음과 같다.

첫째, 『제1분과 보고서』는 신학과 철학의 관계에 대하여 간단히 언급하였다. 서양 기독교에서 있어서 신학과 철학의 동반자적 관계는 유구한데, 이런 관계가 재확인되었다.[18]

둘째, 『제2분과 보고서』는 현지인과 선교사의 훈련에 대하여 언급하였다. 현지인의 훈련에 대해서는 "교사로, 설교자로, 혹은 전도자로, 기독교 선교를 완수코자 하는 사람들의 마음에" 기독교 정신이 충만해야 한다는 점이 강조되었다.[19] 그런데 이런 지도자를 훈련시키는 기관은 "신학교와 전도자 훈련원" 및 "교사 대학교[사범 대학교]"이며, 교사 대학교의 경우 교회나 선교기관이 아닌 정부 소속인 경우가 많은 점을 유의하면서, 교육기관을 하나 더 설립하는 것보다 기존 기관의 학생들에게 기독교적 영향력을 미치는 것이 더 중요하다고 강조했다.[20] 또한 이 문제가 각 지역의 상황에서 논의되었다. 가령 일본에서는 교회지도자 교육은 학생도 적고 재정 자립도 되지 않은 형편이라 문제가 심각하였다.[21] 따라서 교회지도자 교육을 위한 기독교계의 협력이 강조되었다.[22]

셋째, 『제7분과 보고서』는 기독교교육 나아가 신학 교육과 교회 일치를 연결시켰다. 먼저 기독교교육의 연합을 추진하는 가운데, 장차 "서구로부터 미국이나 유럽식 기관을 이식하는 것이 아니라, 서구의 최상의 사상과 경험을 토착 교회의 최상의 사상과 경험을 혼합하는" 정책으로 나갈 것으로 전망하였다.[23] 이와 유사한 맥락에서 비록 예루살렘 대회 참가자들 가운데 혹자는 신학교육에 대해 언급하기를 주저하지만, 이 분야에서도 연합이 바람

---

18 IMC, *Volume I. The Christian Life and Message in Relation to Non-Christian Systems of Thought and Life, The Jerusalem Meeting of the International Missionary Council, March 24-April 8, 1928* (New York: International Missionary Council, 1928), 390.

19 IMC, *Volume II. Religious Education,* 84. 필자의 번역, 이하 별도의 표기를 하지 않은 것은 필자의 번역임.

20 위의 책, 85-86.

21 위의 책, 157-58.

22 위의 책, 157.

23 IMC, *Volume VII. International Missionary Cooperation,* 31.

직하다고 강조하였다. 왜냐하면 상대적으로 제한된 재정 및 직원으로는 교파적 신학 교육은 가능하지만, 최상의 수준의 폭넓은 신학 교육을 제공하는 것은 평균적인 선교기관의 수준으로는 불가능하기 때문이다.[24] 이런 인식은 장차 세계교회협의회(WCC)가 1960년대 이후 비서구 교회의 독립을 위하여 신학의 발전이 필수적이라고 강조하면서, 신학교육기금(Theological Education Fund)을 마련한 것에서 열매를 맺었다고 볼 수 있다. 이 자리에서 신학교육기금 운동이 '상황화'(contextualization)라는 개념을 배출하였고, 상황화는 자기신학화의 전단계가 되었다는 점도 기억할 필요가 있다.[25]

2. 예루살렘 대회보고서에 나타난 한국 기독교와 자기신학화 관련 논의

비록 예루살렘 대회가 자기신학화 관련 논의에 대하여 큰 관심을 보이지는 않았지만, 적어도 한국 기독교인들이 정식 회원으로 발언권을 가질 기회를 주었다. 일반적으로 자기신학화는 서구 교회 대 비서구 교회 혹은 서구 신학 대 비서구 신학라는 틀 속에서 주로 문화에 대하여 관심을 갖는다. 그러나 신학은 인간의 전 존재에 관한 것이기 때문에, 자기신학화 역시 문화는 물론이고

---

24 위의 책.

25 Jonah Chang, *Shoki Coe: An Ecumenical Life in Context*, Ching-fen Hsiao, tr., (Geneva: WCC Publications, 2012).

인종, 성 및 계급 등과 관련된다고 하겠다.

1) 자기신학화와 인종 혹은 교회의 독립

서구 교회 대 비서구 교회, 혹은 선배 교회(즉 서구 교회) 대 후배 교회(즉 비서구 교회)의 관계를 다룬 『제3분과 보고서』는 지도자의 훈련과 교회의 독립을 연결하였다. 즉 몇몇 참가자들이 선교기관들이 "교회의 진정한 독립을 가능하게 하는 방식으로 지도자 후보생들을 교육"할 것을 강조하였다. 이들 중 한 명이 바로 감리교의 양주삼 목사이었는데, 그는 "선교기관들이 교회가 자립, 자치, 자전하는데 도움을 줄 수 있도록 정책전환을 해야 한다고 촉구하였으며, 지도자 훈련과 농촌 및 산업 사역의 발전을 특히 강조하였다."[26] 그리고 한국 장로교회가 독립된 교회의 예로 제시되기도 하였다.[27]

이처럼 예루살렘 대회에서 지도자 훈련과 교회의 독립이 연결되었지만, 당시 교회의 독립은 주로 전통적인 3자정책에 머물렀음을 알 수 있다. 이와 유사한 맥락에서 당시 과연 선교사가 계속 필요한가라는 논의가 있었는데, 신흥우는 이에 대하여 재정적인 이유보다는 특별 교육을 받은 선교사, 즉 전문성을 갖춘 선교사가 필요하다고 언급하면서, 선배 교회가 장차 농촌 및 산업 사역을 강조하기를 바란다는 의사를 나타냈다.[28] 즉 아직 자기선교화의 의식을 계도할 선교사라는 개념은 시기상조였다.

---

26 IMC, *Volume III. The Relation between the Younger and the Older Churches*, 119.

27 위의 책, 94.

28 위의 책, 124.

한편 『제4분과 보고서』는 김활란이 인종과 관련하여 발언한 내용을 간단하게 기록하였다. 일본의 우자키(Uzaki) 감독이 국제연맹이 인종문제를 해결할 것이라고 언급한 것에 대하여, 김활란(H. K. Kim)은 국제연맹이 피지배 민족들(subject peoples)을 고려하지 못한다고 반론하였다. 결국 김활란의 의견은 무시되었지만, 당시 일제 강점기의 한국(조선) 대표자가 일본 대표자와 의견대립을 보인 것은 자기신학화에 인종적 차원도 있음을 보여주었다.[29]

그러나 예루살렘 대회가 전반적으로 인종 문제를 다루면서도 과연 얼마나 그것에 대하여 민감했는지 의문이다. 가령 『제6분과 보고서』는 설교의 새로운 강조점을 언급하는 가운데 형제애에 대한 가르침에 대해 언급하면서, 그리스도 안에 유대인도 그리스인도 없듯이, 일본인도 한국인도 없고 발전은 미움을 통하여 오지 않는다고 설파하였다.[30] 그러나 위에서 언급한 우자키와 김활란의 갈등만 보더라도, 인종 문제는 쉽게 일반화하기 어렵다는 것을 짐작할 수 있다.

2) 자기신학화와 성(gender)

『제1분과 보고서』는 김활란의 한국 여성 증인으로서의 중요성에 관한 언급도 소개하였다.

> 그리스도께서 우물가의 사마리아 여인에게 인생의 길에 대하여 가르치셨을 때, 그분[곧 그리스도]의 증인이 될 권리에 대하여

---

29 IMC, *Volume IV. The Christian Mission in the Light of Race Conflict*, 191.

30 IMC, *Volume VI. Missions and Rural Problems*, 164.

권리를 제한하지도, 어떤 조건을 달지도 않으셨다. 이것은 모든 계급의 남녀에 대한 그분[곧 그리스도]의 태도에 있어서도 마찬가지다. 그러나 그분의 삶과 가르침은 그 이후 아마도 무의식적으로 혹 어떤 경우에는 의도적으로 오해되어 온 것 같으며, 오늘날 우리는 그리스도의 비전을 분별력이 보다 부족한 젊은이들의 눈에 희미하게 보이게 만드는 어떤 조건이 교회 안에 그리스도의 이름으로 존재함을 발견하게 된다. 가령 그리스도께서는 누구도 그분을 위한 증인이 되는 것을 금하신 적이 없는데, 오늘날 어떤 교회에서는 여성들이 설교단에서 설교하는 것을 금지당하고 있으며, 여성들이 능력이나 열정이 부족해서가 아니라 단지 여성이라는 이유만으로 그러하다.

내가 생각하기에, 그리스도께서는 만일 우리 여성들이 단순히 가정에서만이 아니라 인류의 산업, 경제, 정치 및 국제 영역에서, 즉 삶의 모든 영역에서 그분을 증거하는 데 소극적이거나 주저한다면 우리를 안타까워하실 것이다.[31]

이런 점에서, 자기신학화의 논의에 있어서 인종 뿐 아니라 성별 차원도 있음을 상기시키고 있다.

3) 자기신학화와 계급 혹은 사회 문제

『제1분과 보고서』는 세속주의의 위협에 대해서 강조하였다.[32] 재한 감리교 선교사 윌리엄 노블(William A. Noble)은 한국에서 특

31 IMC, *Volume I.*, 304.

32 위의 책, 337.

히 젊은 층이 세속주의의 위협에 노출되어 있어 교회가 예배와 성령의 열매를 나타내는 교인의 삶을 재강조할 필요가 있다고 했다. 그러나 세속주의에 신학적으로 대처하는 방식, 특히 지역적 상황에서 자기신학적으로 대처하는 방식에까지는 생각이 미치지 못하였다.

『제6분과 보고서』는 에드문트 브루너(Edmund de Schweinitz Brunner)의 한국 농촌 보고서를 100쪽 이상이나 실었다.[33] 신학 교육과 관련하여 신학교 필수 과목으로 농촌 사역이 포함될 것이 거론되었다. 즉 "농촌 교회 방법 및 조사, 농촌 사회학과 경제학" 등이다. 신학교가 당대의 문제를 심각하게 여기고 대처하는 것은 신학 교육의 발전의 일환임에 틀림없지만, 이것이 자기신학화로 이어지느냐는 또 다른 문제이다. 따라서 20세기 2/4분기 한국 기독교의 농촌 운동이 기본적으로 성공을 거두지 못한 사실을 음미할 필요가 있다.

『제6분과 보고서』는 복음의 사회적 측면에 대하여, "교회가 항상 개인에 관심을 가져야 하지만, 개인에게만 관심을 가져서는 안 된다"고 강조하면서, "오래된 복음(old Gospel)은 [바로] 사회적 복음(social Gospel)이었다는 것을 잊어서는 안 된다"고 강조하였다.[34] 『제6분과 보고서』가 인용한 미북장로교 선교부 총무 로버트 스피어(Robert E. Speer)의 지적처럼, "조선[한국]의 작금의 [사회적] 불안은 우리의 복음적 신앙에 깔려있는 기초에 대하여 의문을 제기하는데, 우리는 장차 일본에서 이미 직면했고 중국에서

---

33 IMC, *Volume VI*, 84-172. 이 사람은 신학자 브루너와는 다른 사람이다.

34 위의 책, 165. 본 보고서는 '사회적 복음'을 미국의 특정한 사조인 '사회복음'(Social Gospel)과 구분하여 더 넓은 의미에서 사용하기 위하여 소문자를 택한 것으로 보인다.

지금 직면하고 있는 것처럼 한국에서 종교와 영적 세계관의 기초에 대한 전반적인 비판적 공격에 직면하게 될 것이다."[35] 특히 "농촌 한국의 사회적 삶을 고려해볼 때, 교회는 수많은 마을에 있어서 가족을 제외하면 주된, 그리고 종종 유일한 사회기구라는 점을 잊어서는 안" 된다.[36]

『제6분과 보고서』는 교회 성장으로 유명한 한국 교회의 정체에 대한 세 가지 이유도 언급하였다. 첫째, 한국 교회는 교회 안팎에서 많은 사람들이 지적하듯이, 사상과 사람들의 사고의 변화를 고려하지 못했다. 즉 "한국은 1919년 새 사상을 지녔는데, [한국] 교회는 그것이 없었다."[37] 둘째, 한국 교회는 당대의 개선된 교육의 수준을 좇아가지 못했다. 『제6분과보고서』는 한국 교회의 과학 지식에 대한 경멸을 지적하였다.[38] 셋째, 한국 교회는 한 세대 전에는 젊은 층에 의존해 크게 성장했는데, 오늘날의 젊은층에게는 발언권을 거의 주지 않는 비민주적인 행태를 보였다.[39] 뿐만 아니라, 이런 현상은 반기독교 운동, 교회의 지도자와 회중의 사기 저하, 대학 교육을 받은 지식인 젊은층들이 염려하는 문제에 대한 몰이해 등과 결부되어 더욱 악화되었다.[40] 가령 진화 대 혁명, 공산주의 대 자본주의, 서구화 대 민족주의 등의 주제이다.[41] 그런데 스피어가 지적하듯이, 선교사들도 새 시대의 변화에 대하

35 위의 책, 166.

36 위의 책, 160.

37 위의 책, 147.

38 위의 책, 148. 『제6분과 보고서』는 인용의 출처를 구체적으로 밝히지 않지만, 이광수가 『청춘』에 발표한 글을 윤치호의 영문번역으로 『선교한국지』 (Korea Mission Field)에 게재된 것을 이용했으리라고 추정된다.

39 위의 책.

40 위의 책, 148-49.

41 위의 책, 149.

여 훈련받거나 교육받지 않았고, 따라서 지도력도 제대로 발휘하지 못했다.[42]

그러나 한국 기독교에 영향력이 큰 선교사요 비공식 대표로 참여한 사무엘 마펫(S. A. Moffett)은 새로운 선교와 선교신학에 반대하면서, 사회복지의 중요성을 인정하면서도, "하나님의 말씀"의 위상을 확립하고자 했다.[43] 마펫은 "교육, 개혁, 사회 개선, 산업 및 과학 발전은 문명 발전과 더불어 아무리 바라고 노력해도, 결코 사람의 마음을 바꿀 수도 없고, 세계 복음화의 수단도 될 수 없다"고 하면서, 가장 중요한 것은 하나님과 말씀에 대한 변함없는 믿음이라고 강조하였다.[44] 마펫은 이런 태도를 이후에도 계속 고수하였다. 이런 진보와 보수의 대립 양상은 이후 한국 교회 내에서 다양하게 즉 선교사 간에, 선교사와 현지인 간에, 그리고 현지인 간에 계속해서 나타났다.

이상의 논의를 종합해볼 때, 결론적으로 당시 서구 교회조차 시대의 변화에 좇아가지 못하는 상황에서 비서구 교회가 이에 대해 취약했다는 것을 짐작하기는 어렵지 않다. 특히 자기신학화가 새로운 신학적 노력의 일환이란 점에서, 당시 여건이 자기신학화의 대두에 아직 성숙하지 않았다고 말할 수 있다.

---

42 위의 책.

43 위의 책.

44 위의 책, 239.

3. 『선교의 재고』(1932)

예루살렘 대회에서 드러나기 시작한 신학적 갈등은 1938년 탐바람 대회에서 첨예화되었다. 그런데 그 사이에 분기점이 된 것이 바로 『선교의 재고』의 출간이다. 간단히 말해 이 책으로 인하여 미국 기독교의 근본주의 갈등이 조직적인 측면에서 폭발하였다. 이 책은 선교지와 선교 본부의 상이한 반응, 특히 미 북장로교회의 선교 본부 분열, 신학교 분열, 교단 분열을 불러일으켰다. 그렇다면 『선교의 재고』는 자기신학화, 특히 한국 기독교의 자기신학화와 어떤 관계가 있었나?

『선교의 재고』의 주장의 핵심은 기독교와 타종교의 연속성이다.

> 기독교의 신학과 윤리와 관련하여, 기독교는 다른 종교들과 많은 교리를 공유한다. 그러나 다른 어떤 종교도 동일한 교리 체계를 가지고 있지는 않다. 다른 곳에서는 찾아볼 수 없는 보편적인 원리를 특정하기는 어려운 일이다. [즉 특수하면서 보편적이란 모순이다.] 그러나 기독교가 이런 일반적인 사상에 있어서 탁월성이나 독특성을 주장할 필요는 없다-이것은 수치스러운 오해이다. 우리가 논의해왔듯이, 여기에 [기독교만의] 독자성은 없다: 본성에 있어서, 참인 것은 [세계] 모든 곳의 인간 정신에 속해있다.
>
> 그러나 이런 사상의 보고로부터 기독교는 독특한 선택을 이뤄

> 낸다. 선택원리가 그것의 특성이다: 그 개별성은 그것이 그런 진리들을 합성하고 배정하는 방법에 있으며, 그런 진리들에 명확성, 확실성, 모범 그리고 그로 인한 능력을 부여한다. 인간의 특징처럼, 그것의 특징은 분명히 그 자체의 것이다.[45]

이런 주장이 보수적인 신학계와 선교계로부터 반발을 산 것을 뻔한 일이었다. 더구나 1930년대 보수적인 성향이 주류를 이룬 한국 교회가 이런 주장을 받아들이기는 쉽지 않았다.

『선교의 재고』는 선교지의 선교 교회(mission church, 선교사의 지도하에 있는 교회)의 보수적 측면에 대하여 비판하였다. 선교지에는 주류 교파 교회 이외에도 종파적 교회가 소개되었는데, 종파적 교회는 특정 교리를 완고하게 주장하면서 세상의 변화에 대하여 무관심하였다. 그 이유는 "강력한 초자연적 사건"에 의해 새 시대가 도래할 것을 믿기 때문이라는 것이다. 반면, 주류 교파 교회 중에서도 상당수가 보수적 사상을 지녔는데, 그들이 신봉하는 교리의 전수에 몰두하면서 세상의 변화에 대처하는 데 무관심했다고 지적하였다. 그리고 대다수의 학생들은 이런 구태의연한 신학을 저버렸다고 비판했다. 나아가서 이런 의식을 지닌 선교사들은 토착 교회의 조직이나 지도에 있어서 창조적인 사역을 하지 못했고, 오히려 외부적인 조직을 강요했다고 비판했다.[46]

『선교의 재고』는 자기신학화와 관련하여 귀담아들을 제안도 하였다.

---

45 The Commission of Appraisal & William Ernest Hocking, *Re-Thinking Missions: A Laymen's Inquiry after One Hundred Years* (New York: Harper & Brothers Publishers, 1932), 49.

46 위의 책, 85-87.

> 그것[선교지의 교회]은 구조적인 유형의 복사판이 아니라 살아있는 유기체가 되어야 한다. 그것은 그것의 삶의 형태에 있어서 기독교 정신을 자유롭게 발휘해야 한다. 즉 그것은 그것을 양육한 주도적인 인격에 의해서 낙인찍힌 특징을 벗어나거나 임시적인 형태를 바꾸는 일을 겁내서는 안 된다는 말이다. 그것은 진정한 의미에서 그리스도의 이상들과 원리들에 살아있는 표현이 되어야 하며, 그런 이상들과 원리들이 그것의 전반적인 삶을 통제해야 한다.
>
> 그러나 갑작스런, 혁명적인 변화가 자립적인 토착 교회를 배출하는 것은 아니다. … 선교 집단은 독재조직이기를 중단해야 하며, 많은 경우 이미 그렇게 되었다. 비록 권위의 길은 오직 서서히 사랑과 협력의 길에 양보하지만 말이다. 동시에 선교 집단은 친절한 방식으로 이런 후배기독교인들(younger Christians, 즉 비서구 교회 교인들)에게 그 구성원이 지니고 있는 성숙한 지혜, 영적 통찰력과 훈련된 지도력의 장점을 부여해야만 한다. 그런 조언을 구할 때는 언제 어디서든지.[47]

이상의 내용이 수용될 경우, 자기신학화에 긍정적인 맥락으로 작용할 것은 자명하다. 오늘날 『선교의 재고』의 기독교와 타종교 간의 관계에 대해서는 의견차가 있을 수 있겠지만, 비서구 교회에 대한 재량권을 부여하는 것을 반대하는 경우는 드물다.

『선교의 재고』는 내용 가운데 책의 논지에 들어맞지 않는 한

---

47 위의 책, 106.

국보다는 주로 일본과 중국을 다뤘는데, 한국에 대해서도 몇 가지 점을 지적하였다. 하나는 평신도 지도력이 강력하게 나타났다는 것이다.[48] 자기신학화에 있어서 신학의 독점에 대해서 시사하는 바가 있다. 사실, 한국 교회에는 평신도 신학자의 역할과 기여가 상당하였다. 다른 하나는, 문서선교 기관의 운영이 선교사에 의하여 독점된 것을 비판하였다. 선교사가 지도력을 독점할 경우, 두 가지 문제가 나타나는데, 일을 위해 사람을 찾는 것이 아니라 사람을 위해 일을 만드는 사태가 생겨나는 문제와 선교사가 성격, 경험, 학식이 뛰어나도 외국인인 만큼 한계가 있다는 문제이다.[49] 이상의 논의를 종합해볼 때, 『선교의 재고』 당시 일반적으로 자기신학화의 여건을 성숙하지 않았지만, 이 책이 자기신학화에 대하여 언급한 전향적인 제안들은 주목할 필요가 있다.

Ⅳ. 탐바람 대회(1938)

1. 탐바람 대회보고서에 나타난 자기신학화 관련 내용

탐바람 대회는 규모가 에딘버러 대회보다는 작았지만, 예루살렘 대회보다는 컸다. 그리고 약 450명 대표자들 가운데 아시아 교회 대표자들이 200명 정도가 되어, 상당한 비율을 차지했다.[50]

---

48 위의 책, 105.

49 위의 책, 187.

아쉽게도 한국 교회는 일제하 종교 통폐합 정책에 의하여 조선예수교연합공의회가 해체된 탓에 본 대회에 참여하지 못했다.

예루살렘 대회가 하나님의 나라에 관심이 많았다면, 탐바람 대회는 교회에 집중되었다.[51] 사실상 6개 분과의 주제들이 거의 모두 교회에 집중되었다. 그리고 예루살렘 대회가 세속주의에 관심을 보였다면, 탐바람 대회는 새로운 이교주의(paganism)에 더 큰 관심을 보였다.[52]

> 1928년 국제선교협의회의 예루살렘 대회에서는 기독교 신앙에 대한 주된 도전이 모든 종교적 신앙의 기초를 잠식하는 무신론적 세속주의로부터 온다는 것이 자명한 듯 여겨졌다. 그런데 지난 십 년간의 두드러진 사건은 '새로운 이교주의' 즉 새로운 신들을 지닌 새로운 종교들의 대두라고 할 수 있다. 이 새로운 이교주의 자체가 바로 세속주의에 대한 반발이며 추종자들에게서 종교적 헌신을 요구하고 있다. 이런 사실은 모든 종교로 하여금 새로운 상황에 놓이게 하였다. 바로 이런 변화된 관점에서 기독교는 인간의 헌신을 요구하는 다른 모든 종교와의 관계를 고려해야만 한다.[53]

신(新)이교주의로 제시된 것들은 민족주의, 공산주의, 과학적

---

50 Timothy Yates, *Christian Mission in the Twentieth Century* (Cambridge: Cambridge University Press, 1994), 117.

51 위의 책, 120.

52 William R. Hogg, *Ecumenical Foundations: A History of the International Missionary Council and Its Nineteenth Century Background* (New York: Harper & Brothers, 1952), 296.

53 IMC, *Volume I. The Authority of the Faith, The Tambaram Series* (London: Oxford University Press, 1939), 194.

회의주의, 비기독교적 종교 등이다. 특히 칼 바르트의 영향을 입은 헨드릭 크래머(Hendrik Kraemer)가 종교신학의 배타주의(exclusivism)를 표출하였고, 반론도 있었지만 큰 영향을 미쳤다. 크래머는『비기독교 세계에서의 기독교의 메시지』라는 보고서를 대회에 제출하였고,[54]『제1분과 보고서』에도 그의 논문 "연속성 혹은 비연속성"(continuity or discontinuity)이 수록되었다.[55] 본 대회의 전반적인 분위기는 기독교의 독특성을 강조하며, 타종교와의 만남은 혼합주의(syncretism)로 간주되었다. 이런 관점에서, 자기신학화가 자기의 문화에 기반을 두며 종교는 문화의 핵심이라는 것을 고려할 때, 문화와 타종교에 대한 소극적 태도를 가진 본 대회가 자기신학화에 긍정적인 분위기를 제공했다고는 말하기 어렵다.

본 대회 보고서 가운데, 자기신학화와 보다 직접적으로 관련된 내용은『제1분과 보고서』와『제3분과 보고서』를 들 수 있다.『제1분과 보고서』에는 위에서 언급한 크래머의 논문 이외에, "호킹과 크래머 사이"(Between Hocking and Kraemer)라는 제목의 논문도 수록되었는데 그 제목이 당시의 신학적 혼란과 갈등을 요약해서 말해준다.[56] 또한『제1분과 보고서』의 '발견들'(findings) 가운데 첫 번째 것은 "교회가 기준으로 삼고 살아가야 할 신앙"(The faith by which the church lives)은 "전반적인 폭과 깊이를 담는 것이 아닌 이 시대에 특별한 의미를 담았다"고 하는데,[57] 여전히 서구 교회가 일종의 표준을 제시한 셈이었다. 두 번째 것은 교회의 6가지

---

54 Hendrik Kraemer, *The Christian Message in a Non-Christian World* (London: International Missionary Council, 1938).

55 IMC, *Volume I.*, 1-23.

56 위의 책, 148-62.

57 위의 책, 186-202, 특히 188-90.

사명 가운데 하나로 "전통 문화가 교회의 삶과 보편 교회의 풍요로움에 기여할 수 있는 바를 모두 수용해야 할 사명"을 제시하면서 현지화의 중요성을 강조하였다.

> 교회들이 비기독교적 종교들과 문화들이란 환경 속에서 자랄 때, 교회들이 기독교적 유산과 보편교회와의 교제 가운데 깊이 뿌리내려야만 한다는 것은 필수적이다. 교회들은 모든 세대와 인종들의 위대한 기독교적 형제애 가운데 자리매김한다. 그러나 교회들은 또한 자기 국가들의 토양에 뿌리내려야만 한다. 따라서 우리들은 강력히 주장하건대, 복음은 토착적 형태로 표현되고 해석되어야만 하며, 예배, 기구, 건축 등의 방법에 있어서 그 민족과 국가의 영적 유산이 사용되어야만 한다. 복음은 선배 교회[즉 서구 교회]로부터 유입된 형태와 방법에 반드시 구속될 필요는 없다. 그리스도께서 이전에 믿지 않았던 사람의 마음속에 정당한 자리를 갖도록 노력하는 일은, 그래서 그리스도께서 이방인이 되지도 않고, 전(前)기독교적(pre-Christian) 사고유형에 의해서 왜곡되지도 않게 하는 일은, 후배 교회[즉 비서구 교회]가 보편교회에 크게 기여할 수 있는 바를 실현하는 위대하면서도 필수적인 영적 과제이다.[58]

이 같은 주장은 탐바람 대회가 기독교의 보편성과 특수성에 대한 충성심을 보이면서도, 토착화의 필요성에 대하여 좀 더 전향적인 자세를 가졌음을 보여준다. 다시 말해 『제1분과 보고서』

---

58 위의 책, 213-14.

는 복음이 토착적 형태로 "표현되는" 소극적 단계를 넘어서, "해석되는" 적극적인 단계까지 언급하였다. 나아가서 이런 작업이 보편교회의 풍요를 가져온다는 주장까지 하였다. 그러나 표현과 해석의 영역이 예배, 기구, 건축 등에 머물 뿐, '신학'에는 미치지 못하는 한계를 보였다.[59] 물론 이런 주장이 현장에서 어떻게 수용되었는가는 또 다른 질문이 될 것이다.

2. 탐바람 대회보고서에 나타난 한국 기독교와 자기신학화 관련 논의

탐바람 대회에서 한국은 여러 분과 보고서에서 간단히 소개되었다. 첫째, 『제2분과 보고서』는 찰스 클라크(Charles A. Clark, 곽안련) 선교사의 보고를 실었다.[60] 클라크는 삼자정책을 소개하면서, 이제 교회가 독립되었고 선교 기관은 협력 기관이라고 말했다.[61] 성경의 중요성과, 성경반, 성경 학교, 신학교 등을 언급하면서, 교육과 전도의 동반자적 관계도 언급하였다.[62] 그러나 신학의 자립 즉 자기신학화에 대한 언급은 없었다. 아직 한국적 신학의 가능성과 필요성에 대한 인식이 부족했다고 판단된다.

둘째, 『제4분과 보고서』는 한국 교회의 토착 목회를 소개하였다.[63] 주로 신학교에 대해 소개하였지만, 역시 한국적 신학에 대

59 『제3분과 보고서』도 유사한 입장이다. IMC, *Volume III. Evangelism*, 430.

60 IMC, *Volume II. The Growing Church*, 155-65.

61 위의 책, 157-58.

62 위의 책, 159-61.

하여는 언급이 없다. 한편 한국의 기독교 문서 분야의 필요성을 몇 가지로 언급하였다.

- 기독교문서를 대중의 독서 취향의 추세 변화에 맞추기
- 기독교문서의 범위를 확장하되, 취급 분야 및 다양한 신학적 견해 수용을 감안한다.
- 한국인 학자에 의한 영속적인 표준적 저서 출간을 격려하기 ([한국인의] 독창적 주석 등)
- 출판기관의 집중화
- 신문전도[64]

이상의 내용을 보면, 이미 신학적 다양성과 한국인에 의한 저술의 중요성이 인식되고 있음을 알 수 있다. 그런데 이것들은 한국적 신학 혹은 자기신학화의 작업이 없이는 불가능하기에, 간접적으로 자기신학화의 필요성이 언급된 것이라고 볼 수 있다.

셋째, 『세5분과 보고서』는 주로 한국 교회의 자립과 성장에 대하여 소개하였는데,[65] 끝부분에 홍미로운 지적을 덧붙였다.

> 한국 장로교회의 보수신학과 그 교회의 놀라운 성장과 경제력 사이에는 활발한 관계가 있다는 인상을 받지 않고서 한국 장로교회의 발전에 대하여 연구할 수는 없다. 기독교인을 위한 하나님의 뜻에 대한 이런 해석은 박해와 곤경에 대한 인내, 자기훈련

63 IMC, *Volume IV. The Life of the Church*, 219-21.

64 위의 책, 321.

65 IMC, *Volume V. The Economic Basis of the Church*, 177-83, 250-78, 367-74.

및 희생의 위대한 능력을 지닌 튼튼한 교회를 배출하였다. 그러나 이 위대한 교회의 친구들과 그 교회를 존경해 마지않은 사람들은 수많은 한국 교회 지도자들이 보여주는 자족 및 비난의 정신의 증거로 말미암아 좌절감을 맛보았는데, 이런 정신은 이 한국 교회 지도자들을 다른 한국 교회 집단들과 전 세계 기독교의 친교로부터 소외시키는 경향이 있으며, 그것도 하필 기독교 평신도들 간에 연대의 필요성이 그 어느 때보다 더 느껴지는 때에 말이다.[66]

위의 인용은 한국 교회의 자기 이해에 대한 중요한 단서를 제공한다. 그러나 본 논문과 관련하여 주목할 것은 당시 보수 신학이 큰 영향력을 미치고 있다는 점인데, 이런 상황이 자기신학화에 긍정적으로 작용하기를 기대하기란 어렵다.

이상의 논의를 종합해볼 때, 당시에도 여전히 자기신학화의 여건은 성숙되지 못했지만, 조금씩 자기신학화의 맹아가 싹틀 수 있는 조건들이 나타나기 시작했다.

V. 결론

최근 한국 교회에서도 자기신학화에 대한 관심과 논의가 활발하다. 한국 기독교의 토착화 혹은 한국화는 교회적 차원에서는

66 위의 책, 374.

성공적이지만, 신학적 차원에서는 미흡하다는 것에 대하여 공감대가 있다. 특히 한국 기독교의 보수적 성향이 한국적 신학의 발전에 역기능했다는 것이 일반적인 이해이다. 우리는 20세기 전반 주요 보고서를 분석함으로써, 이 같은 일반론에 만족하지 않고, 당시 신학적 분위기가 과연 어떠했는지를 구체적으로 살펴보았다. 종합적으로 말해, 20세기 전반에는 자기신학화의 여건은 성숙되지 못했다고 볼 수 있다. 현지의 중요성이 서서히 인식되기 시작했지만, 여전히 서구중심적인 관점이 주도적이었고, 또한 현지의 중요성에 대한 인식도 부분적이었다. 그러나 점차 현지의 중요성에 대한 인식이 발전하였고, 그 범위도 확대되었다. 시대 변화와 이에 대한 교회의 대응은 매우 중요한 사안인데, 이때 신학의 발전은 교회의 대응에 필수적이고도 중요한 핵심이다. 그리고 이렇듯 조금씩 열린 신학의 발전을 향한 길은 결국 20세기 말에 대두된 자기신학화의 길로 이어져나가게 되었다.

참고문헌

감리교신학대학교 한반도평화통일신학연구소 편. 『통일 이후 신학 연구 I』. 신앙과지성사, 2008.
______. 『통일 이후 신학 연구 II』. 신앙과지성사, 2009.
강원돈. "교회의 공공성 위임에 대하여". 「신학연구」 65 (2014), 123-60.
강인철. 『한국기독교회와 국가·시민사회: 1945-1960』. 한국기독교역사연구소, 1996.
국가인권위원회. 『유엔인권해설집: 인권과 난민』. 국가인권위원회, 2005.
국제이주자선교포럼. 『세계의 난민과 이주자선교』. 미간행 자료집, 명성교회 월드글로리아센터 방지일홀, 2015.
김동찬. "WCC 부산총회가 한국선교에 주는 의미: 한국 선교사의 시각에서". 「선교와 신학」 34 (2014 가을), 147-71.
김명배. 『(해방후) 한국기독교사회운동사: 민주화와 인권운동을 중심으로 1960-1987』. 북코리아, 2009.
김병로. 『북한사회의 종교성: 주체사상과 기독교의 종교양식 비교』. 통일연구원, 2000.
김성건. "고도성장 이후의 한국교회: 종교사회적 고찰". 「한국 기독교와 역사」 38 (2013.3), 5-45.
______. 『글로벌 사회와 종교』. 서울대학교출판문화원, 2015.
김성운. "이슬람선교의 걸림돌로서 IS(Islam State)에 대한 연구: 해석학, 이상 사회론, 구원론, 종말론을 중심으로". 「복음과 선교」 31 (2015), 11-53.
김수환추기경전집편찬위원회. 『김수환 추기경 전집』. 가톨릭출판사, 2001.
김애영. 『여성신학의 비판적 탐구』. 한신대학교출판부, 2010.
김영동. "'WCC 선교와 전도에 대한 새로운 확언'에 대한 비평적 고찰". 「장신논단」 45-2 (2013.6), 41-66.
______. "공적선교신학 형성의 모색과 방향". 「장신논단」 46-2 (2014.6), 297-322.
김종서. 『종교사회학』. 서울대학교출판문화원, 2005.
김지하. 『타는 목마름에서 생명의 바다로』. 동광, 1991.
______. 『생명』. 솔, 1992.
______. 『생명과 자치』. 솔, 1996.
______. 『디지털 생태학』. 이룸, 2009.
______. 『방콕의 네트워크』. 이룸, 2009.
______. 『새 시대의 율려: 품바품바 들어간다』. 이룸, 2009.
______. 『촛불·횃불·숯불』. 이룸, 2009.
______ 외. 『일하는 하늘님』. 일과놀이, 1984.
김진호 외. 『사회적 영성: 세월호 이후에도 '삶'은 가능한가』. 현암사, 2014.
김회권 외. 『사회주의 체제전환과 기독교』. 한울, 2012.
김효준. "한인 디아스포라를 위한 기독교교육적 함의". 「장신논단」 44-4 (2012.12), 291-315.
김흥수, 서정민 편. 『한국기독교사 탐구』. 대한기독교서회, 2011.
남북나눔연구위원회. 『민족통일을 준비하는 그리스도인』. 두란노, 1995.
노정선. 『통일신학을 향하여: 제3세계 기독교윤리』. 한울, 1988.
대한예수교장로회총회에큐메니칼위원회 편. 『21세기한국교회의 에큐메니칼운동』. 대한기독교서회, 2008.

문영훈. “한국교회의 북한이탈주민 사역에 관한 신학적 정립: 칼뱅의 제네바 피난민 사역과 연결지어”. 미간행 석사학위논문, 장로회신학대학교대학원, 2014.

문영걸. “조선 남감리회의 시배리아 선교(1920-1931)”. 「한국 기독교와 역사」 34 (2011), 121-64.

민경배. 『글로벌시대와 한국, 한국교회: 민족교회에서 글로벌교회로』. 대한기독교서회, 2011.

민영진. 『한반도에서 읽는 구약성서: 세상일-성서로 본 토막생각』. 삼민사, 1988.

______. 『평화, 통일, 희년』. 대한기독교서회, 1995.

박경수. 『교회의 신학자 칼뱅』. 대한기독교서회, 2009.

______. 『한국교회를 위한 칼뱅의 유산』. 대한기독교서회, 2014.

박경순. “한국의 기독교 평화교육의 연구 경향과 미래적 과제”. 「기독교교육논총」 40 (2014), 13-46.

박상증 편저. 『한국교회와 에큐메니칼 운동』. 대한기독교서회, 1992.

박순경. 『민족통일과 기독교』. 한길사, 1986.

______. 『통일신학의 고통과 승리』. 한울, 1992.

______. 『통일신학의 여정』. 한울, 1992.

______. 『통일신학의 미래』. 사계절, 1997.

박순경 박사 팔순 축하 문집간행위원회. 『과거를 되살려 내는 사람들과 더불어: 原草(본디풀) 박순경 박사 팔순 기념 문집』. 사계절, 2003.

박영식. 『그날, 하나님은 어디 계셨는가: 세월호와 기독교 신앙의 과제』. 새물결플러스, 2015.

배현주. “에큐메니칼교회론 정립을 위한 신약성서적 고찰: 2013년 세계교회협의회(WCC) 제10차 총회를 맞이하며”. 「신학논단」 69 (2013), 99-124.

법무부. 『난민의 법적지위 및 보호』. 법무부, 1988.

변창욱. “한경직 목사의 국내선교 사역 평가: 복음주의와 에큐메니칼을 아우르는 통전적 신학의 실천자”. 「장신논단」 38 (2010), 381-406.

북미주 기독학자회. 『기독교와 주체사상: 조국통일을 위한 남북 해외 기독인과 주체사상가의 대화(북미주 기독학자회 1989-1992 연례대회 자료집)』. 신앙과지성사, 1993.

서기원. “몽골리안 디아스포라 네트워크 선교전략”. 미간행 선교학석사학위논문, 아세아연합신학대학교, 2002.

서명훈. 『안중근의사 하얼빈에서의 열하루(安重根在哈尔滨的11天)』. 하얼빈: 흑룡강미술출판사, 2005.

서재영. “난민을 위한 독일 가톨릭교회 지침서”. 「가톨릭평론」 3 (2016), 88-95.

선순화 신학문집 출판위원회 편. 『공명하는 생명신학』. 다산글방, 1999.

성백걸. 『하나님 자연 사람 그 창조의 숨결: 기독교환경운동연대 25년사』. 한들, 2008.

세월호의 아픔을 함께하는 이 땅의 신학자들 · NCCK 세월호참사대책위원회. 『곁에 머물다』. 대한기독교서회, 2014.

신수일. 『한국 교회에큐메니칼운동사, 1884-1945』. 쿰란, 2008.

신옥수. “통일신학의 어제와 오늘”. 「한국기독교신학논총」 61 (2009), 55-83.

______. “중심에 서는 신학, 오늘과 내일-장신신학의 정체성 형성에 관한 소고”. 「장신논단」 40 (2011), 37-69.

신일철.『북한 주체사상의 형성과 쇠퇴』. 생각의나무, 2004.

신정. "Triple A를 꿈꾸는 광양대광교회". 「선교와 신학」 30 (2014 가을), 117-46.

안교성. "선교 현장의 생명 살리기: 생명살리기(vivifier) 혹은 생명지기(life-keeper)로서의 선교사". 대한예수교장로회총회교육부 편.『성령님이 교통하시는 하나님의 나라와 생명』, 118-31. 한국장로교출판사, 2001.

______. "한국 장로교 선교의 전략". 「선교와 신학」 8 (2001), 167-91.

______. "해방 전 한국 에큐메니칼 운동의 특징". 미간행 발표 논문, 한국기독교역사학회 제276회 학술발표회, 2009년 9월 5일, 서울 새문안교회 언더우드교육관.

______. "한국 에큐메니칼 운동과 일본 제국주의". 미간행 발표논문, 한국교회사학회 정기학회, 2009년 9월 19일, 연세대학교 신학관 2층 예배실.

______. "다문화사회 선교, '손님 대접' 모델에서 '가족됨' 모델로". 「목회와 신학」 (2009.12), 210-17.

______. "세계 선교 운동사와 선교사 철수 계획".『한국 선교의 출구 전략』. 예영커뮤니케이션, 2012. 123-45.

______. "통일에 대한 신학적 근거와 통일을 위한 과제들". 「교육교회」 411 (2012.4), 14-19.

______. "한경직 목사와 세계선교. 「한국교회사학회지」 32(2012.9), 205-35.

______. "한국선교 30년의 명암". 「한국 기독교와 역사」 38(2013.3), 89-118.

______. "선교비 축소 시대의 선교: 청지기적 선교를 향하여". 미간행 발표논문, 2012년 대한예수교장로회 총회 세계선교부 중견선교사 전략회의, 2012년 7월 9-11일, 부산 백양로교회.

______. "한국의 디아스포라신학 발전에 관한 한 소고". 「장신논단」 46-2 (2014.6), 89-113.

______. "평화통일신학 구성의 전제로서의 후기공산주의사회의 변화에 대한 연구". 배희숙 외.『평화통일신학: 신학적 근거의 모색』. 장로회신학대학교 남북한평화신학연구소, 2015. 195-231.

______. "정의로운 평화와 한국교회: 한일강제병합, 한국전쟁, 4·19혁명, 세계교회협의회 부산 총회를 중심으로". 「교회와 신학」 79 (2015), 137-61.

______. "현지선교회의 본질과 과제". 「PCK 해외선교 저널」 2 (2016), 187-226.

______. 편.『독일 통일 경험과 한반도 통일 전망: 신학적 성찰과 과제』. 나눔사, 2016.

안승오. "에큐메니칼 선교의 '선교 개념'에 관한 연구". 「장신논단」 40 (2011), 361-85.

안신. "인간 이해를 위한 '종교적 정체성'(Religious identity) 연구의 중요성: 존 녹스의 1550년대 행적을 중심으로". 「종교와 문화」 12 (2006), 73-95.

안인섭. "칼빈의 디아스포라 사역". 미간행 발표논문,『칼빈 탄생 500주년 기념포럼: 디아스포라 2009 사역포럼 자료집』. 2009. 1-14.

안중근평화연구원.『안중근 유고 - 안응칠 역사·동양평화론·기서』. 채륜, 2016.

안재웅.『에큐메니컬 운동 이해』. 대한기독교서회, 2006.

연규홍. "몽양 여운형의 통일독립론". 「신학연구」 62 (2013), 165-85.

오현선. "기독교 생명과 정의의 도보순례의 신학교육적 성찰". 「한국여성신학」 80 (2015), 61-85.

옥성득. "미국 한인 개신교회의 사회적 책임". 「한국 기독교와 역사」 29 (2008.9), 165-90.

윤인진.『코리안 디아스포라: 재외 한인의 이주, 적응, 정체성』. 고려대학교출판부, 2004.

이동춘. "공공신학의 관점에서 보는 한국교회 통일방안에 관한 연구". 미간행 박사학위논문, 장로회신학대학교, 2009.

이승희. “시리아 난민 사태, 독일의 난민 정책과 독일 가톨릭교회”. 「가톨릭평론」 3 (2016), 97-108.

이은혜. “요한 크리소스토모스의 설교에 나타난 수도주의와 ‘가난한 자를 사랑한 자’의 관계성에 대한 이해”. 「한국교회사학회지」 26 (2010), 201-31.

이인희. “8·15와 6·25를 전후한 북한출신 피난민의 월남이동에 관한 연구”. 「지리학논총」 13 (1986.12), 47-68.

이재현. “이야기 치료와 기독교적 이야기 공동체: 이야기 치료의 기독교적 적용”. 「장신논단」 47-1 (2015.3), 259-87.

이정배. 『토착화와 생명 문화』. 종로서적, 1991.

______. 『(조직신학으로서의) 한국적 생명신학』. 감신, 1996.

______. 『하느님 영은 불고 싶은 대로 분다: 성령의 시대 – 생명신학』. 한들, 1998.

______. 『신학의 생명화 신학의 영성화』. 대한기독교서회, 1999.

______. 『선한 벗들과 함께 신학하기: 철학·과학·종교간의 間학문적 대화』. 한들출판사, 2000.

______. 『평신도와 함께 하는 생명신학: 믿기 위해서 알아야 한다』. 기독교대한감리회홍보출판국, 2001.

______. 『한국개신교 전위(前衛) 토착신학 연구』. 대한기독교서회, 2003.

______. 『생명의 하느님과 한국적 생명신학』. 새길, 2004.

______. 『토착화와 세계화: 한국적 신학의 두 과제』. 한들, 2007.

______. 『생태 영성과 기독교의 재주체화』. 동연, 2010.

______ 편저. 『창조신앙과 생태학』. 설우사, 1987.

______ 편저. 『생태학과 신학: 생태학적 정의를 향하여』. 종로서적, 1989.

이정숙. “칼빈의 제네바 난민 목회에 대한 소고”. 「교회와 세계선교」 48 (2009), 47-50.

______. “깔뱅의 목회와 신학”. 「선교와 신학」 24 (2009), 89-118.

______. “깔뱅의 신학과 목회로 한국교회를 돌아보다”. 「기독교 사상」 53-5 (2009.5), 32-42.

이종록. “아브람과 사래, 그리고 난민: 창세기 12:10-20”. 「성경연구」 5-8 (1999.8), 18-50.

이종명. “송악교회와 송악지역의 마을 만들기: 지역사회와 함께 하는 선교사업”. 「선교와 신학」 30 (2014 가을), 147-60.

이창호. “하나님 사랑과 이웃 사랑의 관계성에 대한 신학적윤리적 탐구—아웃카, 포우스트, 몰트만을 중심으로”. 「장신논단」 48-1 (2016.3), 253-81.

이태웅. 『한국 교회의 해외선교: 그 이론과 실제』. 개정판. 죠이선교회, 1997.

이현준. “아우구스티누스와 도나투스주의의 교회일치와 국가관계론 연구”. 「신학연구」 65 (2014), 161-94.

이형기. 『하나님 나라와 공적신학: 교회와 세상의 공적 책임』. 한국학술정보, 2009.

______. 『성경의 내러티브 신학과 교회의 공적책임: 아더톤의 기독교적 사회윤리를 지향하며』. 한들, 2010.

______ 외. 『공적신학과 공적교회: 공적신학은 교회의 본질』. 킹덤북스, 2010.

이후천. “한국에서 선교적 교회론의 접근방법들에 대한 선교학적 성찰”. 「선교와 신학」 30 (2014 가을), 49-74.

임성빈. “21세기 초반 한국 교회의 과제에 대한 소고: 공공신학적 관점에서”. 「장신논단」 47-2 (2015.6), 179-207.

______ 편. 『통합적인 통일과 그리스도인들의 과제』. 장로회신학대학교 출판부, 1999.
______ 외. 『통합적인 통일과 그리스도인들의 과제 II』. 예영커뮤니케이션, 2003.
임용석. "재외 북한 난민 및 국내 북한 이주민 문제에 대한 선교적 접근". 미간행 석사학위논문, 아세아연합신학대학교, 1999.
임윤택. 『디아스포라설교신학: 임동선 목사의 설교신학에 관한 연구』. CLC, 2009.
장훈태. "세계 난민 문제와 선교". 「성경과 신학」 77 (2016), 163-99.
전택부. 『한국에큐메니칼운동사』. 한국기독교교회협의회, 1979.
정병호 외. 『웰컴투코리아: 북조선사람들의 남한살이』. 한양대학교출판부, 2006.
정성한. 『한국기독교통일운동사』. 그리심, 2003.
정승현. "서구에서 선교적 교회론의 태동 및 발전". 「선교와 신학」 30 (2014 가을), 13-48.
정종훈. "연세대학교 삼애교회의 현황과 비전, 그리고 삼애정신의 구현". 「신학논단」 66 (2011), 109-24.
______. "WCC 제10차 부산총회의 영향과 한국교회 에큐메니칼 운동의 과제". 『선교와 신학』 34 (2014 가을), 83-111.
조석민 외. 『세월호와 역사의 고통에 신학이 답하다』. 대장간, 2014.
조용훈. "환경정의에 대한 기독교윤리적 이해". 「장신논단」 40 (2011), 311-33.
조은식. "주체사상과 기독교의 대화 가능성". 「선교신학」 8 (2004), 1-21.
______. "남북화해를 위한 한국교회의 역할". 「선교신학」 31 (2012), 329-60.
조주희. "성암교회의 사회봉사 프로그램: 동네교회". 「선교와 신학」 30 (2014 가을), 161-96.
총회교육자원부 편. 『개혁교회의 신앙고백』. 한국장로교출판사, 2007.
최경석. "다른 지구화를 위한 모델 찾기-기독교윤리적 전망". 「장신논단」 45-2 (2013.6), 13-39.
최윤배. "호주 디아스포라 신학과 실천에 관한 연구: 홍길복을 중심으로". 「조직신학연구」 19 (2013 가을·겨울), 39-82.
통일신학동지회 편. 『통일과 민족교회의 신학』. 한울, 1990.
"특집: 세월호 이후의 한국사회와 신앙, 여성이 말하다". 「한국여성신학」 80 (2015), 11-85.
"특집: 세월호 이후의 신학". 「신학논단」 79 (2015), 11-124.
"특집: 세월호 참사 이후의 신학과 교회의 방향". 「세계와 신학」 220 (2014), 28-68.
"특집: '우는 자들과 함께 울라!' 세월호 아픔과 함께 하는 그리스도인들". 「한국여성신학」 79 (2014), 11-71.
"특집: 자신학과 자선교학". 「한국선교*KMQ*」 14-1 (fall 2014), 7-181.
한경호. 『살림과 평화를 지향하는 농촌선교이야기』. 북원, 1994.
______. 『너른 마당: 농촌교회 생명살리기 지도력 개발을 위한 소그룹 성경교재, 상, 하』. 한국장로교출판사, 2004.
______. "대한예수교장로회 농어촌선교사". 미간행 목회학석사논문, 장로회신학대학교, 1988.
______. "한국 농촌교회 목회의 선교신학적 이해와 비판: 원주 호저교회를 중심으로". 미간행 신학석사논문, 장로회신학대학교, 2001.
______. "권두언: 생명 정의 평화의 세계로". 「농촌과 목회」 51 (2011 가을), 3-5.
______ 편. 『생명의 영성이 약동하는 농촌 목회현장이야기』. 미션아카데미, 2008.
한국기독교교회협의회 신학연구위원회 편. 『희년신학연구』. 한국기독교교회협의회, 1997.

한국기독교교회협의회 통일위원회 편. 『남북교회의 만남과 평화통일신학: 기독교통일운동자료 및 평화통일 신학논문 모음집』. 한국기독교사회문제연구원, 1990.

______. 『1980-2000 한국교회 평화통일운동 자료집』. 한국기독교교회협의회, 2000.

한국기독교학회 편. 『광복 50주년과 민족희년』. 감신, 1995.

한국문화신학회 편. 『세월호 이후 신학: 우는 자들과 함께 울라』. 모시는사람들, 2015.

한국선교연구원(KRIM). "난민수용과 안전 문제의 기로에 서 있는 미국과 미국교회". 「파발마」 12 (2015), 1-3.

한국신학연구소 학술부. "통일 문제와 관련된 그리스도교계 문헌집성". 「신학사상」 71 (1990 겨울), 968-92.

한국여성신학회 편. 『다문화와 여성신학』. 대한기독교서회, 2008.

한국연합선교회 편. 『1910년 에딘버러 세계선교사대회 100주년 기념 2010 한국대회 논문집』. 제7권: 『제7분과, 한국선교와 신학교육』. 미션아카데미, 2011.

한국일. "마을 만들기와 지역교회의 역할". 「농촌과 목회」 64 (2014 겨울), 205-29.

______. "선교적 교회의 실천적 모델과 원리: 한국 교회 현장으로부터 배우는 선교적 교회". 「선교신학」 36 (2014), 355-401.

______. "한국적 상황에서 본 선교적 교회: 지역교회를 중심으로". 「선교와 신학」 30 (2014 가을), 75-115.

함석헌. 『뜻으로 본 한국역사』. 새편집; 한길사, 2003.

해외한인교회교육과목회협의회 편. 『하나님이 보내신 땅에서: 세계 속의 한인 디아스포라 교회와 신학』. 한국장로교출판사, 2008.

허호익. "한국 기독교의 통일논의의 역사와 통일의 실천적 과제-한국기독교학회와 한국기독교교회협의회를 중심으로". 「한국기독교신학논총」 61 (2009), 85-106.

현한나. "ISIS에 의한 현대판 딤미제도에 대한 고찰과 테러극복을 위한 화해: 이슬람주의와 이슬람에 대한 시각을 바탕으로". 「선교와 신학」 38 (2016), 87-122.

형상사 편집부 편. 『교회도 하나 나라도 하나: 평양엔 교회가 글리온에선 만남이』. 형상사, 1989.

황정욱. "J. L. 비베스의 『빈민구제론』의 역사적 의미". 「한국교회사학회지」 26 (2010), 233-84.

Augustinus, Aurelius. *De Civitate Dei*. 성염 역주. 『신국론: 제1-10권』. 분도, 2004.

Beck, Ulrich. *Risikogesellschaft*. 홍성태 역. 『위험사회: 새로운 근대(성)을 향하여』. 새물결플러스, 1997

______. *Die Erfindung des politischen*. 문순홍 역. 『정치의 재발견: 위험사회 그 이후-재귀적 근대사회』. 거름, 1998.

______. *Weltrisikogesellschaft*. 박미애·이진우 역. 『글로벌 위험사회』. 길, 2010.

Bonk, Jonathan et al. *Accountability in Missions: Korean and Western Case Studies*. 『선교 책무: 21세기 한국과 북미 선교 연구』. 생명의말씀사, 2011.

Gladstone, J. W. ed. *United to United: History of the Church of South India 1947-1997*. 박용권 역. 『남인도교회의 연합과 일치추구의 역사』. 한국장로교출판사, 2009.

Gore, C. *Report of Commission 3: Education in Relation to the Christianisation of National Life*. 조범연 역. 『1910년 에딘버러 세계선교사대회 제3분과위원회 보고서: 국민생활의 기독교화에 연관된 교육』. 미션아카데미, 2012.

Guder, Darrell L. ed. *Missional Church: A Vision for the Sending of the Church in North America*. 정승현 역. 『선교적 교회: 북미 교회의 파송을 위한 비전』. 주안대학원대학교출판부, 2013.

Koshy, Ninan. ed. *A History of Ecumenical Movement in Korea*. 정병준 역. 『아시아 에큐메니칼운동사 I, II』. 한국기독교교회협의회, 2006.

Resing, Volker. *Angela Merkel-Die Protestantin*. 조용석 역. 『그리스도인 앙겔라 메르켈』. 한들, 2010.

Shin, Gi-Wook. *Ethnic Nationalism in Korea: Genealogy, Politics, and Legacy*. 이진준 역. 『한국 민족주의의 계보와 정치』. 창비, 2009.

Volf, Miroslav. *Zukunft der Arbeit-Arbeit der Zukunft*. 이정배 역. 『노동의 미래-미래의 노동』. 한국신학연구소, 1993.

______. *Free of Charge: Giving and Forgiving in a Culture Stripped of Grace*. 김순현 역. 『베품과 용서』. 복있는 사람, 2008.

______. *After Our Likeness: The Church as an Image of the Triune God*. 황은영 역. 『삼위일체와 교회』. 새물결플러스, 2012.

______. *Exclusion and Embrace: A Theological Explration of Identity, Otherness, and Reconciliation*. 박세혁 역. 『배제와 포용』. IVP, 2012.

______. *Captive to the Word of God: Engaging the Scriptures for Contemporary Theological Reflection*. 홍병룡 역. 『하나님의 말씀에 사로잡혀: 21세기 이슈들과 신학적 성경읽기』. 국제제자훈련원, 2012.

______. *The End of Memory: Remembering Rightly in a Violent World*. 홍종락 역. 『기억의 종말』. IVP, 2016.

______. *A Public Faith: How Followers of Christ Should Serve the Common Good*. 김명윤 역. 『광장에 선 기독교: 공공신학이란 무엇인가』. IVP, 2014.

______. *Allah: A Christian Response*. 백지윤 역. 『알라』. IVP, 2016.

______. *Public Faith in Action*. 김명희 역. 『행동하는 기독교』. IVP, 2017.

______. *Flourishing*. 양혜원 역. 『인간의 번영』. IVP, 2017.

World Council of Churches. ed. *Just Peace Companion*. 기독교평화센터 역. 『정의로운 평화 동행』. 대한기독교서회, 2013.

Ahn, Kyo Seong. "Mission in Unity: An Investigation into the Question of Unity As It Has Arisen in the Presbyterian Church of Korea and Its World Mission." Unpublished Ph.D. dissertation, University of Cambridge, 2008.

Birmelé, André. ed. *Local Ecumenism: How Church Unity Is Seen and Practised by Congregations*. Strasbourg: Institute for Ecumenical Research, 1984.

Casiday, Augustine & Frederick W. Norris. eds. *Constantine to c. 600*, Vol. 2 of *The Cambridge History of Christianity*. Cambridge: Cambridge University Press, 2007.

CCA. *From Bangalore to Seoul*. Singapore: CCA, 1985.

Christ-The Hope of Asia: Papers and Minutes of the Ecumenical Study Conference for East Asia, Lucknow, India, December 27-30, 1952. Madras: The Christian Literature Society, 1953.

Commission on Faith and Order. *Faith and Order Asian Regional Consultation, Bangkok, Thailand, 15-19 January 1996*. Faith and Order Paper No. 175. Geneva: WCC Publications, 1996.

Ecumenical Missionary Conference, New York, 1900, Vol. II. London: Religious Tract Society, 1900.

Ellis, Ian M. *A Century of Mission and Unity: A Centenary Perspective on The 1910 Edinburgh World Missionary Conference*. Dublin: The Columba Press, 2010.

Fujiwara, Atsuyoshi & Brian Byrd. eds. *Post-disaster Theology from Japan: How Can We Start Again? Centurial Vision for Post-disaster Japan: The Great East Japan Earthquake Theological Symposium*. Tokyo: Seigakuin University Press, 2013.

______. *The Church Embracing the Sufferers, Moving Forward. Centurial Vision for Post-disaster Japan: Ecumenical Voices*. Tokyo: Seigakuin University Press, 2014.

Füsti-Molnár, Szilveszter. *Ecclesia Sine Macula et Ruga: Donatist Factors among the Ecclesiological Challenges for the Refomred Church of Hungary especially after 1989/90*. Sárospatak, Hungary: Sárospatak Reformed Theological Academy, 2008.

Garrett, Christina Hallowell. *Marian Exiles: A Study in the Origins of Elizabethan Puritanism*. Cambridge: Cambridge University Press, 1938.

Ha, Chung Yoube. "Migration Old and New: Accepting Diversity in Creating a Catholic Community in Youngnak Presbyterian Church". Ph.D. dissertation, University of Edinburgh, 2009.

Hanciles, Jehu J. "Migration and Mission: Some Implications for the Twenty-first-Century Church". *International Bulletin of Missionary Research* 27 (Oct 2003), 146-53.

Hogg, William Richey. *Ecumenical Foundations: A History of the International Missionary Council and Its Nineteenth Century Background*. New York: Harper & Brothers, 1952.

International Missionary Council. *Volume I. The Christian Life and Message in Relation to Non-Christian Systems of Thought and Life, The Jerusalem Meeting of the International Missionary Council, March 24-April 8, 1928*. New York: International Missionary Council, 1928.

______. *Volume II. Religious Education.*

______. *Volume III. The Relation between the Younger and the Older Churches.*

______. *Volume IV. The Christian Mission in the Light of Race Conflic.*

______. *Volume VI. Missions and Rural Problems.*

______. *Volume VII. International Missionary Cooperation.*

______. *Volume I. The Authority of the Faith, The Tambaram Series*. London: Oxford University Press, 1939.

______. *Volume II. The Growing Church.*

______. *Volume III. Evangelism.*

______. *Volume IV. The Life of the Church.*

______. *Volume V. The Economic Basis of the Church.*

Jang, Shin-Geun. "Teaching Ministry of Congregation as Social Means of Grace". *Korea Presbyterian Journal of Theology* 45-3 (2013), 213-37.

Jurechová, Zuzana and Pavol Bargár. eds. *Crisis Situations in the Czecho-Slovak Context after* 1989. Prague, Czech Republic: Central European Centre for Mission Studies, 2011.

Kang, David C. *Crony Capitalism: Corruption and Development in South Korea and the Philippines*. Cambridge: Cambridge University Press, 2002.

Kim, S. Hun and Wonsuk Ma. eds. *Korean Diaspora and Christian Mission*. Oxford: Regnum Books International, 2011.

Kingdon, Robert M. "The Calvinist Reformation in Geneva". In *The Cambridge History of Christianity: Vol. 6, Reform and Expansion 1500-1660*, 90-103. Edited by R. P-Chia Hsia. Cambridge: Cambridge University Press, 2007.

Knauft, Bruce M. and Richard Taupier. eds. *Mongolians after Socialism: Politics, Economy, Religion*. Ulaanbaatar, Mongolia: Admon, 2012.

Ma, Wonsuk and Kyo Seong Ahn. eds. *Korean Church, God's Mission, Global Christianity*. Oxford: Regnum, 2015.

Manikam, Rajah B., ed. *Christianity and the Asian Revolution*. New York: Friendship, 1954.

Martinez, Juan Francisco. "Christian Responses in Times of Disaster Learning from Church History." In *Post-disaster Theology from Japan: How Can We Start Again? Centurial Vision for Post-disaster Japan: the Great East Japan Earthquake Theological Symposium*, 17-28. Edited by Atsuyoshi Fujiwara and Brian Bryd. Tokyo: Seigakuin University Press, 2013.

Minutes of the Assembly of the International Missionary Council November 17-18, 1961 and of the First Meeting for the Commission on World Mission and Evangelism of the World Council of Churches December 7-8, 1961 at New Delhi.n.p.: [1961] n.d.

Mooneyham, W. Stanley., ed. *Christ Seeks Asia: Official Reference Volume, Asia-South Pacific Congress on Evangelism Singapore 1968*. Minneapolis: World Wide Publications; Hong Kong: The Rock House Publishers, 1969.

Mouw, Richard J. "Serving a Suffering Savior in 'the Time of God's Patience'." In *The Church Embracing the Sufferers, Moving Forward. Centurial Vision for Post-disaster Japan: Ecumenical Voices*, 17-29. Edited by Atsuyoshi Fujiwara and Brian Bryd. Tokyo: Seigakuin University Press, 2014.

Nessan, Craig L. *Beyond Maintenance to Mission: A Theology of the Congregation*. Minneapolis: Augsburg, 1999.

Newbigin, Lesslie. *A South India Diary*. Revised edition. London: SCM, 1960.

______. *The Good Shepherd: Meditations on Christian Ministry in Today's World.* Grand Rapids: Eerdmans, 1977.

Oberman, Heiko. *Two Reformations*. New Haven: Yale University Press, 2003.

______. *John Calvin and the Reformation of the Refugees*. Geneva: Droz, 2009.

Okamura, Naoki. "Earthquake Volunteer Work and the Religious Education of College Students." In *The Church Embracing the Sufferers, Moving Forward. Centurial Vision for Post-disaster Japan: Ecumenical Voices*, 37-54. Edited by Atsuyoshi Fujiwara & Brian Bryd. Tokyo: Seigakuin University Press, 2014.

Overseas Mission and Local Communities Group, Panel on Review and Reform, Church of Scotland; Austin Reid and et. al. ed. "Overseas Mission in the Life of the Local Church, Report". [2009].

Panikkar, K. M. *Asia and Western Dominance: A Survey of the Vasco Da Gama Epoch of Asian History 1498-1945*. London: George Allen & Unwin Ltd., 1959.

Park, Irene Yung. "The Future of the Missionary Engagement of the Korean Catholic Church: Opportunities and Challenges". In *Korean Church, God's Mission, Global Christianity*, 351-63. Edited by Wonsuk Ma and Kyo Seong Ahn. Oxford: Regnum, 2015. 351-63.

Presbyterian Church in the U.S.A.. "General Guidelines for International Partnerships Between PC(USA) Congregations, Presbyteries and Synods and International Church Governing Bodies and Institutions". [n.d.].

______. "Presbyterian Do Mission in Partnership: 2003 General Assembly Policy Statement Presbyterian Church (U.S.A.)". [2003].

Prior, Michael. CM. *The Bible and Colonialism: A Moral Critique*. Sheffield: Sheffield Academic Press, 1997.

Pruitt, H. Edward. *Edinburgh 1910 to Lausanne 2010: 100 Years of the Theological Convergence*. Lexington: [Personal Publication], 2012.

Pungur, Joseph, ed. *An Eastern European Liberation Theology*. Calgary: Angelus, 1995.

Puzynin, Andrey P. *The Tradition of the Gospel Christians: A Study of Their Identity and Theology during the Russian, Soviet, and Post-Soviet Periods*. Eugene: Pickwick, 2011.

Ramet, Sabrina Petra, ed. *Protestantism and Politics in Eastern Europe and Russia: The Communist and Postcommunist Eras*. Durham and London: Duke University Press, 1992.

Scalapino, Robert A., ed. *The Communist Revolution in Asia: Tactics, Goals, and Achievements*. Second edition. Englewood Cliffs: Prentice-Hall Inc., 1969.

Schmidt, Wolfgang R. *Memoir in Dialogue*. Seoul: Christian Literature Society of Korea, 2002.

Smith, John C. *From Colonialism to World Christianity*. Philadelphia: Westminster John Knox Press, 1982.

Spencer, Stephen. SCM *Studyguide: Christian Mission*, London: SCM, 2007.

Spohnholz, Jesse. *The Tactics of Toleration: A Refugee Community in the Age of Religious Wars*. Lanham: University of Delaware, 2011.

______ and Gary K. Waite., eds. *Exile and Religious Identity, 1550-1800*. Brookfield: Pickering and Chatto Ltd., 2014.

The Commission of Appraisal & William Ernest Hocking. *Re-Thinking Missions: A Laymen's Inquiry after One Hundred Years*. New York: Harper & Brothers, 1932.

Thomas, Norman E. *Missions and Unity: Lessons from History, 1792-2010*. Eugene: Cascade, 2010.

U., Kyaw Than, ed. *Witnesses Together: Inaugural Assembly of the East Asia Christian Conference, Held at Kuala Lumpur*. n.p.: 1959.

van der Bent, Ans. *Commitment to God's World: A Concise Critical Survey of Ecumenical Social Thought*. Geneva: WCC, 1995.

Visser't Hooft, W. A. "The Significance of the Asian Church in the Ecumenical Movement". *Ecumenical Review* 11-4 (July 1959), 365-76.

Vosloo, Robert R. "The Displaced Calvin: 'Religious Reality' as a Lens to Re-examine Calvins' Life, Theology, and Legacy". *Religion & Theology* 16 (2009), 35-52.

Wan, Enoch and Sadiri Joy Tira. eds. *Missions Practice in the 21st Century*. Pasadena: William Carey International University, 2009.

Watson, Jimmy R. "An Analysis of the Emerging Concept of Just Peace". Unpublished Ph.D. dissertation, Baylor University, 1996.

Weber, Hans-Ruedi. *Asia and the Ecumenical Movement*, 1895-1961. London: SCM, 1966.

Wickeri, Philip L. *Partnership, Solidarity, and Friendship: Transforming Structures in Mission: A Study Paper for the Presbyterian Church (U.S.A.)*. Louisville: Worldwide

Ministries Division, June 2003.

Witte, John, Jr. and Michael Bourdeaux. *Proselytism and Orthodoxy in Russia: The New War for Souls*. Maryknoll: Orbis, 1999.

World Council of Churches. "Europe's Response to the Refuge Crisis", 2016.

______. "People and Faith on the Move", 2016.

______. "Resolution on Uprooted People", 2001.

______. "Global Migration and New Ecclesial Realities", 2007.

Yap, Kim Hao. *From Prapat to Colombo: History of the Christian Conference of Asia (1957-1995)*. Hong Kong: CCA, 1995.

Yoder, John Howard. *Nonviolence: A Brief History*. Waco, Texas: Baylor University Press, 2010.

阿久戸光晴(아쿠도 미츠하루).『專制と偏狹を永遠に除去するために: 主權者であるあなたへ』(전제와 편협을 영원히 제거하기 위하여: 주권자인 당신에게). 上尾市: 聖學院大學出版 部, 2015.

山本俊正(야마모토 도시마사).『アジア·エキュメニカル運動史』(아시아 에큐메니칼 운동사). 東京: 株式會社新教出版社, 2007.

韓國キリスト者緊急會議(한국기독자긴급회의) 편.『韓國民主化鬪爭資料集, 1973- 1976』(한국민주화투쟁자료집, 1973-1976). 東京: 新教出版社, 1976.

日本キリスト教団白人町教會(일본그리스도교단백인정교회) 편.『東アジアの平和とキリスト教: 日韓教會連帶の20年』(동아시아의 평화와 기독교: 일한교회연대의 20년). 東京: 新教出版社, 1999.

뉴스앤조이. "한국서 처음 열린 메노나이트 목사 안수식".「뉴스앤조이」(2015.3.16), http://www.newsnjoy.or.kr/news/quickViewArticleView. html?idxno=198675. 접속일자 2017.7.19.

안교성. "한국교회 성장가능성을 전망한다".「기독공보」(2012.12.12), http://www.pckworld.com/news/articlePrint.html?idxno=57272. 접속일자 2017.7.19.

http://teamrefugees.com.

찾아보기

ㄱ

ㄴ

ㄷ

ㄹ

ㅁ

ㅂ

ㅅ

ㅇ

ㅈ

ㅊ

ㅋ

ㅌ

ㅍ

ㅎ